宽容

[美]房龙　著　张博宣　译

北京联合出版公司
Beijing United Publishing Co.,Ltd.

序　言

在宁静无知的山谷里，人们生活得很惬意。

永恒的山脉向东西南北各个方向蜿蜒绵亘。

知识的小溪顺着深邃破败的溪谷缓缓地淌过。

它起源于往日的荒山。

它消失在未来的沼泽。

这条小溪不及江河那般波澜壮阔，可是对于需求微薄的村民而言，已经绰绰有余了。

夜幕降临了，当村民们灌满木桶，饮完牲口之后，他们便称心如意地坐了下来，享受天伦之乐。

人们把守旧的老人们搀扶出来，他们整个白天都在阴凉的角落里度过，对着一本神秘的古书苦思苦想。

他们给儿孙们叨唠着稀奇古怪的字眼，然而孩子们却更热衷于玩耍从远方捎回的漂亮小石子。

那些字句的含意时常模糊不清。

可是，它们是一个已不为人知的部族于一千年前写下的，因而神圣且不可亵渎。

在无知山谷里，古老的东西往往受到人们的尊重。

谁要是否认祖先的智慧，谁便会遭受正人君子的冷落。

因而，大家都相处得很和睦。

恐惧总是和人们如影相随。假如不能得到园中果实中应得的份额，他们又该如何是好呢？

夜里，人们在小镇的狭窄街巷内低声述说着情节模糊的往事，讲述那些敢于提出问题的男男女女。

他们后来走了，从此不再回来。

还有些人曾经试图攀登遮住太阳的悬崖峭壁。

可是石崖脚下，白骨累累。

时光荏苒，年复一年。

在宁静无知的山谷里，人们生活得很惬意。

在漆黑的夜里，一个人正在爬行。

他手上的指甲已被磨破。

他的脚上裹着破布，长途跋涉留下的鲜血被浸透在那块破布上。

他摇摇晃晃地来到周边的一间草房门口，敲了敲门。

一会儿，他便昏了过去。借着颤动的烛火，他被抬至一张吊床上。

隔天早晨，全村的人都知道："他回来了。"

街坊们站在他的身边，摇着头。他们明白，这样的结局早已注定。

对于那些敢于离开山脚的人来说，等待他们的是屈服和挫败。

在村子的一个角落，老人们摇着头，低声论述着恶狠狠的言语。

他们并非天生残忍，可律法毕竟是律法。他违背了老人们的意愿，罪无可恕。

一旦他的伤治愈了，就必须接受审判。

先知老人本想宽大为怀。

他们从未忘记那个人母亲的那双奇异闪亮的双眸，也回想起三十年前他父亲在沙漠里失踪的悲剧。

可是，律法毕竟是律法，不能不遵守。

先知老人是它的执行者。

他们把漫游者抬到集市区，大家毕恭毕敬地站在周围，鸦雀无声。

由于饥渴，漫游者身体还很衰弱，老者让他坐下。

他拒绝了。

他们让他闭嘴。

可他偏要说话。

他转身背向老者，搜寻不久之前还同他志同道合的人。

"听我说，"他恳求地说道，"听我说，都高兴起来吧！我才从山的那边过来，我的脚踏上了新奇的土地，我的手感觉到了别的民族的抚摸，我的双目看到了美妙的景观。

"小的时候，我的世界仅仅是父亲的花园。

"早在创世之初，花园四面八方的疆界就定下来了。

"只要我问疆界那头的世界是怎样的，大家就不停地摇头，一片嘘声。但我非要寻根问底，所以我被他们带到这块岩石上，让我看那些竟敢蔑视上帝的人的嶙嶙白骨。

"'谎言！上帝喜爱勇敢的人！'我大声喊道。于是，老人们走过来，对我读他们的圣书。他们认为世间万物的命运都是上帝的旨意。山谷是我们的，由我们支配，野兽与花朵，果实和鱼虾，都是我们的，依照我们的旨意办事。可山是上帝的，对山那边的事物我们应毫无知晓，直至世界末日。

"那是谎言。他们欺骗我，正如欺骗了你们一般。

"山的那边有牧场，牧草一样肥沃，男男女女有相同的血肉，城市因一千年的细心雕琢而熠熠生辉。

"我已找到一条通往更美好的家园的道路，我看到了更为幸福的生活的曙光。跟我走吧，我引领你们奔向那儿。上帝的微笑不单单在这儿，也在别的地方。"

他停了下来，人群里发出恐怖的叫声。

"亵渎，这是对上帝的亵渎。"老人们大声喊道，"给他罪行该有的惩罚吧！他已失去理智，居然嘲弄一千年前便定下来的律法。他罪该万死！"

人们举起了沉甸甸的石头。

这个漫游者被人们杀死了。

他的尸体被大家扔到山崖脚下，用来警告胆敢怀疑祖先智慧的人，杀一儆百。

过了不多久，一场特大干旱爆发了。潺潺的知识小溪干涸了，牲畜也干渴得死掉了，庄稼也因天干而在田野里枯萎，无知山谷里饥声一片。

可是，先知老人们并未因此而灰心。他们预言，所有的一切都会转危为安的，那些圣书里最神圣的篇章是这样写的。

何况，他们已很老了，只需一点点食物就可以了。

冬天到了。

村庄里人烟稀少，显得十分空荡。

半数以上的人因为饥寒交迫已离开人世。山脉那边是活着的人唯一希望。

可是律法说，"不可以！"

必须遵守律法。

某天夜里叛乱爆发了。

绝望赋予那些因恐惧而逆来顺受的人们以勇气。

先知老人们无力地抗争着。

老人们被推到一边，他们抱怨自己的命运不公，咒骂孩子们的忘恩负义。然而，当最后一辆马车驶出村庄的时候，他们把车夫拦住了，强迫他带走他们。

如此，一场投靠未知世界的旅程开始了。

离那个漫游者回来的时间很多年了，因此要找到他开辟的道路不是很容易的。

数以万计的人死了，踏着他们的尸骨，人们才找到第一座用石块堆砌而成的路标。

以后，旅程中不再有那么多的磨难了。

那位细心的先驱者已经在丛林与无际的荒野乱石中标记出了一条宽阔大道。

它一步一步把大家引领到新家园的绿色牧场。

大家相对无言。

"到底他是对了，"大家说，"他是对的，先知老人错了。"

"他说的是实话，守旧老人欺骗了我们……

"他的尸体仍在山崖下腐败，然而先知老人却在我们的车里坐着，哼那些老掉牙的歌曲。

"他把我们救了，我们反而杀了他。"

"关于这件事我们确实很内疚，可是，倘若那个时候我们知道的话，当然就……"

随后，人们将马与牛的套具解下，赶牛羊到牧场，建起自己的家园，规划自己的土地。以后很长时间里，人们又开始生活得很幸福。

几年之后，人们建造了新的一座大厦，把它作为智慧老人的住所，并打算将勇敢先驱者的遗骸埋在那里。

一支肃静的队伍回到了现今荒废的山谷。可是，山脚下找不见他们寻找的东西，先驱者的遗骸荡然无存。

遗骸早已被饥饿的豺狗拖进了自己的洞穴。

他们将一小块石头放到先驱者足迹的尽头（现今那已经是一条广阔的大道），碑上刻有先驱者的名字，一个起初向未知世界的黑暗与恐怖作战的人的姓名，他指引大家走向新的自由。

碑上还写着，这是那些来感恩的后代所建造的。

这样的事情发生在过去，也发生在如今，不过在以后（我们希望）这样的事不再发生。

目录
/ CONTENTS

一、无知的暴虐

五二七年，弗雷维厄斯·阿尼西厄斯·查士丁尼成了东罗马帝国的统治者。

这样一个塞尔维亚的农夫，他觉得书本知识毫无用处。古雅典的哲学学派因他的命令被最后镇压下去。也正是他的命令，唯一一座埃及寺庙被关闭了，这座庙宇在信仰新基督教的僧人侵入尼罗河谷以后已有好几百年的香火了。

这座寺庙坐落于一个名为菲莱的小岛上，邻近尼罗河的第一个大瀑布，从人类有记忆那个时候开始，这里就是朝拜爱西斯的圣地，不知是何原因，非洲、希腊以及罗马诸神早已惨淡地销声匿迹，单单这个女神还幸存。直至六世纪，这儿一直都是唯一理解神圣古老的象形文字的场所，寥寥几个教士继续从事着在别的地方早已被忘却的工作。

如今，由于一个被称为"皇帝陛下"的文盲农夫的命令，庙宇和毗邻的学校被归纳为国家的财产，神像与塑像送到了君士坦丁堡的博物馆里，教士与象形字书法家被送进监牢。当其中的最后一人由于饥寒交迫死去后，有着悠久历史的象形文字工艺就成为了绝代失传的艺术。

好可惜呀。

倘若查士丁尼（这该死的家伙）稍微斩草除根，几名老象形文字专家被抢救到类似于"诺亚方舟"这样的地方，那历史学家的工作便会容易很多。我们即使能再拼凑出古怪的埃及词汇（这全都是商博良的天才的功劳），却依然无法理解他们传给后代的内在意义。

在古社会的各民族中，这类事情有很多。

蓄着怪异大胡子的巴比伦人留给我们一座座刻满宗教文字的造砖场，在他们曾经虔诚地大呼"将来有谁可以理解天国中上帝的规劝"时，他们的想法是怎样的呢？他们不停祈求圣灵的庇佑，试图解释圣灵的律法，圣灵的旨意被他们刻在最神圣的花岗岩石柱上，他们是如何看待这些圣灵的？他们要么鼓励教士对天空进行研究，探索海洋和陆地，要么又变成残酷的刽子手，只要人们稍稍忽略了现今已被人遗忘的宗教礼仪，便会受到可怕的惩罚，这是为何？

到目前我们都还没搞清楚。

我们指派探险队去尼尼韦，在西奈的沙漠上发掘，解译的楔形文字书版长几英里。我们在美索不达尼亚与埃及的各个地方竭力寻找那把打开神秘的智慧宝库之门的钥匙。

忽然，完全出于偶然，宝库的后门被我们找到了，它一直都开着，人们随时进去都可以。

不过，这扇便利的小门并非坐落于阿卡达或孟菲斯周边。

它在丛林的深处隐蔽着。

异教徒寺庙的木柱差点完完全全遮挡了它。

在寻找易于掠抢的对象时，我们的祖先接触过他们乐于称为"野蛮人"的人。

那次相遇不是很愉快。

那些可怜的人们误会了白人的用心，举着长矛与弓箭欢迎他们的到来。

来访者却回敬给他们大口径短枪。

从此以后，不带偏见、心平气和的思想交流变得相当困难。

野蛮人往往被描写成崇尚鳄鱼与枯树的废物，肮脏且懒惰。对于他们来说，什么灾难都是罪有应得。

直至十八世纪此种情况才有了转机。让·雅克·卢梭最先透过朦胧的伤心泪水察看世界。和他同时代的人被其思想打动，也不禁掏出手绢潸然泪下。

愚昧的野蛮人是他们最爱谈的话题，他们觉得（即便他们从未见过野蛮人），野蛮人是环境的不幸牺牲品，是人类诸多美德的完美体现，人类的这些美德已被三千年的腐败文明制度剥夺得消失殆尽。

现在，至少在特定的研究领域，我们了解得更周全了。

研究原始人就像在研究比较高级的家禽一般，二者区别不大。

总的来说，我们的努力可以得到收获。事实上野蛮人是我们在恶劣环境之下的自我体现，他们只不过没有得到上帝的感化而已。经过仔细研究野蛮人，我们开始对尼罗河谷和美索不达尼亚半岛的早期社会有所了解；对野蛮人深入的认识让我们管中窥豹，探究在最近五千年来人类形成的诸多奇怪的天性，而这些天性却埋藏于一层薄薄的习惯与礼仪的外壳之下。

同野蛮人的邂逅并不能给我们的自豪感增光添色。不过这令我们更加深刻地认识到自己已摆脱掉的恶劣环境，对我们已经完成的许多业绩加以欣赏，这仅能让我们用新的勇气对待工作，倘若还要有别的，那就是更加宽容地对待落伍的异族兄弟们。

这本书并非人类学手册。

这是本奉献给宽容的书。

可是宽容的命题是很大的。

偏离主题的诱惑会很大，倘若我们离开大道，只有天知道将在哪里歇脚。

既然这样，我还是用半页的篇幅，恰如其分地解释我所讲的宽容吧。

语言是人类最具欺骗性的发明之一，全部的定义都很武断。因而无名小辈的学生应该拜读一本威性已经被大多数能看懂该书的人接受了的书籍。

我所指的就是《大英百科全书》。

该书第二十六卷一〇五二页这样写"宽容（来源于拉丁字 tolerare）：允许别人有行动与判断的自由，对有别于自己或普遍的见地要耐心公正地包容"。

可能还有别的定义，可是对于这本书的目的，我将用《大英百科全书》的话作为引线。

既然我已经多少有了某个明确的方针，我还是从野蛮人身上告诉你从已有记载的最早期社会形态中我发现的怎样的宽容。

人们一般觉得，原始社会十分简单，原始的语言仅仅是几声简单的咕噜，原始人拥有的自由是在社会变得"复杂"之后才失去的。

最近五十年，在中非、北极地区以及波里尼西亚，探险家，传教士和医生进行调查，得出了恰恰相反的结论。原始社会相当复杂，原始语言的变格和时态比俄语和阿拉伯语还要多得多，原始人不但是现实的奴隶，同样是过去和未来的奴隶；总而言之，他们是凄凉悲惨的生灵，伴随着恐惧而生，在战栗中死去。

通常人们对野蛮人的想象是一群红肤色的人悠闲地在大草原里漫步，追寻野牛及战利品，而我所叙述的却好像和这种想象相差甚远，可是这与事实更贴近。

事情为何会是另外的样子呢？

我读了很多介绍奇迹的书籍。

然而它们缺少某种奇迹：人类能够生存的奇迹。

这些手无缚鸡之力的哺乳动物竟然防御细菌、柱牙象、冰霜和燥热的侵袭，最终主宰万物，他们究竟是如何做到这些的，在这儿我就不多说了。

但是能够肯定一点，这并非一个人所能独自完成的。

那时的人为了成功，必须把自己的个性融入复杂的部落生活中去。

至高无上的求生欲望是统治原始社会的唯一信条。

这无疑困难重重。

因而一切其他欲望都必须服从于最高要求——存活下去。

个人的利益相对于集体来说无足轻重。部落是遨游的堡垒，它自成一体，凭借群力，为自己获得利益。只有对外来一切的东西进行排斥，才能获得安全。

但是问题并非我刚才说的那么简单，对于有形的世界我的话可能很适用，可是在人类发展的初期阶段，有形的世界相较于无形的世界来说，简直微不足道。

要想充分理解，我们应该记住，原始人与我们大不一样。他们无法理解因果法则。

要是我坐在有毒的常青藤上，我就会指责自己的大意，让人去请医生，并叫我的孩子把那些东西赶快弄走。辨明因果的理解能力告诉我，有毒的常青藤会引发皮疹，医生会给我开止痒的药，清走毒藤能够避免痛苦的事情再次发生。

真正的野蛮人的反应却迥然相异。他没法把皮疹同毒藤联系在一起。他生活的世界中，过去、现在以及将来都纠结在一起。死去的首领成为了上帝，死去的邻居成为了精灵，依旧是家族中看不见的成员，寸步不离地陪着活着的人。他们和死人依然同吃同睡，一起看守大门。是设法同他们亲近还是博取他们的友情？这样的问题是活着的人应考虑的，要不然便会马上遭受惩罚。因为活人没法知道如何取悦精灵，所以总是怕上帝报复自己将不幸降临在自己头上。

所以，他没有把异常事情归因于起先的原因，而是归因于看不见的精灵的干涉。当他发现臂上起皮疹时，不会说："该死的毒藤！"而是小声嘀咕："我把上帝得罪了，他来惩罚我。"他去找医生，并非去讨要消藤毒的膏药，而是要一张符咒，还要比愤怒的上帝（不是毒藤）扔给他的那张符咒灵验百倍才可以。

至于引起他遭罪的毒藤他却毫不理睬，照样让它像往常一般生长。倘若恰好有个白人带来一桶煤油把毒藤烧了，他还会骂他没事找事。

所以，在一个社会里，要是所有的事情都归结于由看不见的生灵所控制的，那么这个社会要维持下去，就不得不完全服从能让上帝怒火平息的律法了。

依据野蛮人的说法，律法的确是存在的。祖先制定了律法，把它传授下去，他最神圣的职责便是让它原封不动、完好无损地传递给下一代子孙。

在我们看来这肯定荒诞无稽，我们确信的是进步、发展以及持续不断的改进。

可是，"进步"是近年来才形成的概念，然而低级社会形态的特点却是，人们觉得现状已经很好了，不需要再进行什么改进，原因在于对于别的世界他们一无所知。

假如上面所讲的都是真的，那如何才可以防御律法和既定的社会形式有所更变呢？

答案非常简单。

就是立即给拒不把公共条例当成是上天旨意具体体现的那些人以惩

罚，说得直白一点，就是依赖僵化的专横制度。

要是我因此说野蛮人在人类中最不宽容，这也并非侮辱他们，因为我还要补充一句，在他们生存的那个氛围里，专横跋扈是理所应当的事情。倘若他们执意容忍，作为保护他们人身安全、头脑单纯以及部落生活的许多律条遭人践踏，便会有无妄之灾，这样的罪过可是最大的。

可是（这个问题值得提问），极少数人又是如何保护一整套靠口口相传的法律的呢？现如今我们有数以万计的警察，成千上万的军队，可依然感觉到连推行一些普通法律的困难都挺大。

答案同样非常简单。

野蛮人相对于我们聪明得多，他们精明地计算出了依靠武力无法推行的东西。

他们发明了"忌讳"（塔布）的观念。

可能"发明"这个词和文意有些不符，此类东西极少是一时灵感的产物。它们是日积月累与实践的结果。无论如何，非洲和波里尼西亚的野蛮人提出了"忌讳"这个概念，因此省了不少麻烦。

"忌讳"这个词起源地是澳大利亚。我们多少都明白它的含义。现今的世界里忌讳随处可见，即不可以做的事或不能说的话，比方说在吃饭时谈论之前刚做完的一次手术或是将小勺放在咖啡杯里不拿出来。可是我们的忌讳意义都不大，仅仅是一些礼节，对生活的幸福毫无影响。

对于原始人来说，忌讳就很是重要了。

它表明着超脱于这个世界的人或无生命的物体，（用希伯莱语）是"神圣"的东西，人们一定不会冒着马上死去的痛苦或经受永久性的磨难作为代价谈论或涉及。对于竟敢违背祖先意志的人能够大声辱骂，并不值得人怜惜。

到底是教士发明的忌讳，还是为了维护忌讳才有了教士，这个问题尚待解决，因为传统较之宗教更加源远流长，所以早在男巫师与女巫婆问世之前忌讳就存在了的可能性很大。然而巫师在世上一露面，便作为忌讳观念的顽固支持者，巧妙地大肆盗用此种概念，忌讳便成为史前的"禁物"象征物了。

我们第一次耳闻巴比伦与埃及的名字的时候，禁忌还处于分量很重的发展时期。原始粗糙的忌讳和后来在新西兰发现的有很大的区别，是带有"汝不能……"这种字眼的戒律。它们是约束人类行为最为严肃且不可变更的行为准绳，正如我们熟知的基督教"十诫"中的第六条一般。

不用说，在早期的那些国度的历史中，宽容的概念人们毫不知晓。

我们有时把无知引起的漠不关心误以为是宽容。

我们从未发现国王与教士会有一丝诚意（即便是不足挂齿的）赞同别人履行"行动或判断的自由"，或是"对有别于自己或普遍都认可的见解的耐心公正的容忍"，可现如今这已成为我们社会的理想。

这样说来，本书的兴趣并非是研究史前的历史，或是研究按通常所讲的"古代历史"。

为宽容所作的斗争直至个性发现之后才开始。

在现今最伟大的新发现里，个性发现的荣誉非希腊人莫属。

二、希腊人

在地中海的一个无人问津的角落，有一个很小的岩石半岛，在近两个世纪里它为现今世界的生活打下了完整的基础，这其中包括政治、文学、戏剧、雕塑、化学、物理（上帝晓得还有什么），这所有的一切是如何实现的呢？多少世纪以来，大家一直百思不得其解，在哲学家们的一生里也多少要花费一些时间来找寻答案。

盛气逼人的历史学家同化学、物理、天文以及医学上的专家有很大的不同，他们往往以某种居心不良的蔑视态度看待所有想发现"历史规律"的努力。在研究蝌蚪、细菌以及流星时的可行的办法，在研究人类领域中却完全没有用武之地。

可能是我错了，不过我觉得这种法则仍旧存在。目前我们的收获甚微，这是不争的事实。不过，我们下的功夫还不够。我们总是忙着积累事实，却腾不出时间把它们煮一煮，让它们溶解、升华，然后从中淬炼出凤毛麟角的智慧结晶，或许对于我们这类特殊的哺乳动物，这些智慧还真有点价值。

涉足这个新的研究领域，难免有点诚惶诚恐。这儿我借用科学家的一段名言，献上下面的历史定律。

依据现代科学家的最新成果，当全部物理与化学的成分都到达形成第一个细胞的理想比例的时候，生命（有别于无生物的有生物）就出现了。

将上面这段话翻译为历史学的概念，便是：

"只有一切种族、气候、经济以及政治因素达到或接近于某种理想比例的时候，高级形式文明才会突发其然地、看似自动地产生。"

我将举几个反面事例来详尽论述这样的观点。

当智商还处在穴居人水平的种族是没法繁荣昌盛的，就算在天堂里也不会。

倘若是出生在爱斯基摩人的圆顶冰屋里，从早到晚就是盯着冰上的捕海豹洞，这样伦勃朗就画不出图画，巴赫就没法谱出受难曲，伯拉克西特列斯也塑不出雕像来。

假使达尔文必须在兰开夏郡的工厂中干活谋生，在生物学上他就不能作出贡献，要是亚历山大·格雷厄姆·贝尔是一个自身难保的奴隶，居住在罗曼诺夫庄园的某个偏僻村庄里，那他也发明不了电话。

埃及被誉为第一个高级文明的发祥地，那儿气候宜人，可土著居民的体质却不算健壮，进取心也不是很强，经济和政治条件也糟糕极了。巴比伦与阿西利亚同样是这样。已迁移到底格里斯河与幼发拉底河流域的闪米特族却身材高大，精力旺盛，气候也没问题，可是政治与经济的环境依然差得很远。

巴勒斯坦的气候无任何能够炫耀的地方，农业生产力落后，在横穿国土沟通亚洲与非洲的大道之外的地区，商业屈指可数。何况，巴勒斯坦的政治完全掌握在耶路撒冷神庙的教士手中，这当然不利于个人积极性的发展。

腓尼基的气候倒是不错，并且身强体壮，经济条件也很好，不过，这个国家却经受了严重经济不平衡的悲剧。一小部分船主积聚了所有的财富，还创建了森严的商业垄断。如此一来，早期泰雅与西顿的政权成了大富豪们的囊中之物。穷苦百姓连起码的努力干活的权利也被剥夺了，他们变得非常冷淡、淡薄，后来，腓尼基重蹈迦太基的复辙，因为统治者的短浅目光与自私自利而化为乌有。

不管怎么说，在早期所有的文明的中心，成功必要的因素往往欠缺。

公元五世纪时在希腊终于产生了完美平衡的奇迹，它维持的时间十分短暂，并且奇怪的是，竟然连这也不是在本土发生的，而是发生在爱琴海彼岸的殖民地上。

在另外一本书中我也描述了闻名的岛屿桥梁，它们将亚洲大陆与欧洲大陆紧密地联系在一起，早在还没有文字记载的时期，埃及、巴比伦以及克里特商人就经由这些岛屿前往欧洲。他们的着陆不但通了商，而且还将亚洲的思想带到了欧洲，他们的足迹留在了小亚细亚西岸的一个名叫以沃尼亚的狭长地带上。

当时离特洛伊战争还差几个世纪，希腊大陆的某些部落将这块长九十英里、宽仅数英里的疆域征服了，先后创建了殖民城市，其中最为闻名的是以弗所、福赛、艾丽斯莱以及米莱图斯。在这些城市附近，最终成功的条件以完美的比例臻于成熟，让文明发展到了很多后世的文明最多偶尔能够与之并驾齐驱，却从未超过它们的水平的地步。

首先，殖民城市住着的是来自十多个民族的最活跃、最有上进心的人。

其次，这儿拥有新旧世界间与欧亚大陆间彼此通商贸易所得的财富。

再次，完全代表殖民主利益的政府给了广大自由者机会来充分发挥自己的才干。

我不提气候是有原因的，对于只经商的国家来说，气候的关系并不大。不管是下雨天还是晴天，船只一样能够建造，货物都能够装卸，只要没有冷得港口结冰，只要雨水没有淹没城镇，居民便不会对每天的天气预报产生兴趣。

以沃尼亚的天气对知识阶层的发展还是相当有利的，在图书与图书馆问世以前，知识是凭借人们口口传承下来的，城里的水泵四周变成了最早期的社会活动的中心，而且是最原始的大学所在地。

他们之中有记载的第一人——现今科学的真正创始人，是一个背景让人怀疑的人物。这并非是说他抢劫银行或是杀死家人，并因此而从毫不知名的地方逃往米莱图斯来。没有人知道他的祖先是哪一个，他到底是比奥夏人还是腓尼基人？（用学识渊博的人类学专家的话来说）是北欧游牧人还是闪米特人？

这说明，在当时这样一个明麦安德尔山口的区区古城是一个具有多么显赫地位的世界的中心。它的人民来自五湖四海（正如现今的纽约一样），所以人们只从表面印象接受自己的邻居，从不太过深入地注意他的家底。

这本书并非数学史与哲学手册，所以不必为阐明泰勒斯的思想而大动笔墨。只需提及一下，对新思想他倾向于采取宽容的态度。这样的风气曾在以沃尼亚风靡一时，当时罗马还仅仅是远方一条不知名的泥泞河边的小商镇，犹大人照样是阿西利亚人的俘虏，欧洲的北部和西部还是一片荒芜的贫瘠之地。

为了弄清这样的发展成为可能的原因，我们必须了解自从希腊头目们渡过爱琴海、洗劫特洛伊城堡中的财富以来希腊所产生的变化，在当时那些远近驰名的英雄不过是最原始文明的产物，他们就像四肢太过发达的孩子，在他们眼中生命不过是一场漫长而且光荣的搏杀，里面充斥着刺激、搏斗、赛跑还有一切诸如此类的竞技，可假如我们现在的人不是为了面包与香蕉而不得不从事日常工作，倒也很愿意从事这样的活动。

这些血气方刚的侠客对待他们信仰的神的态度坦率直白，如同是对待日常生活中一切严肃问题一般。在公元前十世纪奥林匹斯山上的众神曾干预过希腊人的一切，不过他们都有着真真切切的人的形象，与地球上的人差异不大。地球上的人是何时何地、如何同他们的上帝背道而驰的，里面的详情从来都是个谜，一直没有人搞清楚过。然而，九霄云外的上帝对匍匐在地面的人民所拥有的情谊一直都没有间断过，总是带着亲切的个性色彩，它使得希腊宗教表现出了独有的魅力。

得到过良好教育的孩子应该都会明白，宙斯是十分强大的统治者，留着长长的胡子，时不时狂暴地闹起闪电霹雳的时候，世界就像末日来临了一般。在摇篮里孩子们就听人家讲起有关神灵的故事，可当他们稍微长大一点，能自己读古老的传说时，就开始研究起那些可怕神灵的弱点。这时他们看到的神灵是在愉悦的家庭派对的灯光下出现的化装的人们——他们互相不厌其烦地恶作剧，参与平凡人们的政治讨论，因为各支持一方而彼此激烈争吵，所以，每次希腊尘世发生争论，一场轩然大波便在天国诸神之间展开。

不过，宙斯即便有人类的弱点，可仍旧是十分伟大的上帝与强大无比的统治者，安全起见，最好不要冒犯他。但是，他很"通情达理"，现在华盛顿议会中专门进行院外游说活动的说客们对这个词的含义知道得清清楚楚，宙斯也的确很通情达理，要是掌握的火候恰如其分，还能够疏通他。具有幽默感则是最主要的，他本人以及他的天国其实他看得不太重。

可能这种评价对于宙斯来说并不是最好的，不过该点的好处却显而易见，古希腊一直都没有条例森严的教条，规定凡人应如何把真理和谬误区分开来。因为无现代概念中的"信条"和冷酷的教理以及凭借绞刑架推广教理的职业教士，全国上下都能够依照自己的好恶来修订宗教思想与天国的定义。

居住在奥林匹斯山周边的塞萨利人对其可敬的邻居奥林匹斯诸神的崇拜程度，远不及居住在很远的拉科尼亚湾小村庄里的阿索庇人，雅典人误以为有守护神雅典娜的庇佑，就能够对她的父亲宙斯放肆，而住在离通商要道很远的山谷里的阿卡迪亚人的信仰却更为淳朴，以轻浮的态度对待宗教这样严肃的事情最让他们恼怒。福西斯的居民是以人们对德尔法的朝圣来谋生的，因而他们确信，阿波罗（这样一个在有利可图的地方接受朝拜的天神）是一切天神中最伟大的一个，那些不远千里而来的人们，但凡是口袋里还有一两个德拉克马，就应为阿波罗去进香。

因为犹太人只信奉一个上帝，这令他们有别于其他民族，当时的犹太人聚在一个城市，势力日益扩大，最后一切与之匹敌的朝圣地都被他们击败了，这样一来，对宗教的垄断维持了近千年，否则让人们只信奉一个上帝没有可能。

这种条件在希腊却不具备。雅典人与斯巴达人都希望他们的城市成为全希腊公认的首都，但都没有成功。他们的努力只引发了徒劳枉然的长年内战。

有这么强个性的民族必定给独立思考精神的发展提供了广阔的前景。

有时《伊利亚特》和《奥德赛》被称作是"希腊人的圣经"。然而它们同《圣经》八竿子打不着，仅仅是普通读物。从未跨进"圣书"的范畴。这两本书所讲的是英雄们叱咤风云的冒险经历，他们总被人们习惯的认作是当时希腊人的上一辈祖先。这两本书提及很多宗教知识，由于天神们都无一例外地同凡人的相互争夺中各支持一方，把正经事忘得一干二净，只是纵情地欣赏在自己领地上展开的亘古罕见的大博杀。

希腊人从未考虑过荷马的著作是否是直接或间接地在米纳瓦与阿波罗的启示下才完成的。在文学史上荷马史诗是极具光辉的一页，长夜漫漫的冬日里，它是陪伴人们的良好读物，还能够增加孩子们的民族自豪感。

这就是全部的全部。

这座城市到处都弥漫着知识与精神自由的气息，散发着从来自五湖四海的船只上发出的呛人味道，还装点着华丽的东方绸缎，弥漫着饱食终日的人们的笑语欢颜，这儿是泰勒斯的诞生地，他在这里学习、工作，直至离开人世。假如他摸索出的结论有悖于其他人的见解，那么请记住，他的思想的影响很具有局限性，通常米莱图斯人都知道泰勒斯，正如纽约人往往对爱因斯坦的大名都早有耳闻一样。假使问纽约人爱因斯坦是谁，他会告诉你，爱因斯坦是蓄着长发、叼着烟斗、拉小提琴的家伙，他还写有一篇一个人从火车这端走到那端的故事，曾在一份星期日的报纸上刊登过。

这个叼着烟斗、拉小提琴的怪人抓住了瞬间的真理之光，最后把六十个世纪以来形成的科学结论推翻了（至少是极大改变了）。然而，千百万懒散随和的纽约人并未重视过这点，仅仅在自己喜爱的击球手试图推翻万有引力的时候，才想到数学这门学科。

一般古代历史教科书避开这个难题，只印上"米莱图斯的泰勒斯，现代科学奠基人"来搪塞敷衍。甚至我们能够想象到当时《米莱图斯报》上登出如此的大字标语："当地毕业生发现了真正科学的秘密"。

泰勒斯究竟是什么时候、什么地方、如何超越前人走过的旧路，独自开辟新道路的，我也不得而知，但是能够肯定一点，他并非生活在没有知识的真空世界中，他的智慧也并非凭空捏造出来的。在公元前七世纪，在探索许多新的科学领域，人们已经有大量数学、物理学以及天文学的资料，提供给学者作为参考。

巴比伦的星球观察家已在探索天空了。

通过精确的计算，埃及建筑师将两块重百万吨的花岗石放于金字塔内墓室的顶部。

尼罗河谷的数学家们通过仔细研究太阳的运动，预计出旱季和雨季，给农民提供了日历，让农业劳动变得有规律可循。

不过，给这些实际问题作答的人们，还是认为自然的力量是上帝意志的直接体现——季节、星球以及海潮都被上帝掌管着，正如总统内阁议员掌控着农业部、邮电部、财政部一般。

泰勒斯对这种看法持反对意见。然而他同当时大部分接受过良好教育的人一样，不愿参加公开场合的讨论。倘若海边的水果贩子遭遇日食时，被这可怕的景象吓得匍匐在地，嘴上叨念着宙斯的名字，那是他的事，泰勒斯不会去告诉他们说，只要是了解天体运行知识的小学生都会预计出公元前五八五年五月二十五日会有日食发生，在几分钟内米莱图斯城会陷入相对的黑暗。

在发生此次著名日食的下午，波斯人与利迪亚人在战场上展开了厮杀搏斗。大家觉得，光线不足是他们这次相互残杀停止的缘故。这是利迪亚诸神效仿前几年在阿迦隆山谷战役中发生的先例，开创了奇迹——使天国的光芒瞬时熄灭，好让受他们宠爱的一方能稳操胜券。对于这样的说法，泰勒斯是不会相信的。

泰勒斯达到了如此般的境界（这便是他的伟大之所在），他敢于将所有自然现象看做受永恒法则的支配，是永恒意志的体现，并非人们所想象的天神随意支配的产物。他认为，就算那天下午仅有以弗所大街上的狗打架，或是哈利奇进行一次婚礼筵席，没有更重大的事发生，日食依然会发生。

经过泰勒斯科学的观察，一个符合逻辑的结论产生了。万物的产生都被他归结于一条普通必然之法则，且作出了这样的推测（某种程度来说他的推测是对的）：世间万物之源都取决于水，水从四面八方把世界包围住，从创世纪之初就与世共存了。

令人遗憾的是，泰勒斯的任何亲笔文稿都没有被遗留下来，也许他曾用文字表达过自己的思想（希腊人已从腓尼基人那学会了字母），可现今他的文稿荡然无存，对他的了解我们全都是从他同时代人的著作中提供的只言片语里获得的，如此才对泰勒斯的个人生活有一定的了解。泰勒斯的身份是商人，同地中海诸多角落的人都有过接触，还要提一下，大部分的早期哲学家都是商人，这也成为那个时候的一大特点。哲学家被看做是"智慧的恋人"。然而这样一个事实他们是从不忽视的，即生灵之中蕴涵着生活的秘密。他们觉得，"为智慧而寻找智慧"的观点，就如同"为艺术而艺术"、"为食物而吃饭"的谬论一般，后患无穷。

他们眼中，世界上存在着各种个性的人，好的、坏的以及不好不坏的，这是衡量一切生灵的最高标准。所以，在闲暇时他们耐心地钻研这个令人难以捉摸的动物，并且依照人的真实面目去研究，不会按照先入为主的主观意识臆造从事。

这可以使他们同其他人和平共处，从而极大扩大了自己的影响。这相较于不厌其烦地说教、指点人们通往大千世界的捷径更为有效一些。

他们很少用清规戒律限制人们的活动准则。

不过，他们以身作则地向人们表明，倘若理解了自然力，灵魂深处必然会寄托着所有幸福的安宁。当在自己的生活圈子里获取了身边人的好感之后，哲学家便能够有充分的自由去钻研、探索以及调查，甚至能够深入到只有上帝才可以干预的领域里去冒险。作为新福音的先驱者，泰勒斯为这项有益的事业将才华横溢的一生都奉献了出去。

即便他对希腊人眼里的世界进行了深入地分解，分别考查了各个微细部分，并公开的对自古以来大部分人一直认为是理所应当的事情提出质疑，但人们仍然允许他躺在床上寿终正寝。就算当时有人要求他对自己的异端邪说作出阐释，至今我们也无从查考。

一经泰勒斯指明了道路，就出现了蜂拥而至的追随者。

比方说阿那克萨哥拉，他三十六岁时从小亚细亚来到雅典，此后一直作为"诡辩家"，在希腊几座城市里还当过私人教师。他对天文学很有研究。在讲课时他指出，太阳并非大家普遍公认的是某名天神驾驭的一辆马车，而是一个又红又滚烫的火球，比整个希腊还要大千万倍。

这个理论并未给他招惹是非，老天也没有因他胆大妄为而劈死他。因而他把自己的理论又推进了一步，大胆指出，在月球表面上覆盖着山脉与山谷，后来他还暗示说，有一种"种子"，是万物的起源和终端，从创世纪时就已存在。

可是，阿那克萨哥拉涉及到了一个危险的地带，他所提的都是人们熟知的事情，以后的许多科学家也经历过类似的事情。太阳与月亮相隔地球千里，哲学家通常并不在乎如何称呼它们。然而这位教书先生说世间万物都是从一个叫做"种子"的不明物中成长的，这未免太过分了。他的断言和天神的故事恰恰相反——是天神在洪水之后将小石子变成无数男女，这样世界才会重新人口兴旺。在孩提时代希腊所有的孩子就听过这样的故事，因而对它的无比庄重严肃的真实性加以否定会让现存社会的安宁受害无穷，也会让孩子们对长辈的智慧提出质疑，万万不可。所以，阿那克萨哥拉变成了雅典父母同盟大肆攻击的靶子。

倘若当时是君主制与共和制初期，城邦的统治者还依然有足够力量对一名宣扬不受欢迎的教理老师进行保护，让他免遭大字不识的古雅典农民的愚蠢仇视的迫害。可当时的雅典，民主制已经发展到了巅峰时刻，个性自由早已今时不同往日了。何况，当时深受大部分人鄙视的伯里克利恰好是这位天文学家的得意门生，这又为法庭打开了方便的治罪之门，致使人们用以掀起一场反对古老独裁统治的政治风暴。

有位名叫奥菲特斯的教士，在某一人口最密集的郊区做行政长官，他提出的一项法律被通过了。这项法律规定，"对全部不相信现今宗教者与对所有神明持不同看法者，要马上治罪"。因此，阿那克萨哥拉被投进监狱。可是最后城市中的开明势力占了上风。阿那克萨哥拉只缴纳了一笔很小的罚款便获释了。他移居到小亚细亚，在那儿安享晚年，名如皓月，到公元前四二八年才离开人世。

这一案件说明，官方要压制科学理论的发展确实是枉费心机。尽管阿那克萨哥拉被迫离开雅典，不过他的思想却留给了后世。两百年之后，一个名叫亚里士多德的人注意到他的思想，并将其作为自己科学假设的基石。

经历一千年的黑暗时期之后，亚里士多德的思想又让人欢心地直接传授给了伊本·路西德（一般称阿威罗伊），一个杰出的阿拉伯医学家，他于西班牙南部摩尔大学的学生中间大力宣传亚里士多德的思想，将理论与自己的观察结合在一起，写下了大量著作。这些书被及时地运往庇里牛斯山，送至巴黎与布伦大学，且翻译成拉丁文、法文以及英文。西欧人与北欧人全盘接受了书中的看法，而今它们已成了科学启蒙书中不可或缺的一部分，人们觉得它们就像乘法口诀表一样无害。

现在我们回到阿那克萨哥拉的话题上来。在他受审之后几乎一代人的时间里，希腊科学家有幸承蒙恩准，能够教授和民间迷信有偏差的学说。到公元前五世纪末年，第二件事又发生了。

这次受迫害的是一个名叫普罗塔哥拉的流浪教师，他来自希腊北部以沃尼亚殖民地的阿布戴拉村。这个地方因是德谟克利特的出生所在地而名声不好。德谟克利特是拥有创见的"微笑哲学家"，他提出一条定论："只有可以给绝大部分人提供最大幸福与最小痛苦的社会，才是最有价值的。"后来他被看成激进分子，要被置于保安系统的严密监视之下。

普罗塔哥拉深受这一思想的熏陶。他前往雅典，经过几年的刻苦研究，向人们宣称说，人是衡量一切世间万物的尺度；生命犹如昙花一现般短暂，因而不要将宝贵的时间花在原本就让人怀疑的上帝的存在当中，所有精力应该致力于让生活更美好愉快。

这一观点无疑是切中了要害，绝对会比曾经一切文字或谈话都更加能够动摇人们的信仰。并且，这个理论产生之时，恰逢雅典与斯巴达间的战役胜败攸关的紧要关头，人们深受失败与瘟疫的毒害，已到了走投无路的地步。很显然，这时对上帝的超凡的神力提出质疑，激怒上帝，确实不是时候。普罗塔哥拉被指控是无神论者，斥令一定要改变理论，服从法庭的管制。

本来伯里克利能够保护他，可这时他已经过世了。虽然普罗塔哥拉是科学家，却对殉道一点兴趣也没有。

他跑了。

可悲的是，在驶向西西里的旅程中，他的船触礁了。他很可能当场溺水而死，因为至此之后再也没有听到有关他的任何消息。

惨遭雅典人恶毒迫害的另一个人是戴阿哥拉斯。事实上他并不是哲学家，而是一位青年作家。在一次官司中他没有得到上帝的眷顾，于是将个人的怨恨全部宣泄到上帝身上。在很长一段时期，他为自己的苦情郁郁寡欢，导致思想产生了很大变化。他到处奔走，用亵渎神灵的语言诽谤希腊北部人尊敬的"神圣玄机"。他的胆大让他被判处死刑。然而在临刑前夕，这个可怜的家伙得到了逃跑的机会。他来到科林斯，照样诅咒奥林匹斯的天神，后来最终因肝火太旺而寿终正寝。

最后希腊人不易说的偏见发展到了无以复加的地步，其中的典型例子就是法庭对苏格拉底臭名昭著的死亡宣判。对这我们在此有详尽的记载。

只要一提及世界依然如故，说到古代雅典人心胸狭隘的程度不亚于后人的话，人们就必定举出苏格拉底的事例，看成希腊人顽固不化的强有力佐证。然而现今我们通过详尽的考察以后，对情况有更为清楚地了解了。这位街头演说家的毕生都很平凡，他才华卓越，却让人讨厌，他给公元前五世纪盛行于古希腊的思想自由精神作出了最直接的贡献。

那个时候的人们依然相信有天神存在，于是苏格拉底将自己说成代表上帝的预言家，尽管雅典人没法完全理解他所讲的"精灵"（也就是在内心深处告诉他应如何说如何做的声音）代表着什么，却完全能够领会这一事实：对身边的人们供奉神明的东西持否定态度，也不屑于传统的习俗。最后，当政者把这位老人杀死了，可他的神学观点（虽然官方为了说服大家而牵强地作为欲加之罪）事实上与审判的结果几乎没有关联。

苏格拉底是一位石匠的儿子。他的父亲子女很多，钱财很少。他没有钱上正规大学，这是因为那时的哲学家都讲究实惠，教一门学科的报酬是两千块钱。何况，对苏格拉底来说，追求纯粹的真理、研究无用的科学现象完全是浪费时间与精力。他觉得，只要一个人善于培养自己的信念，有无几何学的知识也无关紧要，对于拯救灵魂来说，了解彗星和行星的自然现象毫无用处。

这个塌鼻梁、衣冠不整的朴实小个子，白天在街头和无业游民争论，晚上则毕恭毕敬听妻子的唠叨（为了养活一大家子人，他的妻子必须在家里给别人洗衣服，可她的丈夫却将谋生当成是生存中最不应注意的细节）。他曾多次参加战争与远征，是个令人尊敬的老兵；他身为雅典参议院的前议员，在当时众多的教师中被挑选出来，为了自己的信仰而接受惩罚。

为了详尽地了解事情的始末，我们应当明白在苏格拉底为人类的知识以及进步作出痛苦而有用的努力的时候，雅典的政治面貌怎样。

在苏格拉底的一生中（他被处以死刑时已年过七十），他试图告诫人们，他们正在浪费青春，生活毫无意义可言，花费了过多的时间在空洞的快乐与虚无缥缈的胜利之上，一直挥霍伟大的上帝赐给的诸多恩典，哪怕使自己的虚荣心与野心得到几小时的满足都是好的。他绝对相信人的命运是崇高的，所以旧哲学界设置的所有框框和禁区他都打破了，甚至走得比普罗塔哥拉还远。普罗塔哥拉教悔人们："人是衡量一切生灵的尺度。"苏格拉底则说："人的无形意识是（或应该是）万物的最后尺度；改变命运的不是上帝，而应该是我们自己。"

在法官面前苏格拉底的演讲（确切地说，法庭上总共是五百名法官，他们都是苏格拉底的政敌刻意挑选的，其中的有些人还会读书写字），对所有听众来说，无论他们是否持同情的态度，都是最鼓动人心的通俗浅显的道理。

这位哲学家争辩说道："世上谁都没有权力命令别人信仰什么，或夺取别人随意思考的权利。"他说，"只要人们有自己的道德与信念，就算没有朋友的赞同，没有金钱、妻子以及家庭，也都是可以成功。可倘若不完全研究问题的前因后果，谁都不可能得出正确的结论，所以必须有讨论一切问题的充分自由，完全不受官方的干涉才行。"

可惜的是，该被告是在错的时间阐明了错的论断。且伯罗奔尼撒半岛战争以后，雅典富人和穷人、主人和仆人之间的关系一直处于紧张的状态之中，苏格拉底是"温和派"——一个既看到双方利弊，又试图找到折中方案以满足所有有理智人士的自由主义者，这自然而然哪一方的好感都得不到，不过那时双方势力相当，没有时间来对付他。

到公元前四〇三年，那些绝对的民主派彻底控制了王国，赶跑了贵族，苏格拉底也便在劫难逃了。

他的朋友知道这一切后，劝告苏格拉底早点离开这座城市，这是相当明智的。

苏格拉底的敌人不一定比他的朋友少。在大半个世纪中，他总是扮演"口头评论家"的角色，作为一个聪明绝顶的大忙人，将那些自我标榜为雅典社会支柱的人的假面具以及思想骗术在光天化日之下揭露出来当成一种乐趣。慢慢的时间长了，在希腊他的名字家喻户晓。上午他谈到的趣事，到晚上全城老老少少便都知晓了。有人专门为他排演了戏剧。在他入狱的时候，关于他一生中的大大小小的琐事全希腊人都了如指掌。

那些在审判中起主导作用的人们（比方说那个不会读写、只因通晓上帝旨意而在起诉中最卖力的粮贩子）对他们审讯苏格拉底是在为社会尽职尽忠，为城市除掉一个所谓"知识界"中的最危险分子深信不疑，他们认为苏格拉底是一个只会教给奴隶懒惰、犯罪以及不满的人。

十分有趣的是，尽管在这样的环境里，苏格拉底依旧用精湛的口才为自己辩护，并且这让陪审团的绝大部分人倾向于释放他。他们提议，只要苏格拉底摒弃争吵、辩论、说教那些可怕陋习，对别人所偏爱的东西不再加以干涉，不再用无休止的疑问去纠缠他们，就能够被赦免。

可是苏格拉底不接受这些。

"这肯定办不到！"他喊，"只要我的良心以及我微弱的心声还在引导我继续向前，把通往理智的真正道路指引给人们，我就要继续拉住我所见到的每一个人，把我的想法告诉他们，毫不顾虑后果。"

这样的话，除了判处这个囚犯死刑以外，法庭没有其他办法。

苏格拉底被缓刑三十天。一年一度去戴洛斯朝圣的船只还没有返航，依据雅典法律，在此期间是不可以行刑的。整整一个月，这位老人安详地待在监狱里，研究怎样改进他的逻辑体系。他有多次逃跑的机会，但都被他拒绝了。他觉得自己已不虚此生，履行了自己的职责，他疲惫了，打算离开人世。直到行刑时，他仍在同朋友们谈话，用自己坚持的真理劝解他们，告诫他们少花点心思在物质世界上，而要注重精神世界。

随后，他饮下那杯毒鸩，躺在床上，至此以后，所有争论都伴随着他的长眠而尘埃落定。

势不可当的公众愤怒曾一度让苏格拉底的门徒吓破了胆，认为还是离开过去的住处一段时间比较好。

等一切都平息了下来。他们便又回来，重操旧业，公开讲学。当这位老哲学家死后的十多年内，他的思想传播得比以前更广泛了。

同时，这座城市经历了十分困难的时期。夺取希腊半岛领导权的战争已结束五年了，雅典人在这次战争中败下阵来，斯巴达人取得了最后胜利。这是一场体力与智力对抗获胜的战役。不用说，这种状况持续的时间不长。斯巴达人从未写过一句值得记下的话，对人类的知识也未作出过一点的贡献（除一些军事战术以外，今日的足球比赛里已经沿用到了这样的战术）。斯巴达人觉得，对手的城墙被推倒了，雅典的舰队也剩余没多少，便已大功告成。然而，雅典人的思想却未因这而丧失敏捷的天赋。可罗奔尼撒半岛战争结束后的十年，古老的比雷埃夫斯港就又聚集了世界各个地方的船只，雅典的海军将领又一次身先士卒，统领了希腊联合舰队。

何况，尽管伯里克利的努力并未得到同代人的注意，却让雅典变成了世界文化的中心，正如公元前四世纪的巴黎一般。罗马、西班牙以及非洲的有钱人家都希望孩子得到时髦的教育，即便孩子只被允许参观一下卫城周边的任意一所学校，家长也会觉得是无上的光荣。

要正确理解古代社会对于我们现代人来说是相当困难的，在古代社会，生存被看得尤为重要。

在早期基督教的影响下——那个时候的基督教是所有异教文明的公敌——希腊人和罗马人被人们看成是天良尽失的家伙。他们总是崇拜那些不伦不类的天神，其余的时间便用来大吃大喝，饮整罐整罐的萨莱诺酒，听埃及舞女的细语缠绵，偶尔还奔赴战场，把屠杀作为乐趣，残忍的杀害无辜的日耳曼人、法兰克人与达西雅人。

不容置疑，不管在希腊还是在罗马，有特别多的商人和战争贩子，可能在罗马更多一些。苏格拉底在法官面前精辟阐述的伦理道德被他们抛到九霄云外，积累起万贯家私。正由于这些人十分富有，人们才必须对他们忍气吞声。不过，在社会中这些人一点威信都没有，所以无法推崇他们为当时文化的代表人物。

埃帕菲罗迪特的公寓被我们发掘了，这家伙和尼禄大肆掠夺罗马及其殖民，谋取数以百万计的家财。望着这个老投机倒把商用不义之财造起来的有着四十间房屋的宫殿的废墟，我们不禁摇头叹息："好腐败啊。"

随后，我们坐下来品读爱比克泰德的书籍。曾经爱比克泰德当过埃帕菲罗迪特这个老坏蛋的奴仆。可是读他的书后，我们却深刻感受到自己是同与一位古今少有的高尚的灵魂为伍。

我明白，人们喜欢关在家里随意对自己的邻居或邻国说三道四，可是要记得，哲学家爱比克泰德当之无愧的是他所生活的时代真正的代表，正如朝廷中的势利小人埃罗菲罗迪特也拥有他的代表性一般。二十个世纪之前的人们对尽善尽美的生活的追求欲望也不亚于现今的人们。

毋庸置疑，当时的尽善尽美和现在的尽善尽美在概念上差异性是很大的，这一点无可厚非。那个时候的尽善尽美是某个深深欧化了的产物，同东方社会没有任何干系。可是，那些有着自己的见解、将其当做生活中追求的最崇高目的的所谓"野蛮人"，恰恰是我们的祖先，他们缓缓地发展了某种生活哲理，广为人们所认可。倘若我们觉得良心纯正，生活简朴，外加身体健康以及收入适足就是知足常乐的最好证明，那这样的哲理我们也应该给予认可。灵魂的归宿并没有引发那些"野蛮人"的极大兴趣。他们不过是将自己当做是有知识的哺乳动物，高踞在地球别的生物之上，假如说他们经常谈到上帝，不过那仅仅是我们现今常用的词汇"原子"、"电子"、"乙醚"一样。他们觉得，万物的起源应该有个名称，因而爱比克泰德提及宙斯时，那仅仅是全部还未得出答案的难题的代号而已，正如欧几里德在解题时用 X 和 Y 一样，含义或大或小。

那时人们对生活最感兴趣，可仅次于生活的，就是艺术。

他们研究千姿百态的生活，而且依据苏格拉底开创推广的分析方法，获得了举世瞩目的成就。

他们有时为了寻求完美精神世界的热情，而走到荒诞的极端，这确实让人遗憾。可是人人都会犯错，这是可以理解的。不过在古代众多理论家中柏拉图却是唯一一个出于对完美精神世界的热爱而鼓吹不宽容学说的人。

人们都知道，这位年轻的雅典人是苏格拉底的心爱学生，是苏格拉底文字的执笔人。

他把苏格拉底曾经说过或想过的一切都收集起来，编成对话，这能够当之无愧地成为《苏格拉底福音书》。

在他完成这项工作之后，对他老师的理论中的一些晦涩难解之处他便开始进行详尽的解释，写了一系列文采飞扬的文章。后来他开设了许多课，让雅典人公正与正义的主张越过希腊国界，流传到四面八方去。

在一切活动之中，他所表现出来的忘我精神简直能够同圣徒保罗相媲美。可是，圣徒保罗的一生都很惊险，他从北到南，从西到东，将上帝的福音传递到地中海的各个角落，可是柏拉图却从来没有离开过他舒适花园的坐椅，都是世界各地的人来拜见他的。

显赫的家世以及能够让他自立的财产让他能够这么做。

首先，他身为雅典人，他母亲的血统能够追溯到索伦。再者，他到法定年龄便得到了一笔足以维持富裕生活的财产。

最后，他有着出众的口才，所有获准听他在柏拉图大学授课的人们，即便仅仅听过很少几次课，都愿意跋山涉水来到爱琴海。

至于别的方面，柏拉图拥有很多当时青年人的特质。他入过伍，但对军事毫无兴趣。他酷爱户外运动，是一个摔跤和赛跑的高手，但从未榜上提名。他与那个时候的青年一样，也花很多时间在国外旅行上，曾经跨越爱琴海，在埃及北部暂短停留过，再次走过了他大名鼎鼎的祖父索伦曾走过的历程。可是他回国后就没再外出了，在雅典郊区赛菲萨斯河畔一座风景秀丽的花园的阴凉角落里讲授他的学说达五十年之久，"柏拉图学园"也因此闻名于世。

最初的柏拉图是数学家，后来慢慢转向政治，在这个领域，他给现代政治机构奠定了理论基础。他是一个坚定的乐观主义者，相信人类正在不断地进行进化，他觉得，人的生命是从低级往高级一点点上升的，世界经美好的实体发展至美好的制度，再经美好的制度产生美好的思想。

这一想法被他写在羊皮纸上倒是有极强的吸引力，可是当他试图将想法转变成一些具体原则、为他的理想的共和国奠立理论基础之时，他追求公正与正义的热情就变得十分的强烈，以至于对任何考虑置之不理。那些纸上谈兵的乌托邦建设者们一直将他主张的共和国视为人类完美的最高境界。不论是在以前还是从现在来看，这个奇特的共和国组织都涵盖着许多偏见，那是某些退伍上校们独有的偏见，这些人有着富足的个人收入，生活舒适，可喜欢同政界周旋，并对下层社会的人相当鄙视，以此来突出自己的"地位"，分享那些只有"上流社会"才有的特权。

可悲的是，在西欧中世纪学者中柏拉图的书颇受推崇。在这些学者手中，闻名的共和国成为了向宽容精神作战的可怕武器。

这些才华横溢的学者故意忘记，柏拉图所得出结论的背景是同他们生活的十二、十三世纪的情况是很有区别的。

比如，依照基督教的教义。柏拉图根本不能称之为一个虔诚的人。他对祖先们崇仰的神明十分蔑视，将它们看做是马其顿的乡巴佬，庸俗至极。他曾为特洛伊战争纪年表中记载的关于神明的丑恶行径而深恶痛绝。可随着他年纪大了，年复一年地坐在小橡树园中，对家乡每一小城邦间愚昧的争吵也越来越义愤填膺。他看到旧民主理想的完全失败，慢慢相信，对于普通老百姓来说，宗教信仰很有必要，否则他想象中的共和国便会马上陷入混乱。因而他坚持认为，他的理想社会的立法框架应该出台限制全体居民行动的明文规定，不管是自由人或是奴隶，都必须完全服从于它，要不然就判处死刑或监禁或是流放。看上去，该主张完全背弃了苏格拉底在不久前曾为之英勇奋斗的宽容精神以及宗教信仰自由，事实上这也是柏拉图理论的本意。

要想找这个世界观改变的原因并不难。苏格拉底生活在民众之中，而柏拉图却对生活非常惧怕。为了逃离丑陋的世界，躲到自己幻想的王国之中。他当然知道自己的梦想——根本无法实现。各自小城邦并存的时代，无论是想象中的还是现实存在的，都已不复存在。已开始了集权统治的时代，日后整个希腊半岛很快并入广阔的马其顿帝国，经马里查河一直向印度河畔扩张。

不过，在这个古老的希腊半岛上桀骜不驯的所有民主城邦还没落入征服者囊中时，一位傲立于群雄之上的最伟大的思想家出现了，他的出现让整个世界都怀念那代已经灭迹了的希腊民族。

我指的当然是亚里士多德，来自斯塔吉拉的一位神童。在那个时代他已了解了很多鲜为人知的事情，人们的知识宝库因此增添了丰富的宝藏。他的书是智慧的温泉，在他之后，整个五十代欧洲人和亚洲人都不再饱受苦思冥想的求学之苦，人们可以从他那获取取之不尽的精神矿脉。

　　在亚里士多德十八岁那年就离开了他的家乡马其顿，来到雅典倾听柏拉图的授课。毕业后，他在很多地方讲课，直至公元前三三六年回到雅典，在阿波罗神庙周边的一座花园里创办了自己的学府。这便是哲学授课学园，它吸引了世界各地的莘莘学子。

　　让人奇怪的是，自己的城堡里雅典人并不希望再多建一些学园，那个时候，城邦不再发挥传统的商业重地的作用。精力充沛的市民都迁移到亚历山大港、马赛以及别的南方和西方的城市。留下的都是没钱或是懒惰成性的人。他们是老一辈自由民中最一成不变的一派人的遗孤。他们曾为苦难深重的共和国增添光彩，又导致了其毁灭。对柏拉图学园里发生的一切他们毫无好感可言。继柏拉图去世的十多年后，他最著名的学生竟重返故里，又开始讲授那些仍照样不为人们接受的有关世界起源以及神明威力有限的思想。对这，老一派们煞有介事地摇起头来，小声咒骂这个将城邦变成了思考自由与信仰没有约束的场所的人。

　　倘若这些守旧派执意孤行，这位门生将会被赶出国境。可是他们明智地克制了自己。原因在于，这位身体强壮、两眼近视的绅士以他饱览群书和考究的衣着而著名，在当时是政治生活中响当当的人物，并非一两个流氓打手便可任意赶出城邦的无名小卒。他身为马其顿宫廷医生的儿子，同皇子们一起受教育。刚一结束学业，他就担任了皇储的家庭教师一职，在长达八年的时间里，每天他都与年轻的亚历山大如影相随。因而，他得到了自古以来最强大的统治者的友谊与帮助，在亚历山大去印度前线的那段时间，掌管希腊各省的摄政王对他关怀备至，不敢怠慢这位帝国主宰的挚友。

　　不过，亚历山大去世的消息一经传到希腊，亚里士多德便陷入了险境。他想起了苏格拉底的不幸遭遇，不希望重蹈覆辙。他像柏拉图那样，慎重地避免将哲学与现实政治混为一体，然而，他对政府的民主形式的深恶痛绝以及对平民统治的不信任是有目共睹的。在雅典人爆发出冲天怒火，将马其顿的守卫部队赶跑之后，他便横穿埃维亚海峡，来到卡尔希斯。当马其顿人又一次征服了雅典、对叛乱进行惩治的前几个月，他去世了。

许多年过后，现今要寻找出亚里士多德被指控不虔诚的确实依据是很困难的，但是依据通常情况，在某个业余演说家的国度，他的活动必然会与政治牵扯在一起，人们不欢迎他，要说是因为散布了会让雅典受到宙斯严厉惩罚的骇人听闻的新异端邪说，还不如说是因为他对很有偏见的极少几个地方实力派的蔑视。

可是，这些都无关紧要。

小城邦共和国体制的末日已经不远了。

此后不久，亚历山大在欧洲的业绩被罗马人继承了，从此希腊人成为他们众多省份中的其中之一。

一切争执全都到此为止，由于在很多事情上罗马人甚至比黄金时代的希腊人还要宽容。他们准许臣民自由思考，可是不让人们对政治上的一些灵活机动的原则提出质疑，那是因为罗马政权之所以从史前时期就可以一直保持繁荣昌盛，全都依赖这些原则。

和西塞罗同代的人所怀有的思想与帕里克利的追随者所崇尚的理想之间依旧存在着微妙的差异。希腊思想的老一代领袖人物将其宽容精神基于有些确切的结论上，这些结论是他们经过好几个世纪认真实践与冥想苦思总结出来的。可罗马人却觉得，他们无须从事这方面的研究。对理论问题他们毫不关心，还为这样的态度感到自豪，他们感兴趣的是实用的东西，看重行动，对高谈阔论不屑一顾。

假如异国者愿意在下午坐在老橡树下，探讨统治的理论或是月亮给海潮带来的影响，罗马人是很欢迎的。

要是他们的知识能够付诸实践，那就会得到罗马人的重视。至于谈经论理，包括唱歌、跳舞、烹任、雕塑与科学一类的东西，最好还是留给希腊人或是别的外国佬，慈悲的朱庇特创造了他们，就是为了让他们去摆玩这些正统罗马人不屑一顾的玩意。

罗马人则要全力掌控好日益扩大的领地，训练充足的外籍步兵与骑兵，用来保卫边沿省份，巡查连接西班牙与保加利亚的交通要地。他们往往要花费很大精力来维持成百上千的相异部落与民族间的和平。

不过，荣誉桂冠依然要送给无愧于这一称号的人。

经过精心的工作，罗马人创立了一个巨大的统治系统，该系统以这样或那样的形式一直延用到现在，功劳的确大。那个时候的臣民只须缴纳必要的赋税，表面上尊重罗马执政者定下的为数很少的行动准则便能够享受广泛的自由。他们能够随心所欲地相信或否认某事，能够信仰一个，或者信仰十几个上帝，甚至崇拜所有装满上帝的庙宇，这无关紧要。不过，无论人们信仰什么，在这个世界范围的大帝国里混杂居住着的各种各样的人们必须牢牢记住，"罗马和平"的实现凭借于公正地实践这样的原则——"待人宽则人亦待己宽"。在一切情况下他们都不可以干涉别人或是自己城门内的陌生人的事，就算偶尔觉得自己信仰的上帝被亵渎了，也不用找政府寻求什么解脱，因为，就像台比留大帝在一次值得人们纪念的场合中说的那样："假如那个上帝觉得必须补偿他所遭受的损失，他肯定会自己关照的。"

靠如此一句微不足道的话，法庭便能够拒绝处理全部这类案子，并要求人们不要将涉及个人看法的问题带到法庭上。

假如说一群卡帕迪西亚商人在哥罗西人的领地居住的时候有继续信仰自己的上帝的权利，且在哥罗西镇子里建立起他们自己的教堂，这样的话，哥罗西人为了诸如此类原因搬往卡帕迪西亚人的领地落户时，也不得不得到相同的权利与同等的信仰自由。

人们经常这样争辩，罗马人之所以可以摆出高傲的宽容姿态，是因为他们对哥罗西人、卡帕迪西亚人还有别的一切野蛮部落的人都持有相同的轻蔑的态度。这可能是对的。我对此点毫无把握，不过，在整整五个世纪中，宗教上的完全宽容一直盛行在文明与半文明的欧洲、亚洲以及非洲的绝大多数地区。罗马人发展了一种治国艺术：最大可能地减少摩擦，从中获取硕大的实际成果，毕竟这一切也是事实。

可没有永存的东西，至少凭借武力建造起来的帝国是无法久远的。

罗马征服了世界，可为此努力的同时也毁灭了自己。

数以千计的战场上都存有罗马帝国年轻战士的白骨。

在差不多五百年里，社会的精华都将智慧花在了管理从爱尔兰海至黑海的殖民帝国这项伟大的工作当中。

最终，恶果出现了。

用一城来统治全世界，这个无法完成的事业在人力与脑力上将罗马拖垮了。

后来，一桩可怕的事又发生了。人们慢慢厌恶生活，对生活失去了热情。

全部的城乡住房都被他们占领，他们拥有着希望得到的一切游艇与马车。

拥有了全世界的奴隶。

他们尝遍了各式的美酒，踏遍了绿水青山，拥有了从巴塞罗那到底比斯的所有女人，在他们的藏书室里能找到世间一切的文字书籍，他们家的墙上挂着世界上最美丽的图画。吃饭时有世界上最杰出的音乐家为他们演奏。童年时他们曾由最优秀的教授与教育家为他们讲课，这让他们学到了全部应学到的知识。结果却是，一切美味佳肴都失去了滋味，全部的书籍都变得乏味，所有的女人都不再有魅力，甚至生存本身也变成一种负担，好多人宁可获得一个体面的机会好结束自己的生命。

只剩下一种安慰！对未知与无形世界的憧憬。

可是，旧的上帝已死去多年了，头脑精明的罗马人不会轻易相信那些在幼儿园里教唱的歌曲里对丘比特与米纳瓦的赞扬的。

已经出现了享乐主义学派与犬儒学派的哲学体系，这些哲学体系宣扬慈爱、自律以及无私的美德，宣扬一生要有益于别人。

可是，这些哲学思想太过空洞。在街头书店塞诺、伊壁鸠鲁、爱克比泰德与普卢塔克的书里到处都有，书里提及的倒是娓娓动听。

可是从长远来说，纯理性的教义缺少罗马人所需要的养分，他们开始大力追求某种能够作为精神食粮的"情感"。

这样看来，纯哲学的"宗教"（假如我们将宗教思想和追求高尚生活的愿望联系在一起，这确实是某种哲学色彩的宗教）仅会取悦少数人，基本上这些人都属于上流社会，已能饱享希腊老师给他们单独授课的特殊待遇。

普通百姓对这些冠冕堂皇的哲学思想却视如草芥。他们的思想也发展到这样的阶段，觉得大多数古代神话都是愚昧无知的祖先可笑的发明。不过他们还赶不上那些所谓的知识高人，还没法否定上帝的存在。

因而，表面上他们还一本正经地推崇共和国官方认可的上帝，暗地里却为寻求真正的幸福而追寻某个宗教行会的足迹，在过去两世纪里，在台伯河畔的古城里这种宗教行会开始得到了真心实意的欢迎。

我前面所用的"行会"一词起源于希腊，本意是一群"得到启示的"人——为了本行会最神圣的秘密不被泄露出去，这群男女必须做到"守口如瓶"。只有他们才可以知晓这些秘密，这样的行会正如大学兄弟会的咒符一般让人们结合在一起。

可是，在公元一世纪，行会仅仅是某种崇拜方式，某种说法，某种教派，某个希腊人或是罗马人（请谅解这里时间上的微略混淆）已从长老教会离去加入基督科学教会，他会告诉其他人他是去参加"另一个行会"了。相对"教堂"、"英国北部教会"与"贵族院"来说是新发明的词汇，在当时人们还不知晓。

倘若对这个问题你非常感兴趣，想弄清当时罗马的情况，请您在下周六买一份纽约报纸的任意一份看一看。你将看到有关来自印度、波斯、瑞典、中国和别的十多个国家引进的新教旨与新处方的四五栏广告，这些广告都可以给人们健康、富有以及得到灵魂永恒拯救的希望。

同我们现今的大都市一样，外来和本地的宗教不可避免地充斥罗马。原因在于它同世界各个地方都有联系，从小亚细亚北部覆满青藤的山上开始了对西布莉的崇拜，神母被弗里基亚人尊奉为一切天神的母亲。然而这种对神母的崇拜产生了某些不合礼仪的感情放荡，罗马当局不得不采取武力关闭神母庙，最后还果断通过了一项法律，对一切传教活动都进行禁止，以免这种宗教鼓励大众豪饮和做出更为糟糕的事情来。

在埃及这块充满着矛盾以及神秘感的古老土地上，提供给人类好几个怪诞不经的天神，奥赛利斯、塞拉皮斯与爱西斯就像在罗马时代阿波罗、迪梅特和赫耳墨斯一样被人们所知晓。

至于希腊人，抽象真理与行为守则的雏型体系在若干世纪之前就被他们奉献于世。这时，他们又向崇拜偶像的异国人民提供了远负盛名的艾蒂斯、迪奥尼修斯、奥尔费斯以及艾多尼斯的"宗教行会"。从公共道德来说，这些神灵都是有缺陷的，然而他们很受人们的欢迎。

整整一千年里，腓尼基商人经常去意大利海岸光顾，这让罗马人熟悉了对他们的上帝巴尔（耶和华的不共戴天的敌人）和妻子艾斯塔蒂。老年时，所罗门在耶路撒冷中心为这位奇妙的女神建了一座"高坛"，这让他忠诚的臣民感到十分震惊。在争夺地中海的统治权的漫长苦战中，这个令人敬畏的女神一直被人们公认是迦太基城的庇护者，在她的非洲和亚洲的庙宇都被毁后，她又重新以受人崇敬的基督教圣人的身份回到了欧洲。

可是，还有一个最为重要的神不得不提。他在军队里享有很高的声誉。在经莱茵口至底格里斯河源的罗马边境线上，任何一堆残砖破瓦之下都有他破碎的金身。

这便是伟大的米思拉斯神。

众所周知，米思拉斯原是司管光、空气与真理的亚洲神，人们将他供奉在里海低地平原。在那片牧草肥沃的土地被我们的鼻祖占有之后，在山峰峡谷之间人类便得到了栖身之地，以后这个地方成了为人所共知的欧洲。这个天神奉献给人类许多美好的东西，大家都觉得，完全是依靠万能的天意，这块土地的统治者才得以施展权力。终日里米思拉斯都处在天火之中，时常他将天火降在位居高职的人们的身上。他作为天恩的象征，即便早已远去，甚至连名字也被忘记了，不过自中世纪开始，那些慈爱的圣人们戴在头上的光环却提示我们早在教堂问世一千年以前的古老的传统。

虽然在很长时间内米思拉斯深受人们的崇敬，可是人们要想对他的一生作稍微准确一点的了解还是很困难。这是有原因的。早期基督教传教士对米思拉斯神话深恶痛绝，其程度更甚于对普通神话的仇恨。印度神是他们最凶恶的对手，他们心知肚明，因而竭尽能事，毁掉所有能够让人们记忆起他的东西，他们的努力有了成效，米思拉斯所有的寺庙荡然无存，这个在五百年中曾经盛行于罗马的宗教，正如现今美以美教派与长老会在美国盛行一样，此时却连一张文字记载的纸片都没有遗留下来。

但是，当那个时候还没有发明炸药，建筑物会被彻底摧毁，通过认真搜寻一些废墟和从若干个亚洲古地获得的资料，这个空白得以填补，因而有关这个有趣天神及其轶事的相当准确的情况已被掌握了。

关于米思拉斯的故事要追溯到很久以前。一天，米思拉斯从一块岩石中神秘降生。他在摇篮里睡着，周边几个牧羊人过来参拜他，还送礼博得他的欢心。

在孩提时代米思拉斯就经历了各色奇异的冒险，其中好多的事情让我们想起了让赫尔克里斯成为希腊孩子们心目中的英雄的丰功伟绩，然而，赫尔克里斯凶残暴虐，但米思拉斯一直都与人为善。一次他同太阳神角逐，并将其打败，可他即便得胜了，却豁然大度，这不禁让太阳神视他为手足一般，使得旁人将二人经常混淆。

在罪恶神降下一场干旱、想要毁灭整个人类之时，米思拉斯一箭朝一块岩石射去，霎时水如泉涌，奔向干裂的土地。后来，艾赫里曼（这是罪恶神的名字）又想用一场洪水来达到他的卑鄙目的。米思拉斯知道以后，便告诉某个人，让他造只大船，将亲属和牲口都带着，这样人类又从毁灭中被挽救出来。他竭尽全力拯救人类，使之不因自身的诸多弊病而遭到报应，后来被升到天国，独揽正义和公正的大权。

那个时候谁想加入崇拜米思拉斯的行列，就要通过某种仪式，以吃些面包和酒作为礼餐，用来纪念米思拉斯同他的朋友太阳神一起用过的著名晚餐。随后，在水前接受洗礼，做那些现在我们认为是毫无意义的事情，早在一千五百年前这样的宗教形式就不复存在了。

一旦进入崇拜米思拉斯的教，虔诚信徒们都被一视同仁。他们一起在一个灯火明亮的祭台前祷告，一同唱赞美诗，共同参加每年十二月二十五日的节日，庆祝米思拉斯的诞辰。还有，在每周的第一天他们什么工作都不做，用来纪念那位伟大的天神，直到现在，我们依然将这天称为"星期日"。他们死后，尸体要整整齐齐的摆放着，到最后审判日来临之际，好人会得到公正的回报，坏人便被掷入不灭的烈火中去。

这些色彩斑斓的神话的成功与在罗马士兵中米思拉斯精神的广泛深刻的影响，说明对宗教人们是相当感兴趣的。事实上，在最初几个世纪里，罗马帝国一直马不停蹄地寻找在精神上能够让大家感到满足的东西。

公元四七年，发生了一件事。一只小船离开了腓尼基，驶入佩加城，这座城市是前往欧洲各条道路的起点。乘客里有两个人，他们没带行李。

他们的分别是保罗和巴纳巴斯。

他们是犹太人，不过其中有一个人持有罗马护照，还拥有着非犹太族人的智慧。

一次永载史册的旅程的开始。

基督教开始征服世界。

三、桎梏的开端

有些人觉得基督教迅速征服了西方世界可以证明基督教思想起源于天国。我并非想加入这样的辩论，仅仅是想指出，大部分罗马人恶劣的生活环境是同最早期传教士的成功有着很大关联的，正如困窘的生活使得神学成功一样。

到现在我已向你们勾画出了罗马的一方面——士兵、政客以及企业富翁们的世界，这些幸运儿居住在拉特山山坡上、坎帕尼亚山峰峡谷里或者是那不勒斯海湾，过着文明幸福的生活。

不过他们仅仅代表了一个方面。

那种能让诗人欢呼太平盛世、在城郊数不清的贫民窟里，能激发演说家将奥克塔维安比作丘比特的繁荣景象，却是十分罕见的。

在一排排长得看不到尽头、昏暗惨淡的租赁屋里，拥挤不堪，臭气弥漫，劳苦的贫民在无休止的饥饿、流放以及痛苦之中生活。在他们看来，仅有一个朴实的木匠的故事才是真实可信的，他在大海对岸的小村庄居住着，辛勤的用自己的双手换来了每日的衣食所需；他热爱贫苦受辱的人，因此被贪得无厌、嗜血成性的敌人给杀害了。确实，困苦的罗马人对米思拉斯、爱西斯和艾蒂斯的大名都早有耳闻，不过这些神都死了，千百年前就已不在人世，人们对他们的了解也只是依照千百年前就死了的人留下的传闻。

不过，约书亚，基督，也就是希腊传教士所谓的救世主，在不久前还活在世上。那时很多活着的人都知道他，在台比留皇帝掌权时期，要是谁偶尔去过叙利亚南部，说不定还听到过他的演说。

还有别的事例。曾经街角的面包匠与邻街的水果商贩在阿皮恩古道旁的昏暗小花园里，同一个叫彼得的人谈过话；前往过戈尔格塔山周边的渔夫也可能看到过先知被罗马当政者的士兵钉在十字架上。

要想理解基督教突然盛行的原因，我们就不得不记住这些。

正是由于亲身接触，即亲密无间的私人感情，让基督教得到了远高于别的教义的优越性。基督教的爱代表的是各国深受迫害、丧失权利的人们的心声，所以扩散到四面八方。基督的话是否同后人所用的词汇保持一致倒是无关要紧，奴隶们有耳朵有心，可以理解。他们在光辉未来的崇高诺言前颤抖，生平第一次看到了希望的曙光。

终于有人说出了使他们获得自由的话。

他们在世界的权势面前，不再显得卑微可恶了。

相反地，他们变成了受宠于慈父的孩子。

他们将继承世界的一切。

他们也要享受到一直住在萨姆尼别墅的别墅高院里趾高气扬的人也没法享受到的欢乐。

由此新信仰的力量便产生了。基督教是让普通人享有平等权利的第一个实在的宗教。

当然，我并非要将基督教说成是灵魂的感受——某种生活与思考的方式——我想说明的是，在充斥着腐朽的奴隶制国度里，这样的好消息必然会如同星星之火可以燎原般燃起感情上的熊熊大火。不过历史除了个别情况外，对普通人的精神历险是不予记述的，无论是自由人或是奴隶的。倘若这些谦卑的人被分为民族、行会、教会、军队、兄弟会以及同盟，开始服从某个人统一的指挥，聚积起大量的财富来缴纳税款，被强制从军为征服别的民族而战，仅仅在这些时候，编年史家才会注意和重视他们。因而，即便对早期基督教会我们了解甚多，可对它的真正创始人的了解还是少之又少。这确实是憾事，这是因为在任何史籍里基督教早期的发展都不失之为最有趣的史实。

在古老帝国的废墟上基督教堂终于拔地而起，这是两个对立利益相结合的产物，有一方代表关爱仁慈理想的巅峰，是耶稣本人教授的，另一方则代表狭隘地方主义思想，在它这样的束缚之下，从一开始耶稣的同乡就同世界别的地方的人疏远了。

通俗一点来说，这种地方主义让罗马人的效率与朱迪亚人的专横跋扈融成一体，结果建立了抑制思想的恐怖统治，尽管行之有效，可情理难容。

为了理解其中的来龙去脉，我们必须再一次回到保罗的年代与耶稣遇难后的五十年，牢牢把握这个事实：基督教产生于犹太教内部的变革之中，是一场纯粹的民族主义运动，它从它诞生的那天开始，受到威胁的不是别人，正是犹太王国的统治者。

基督在世时当政的帕里希人十分明白这点。他们当然非常害怕威胁着精神垄断的鼓动宣传，原因在于这种垄断仅仅是建立在野蛮武力的基础之上。为了让自己不被赶走，他们不得不惊慌失措地采取行动，在罗马当政者还没来得及干预的时候，便把敌人送上了绞刑架。

没有人会知道倘若当时基督不死，会采取怎样的行动。他遇害的时候信徒们还没有被组成一个教派，他也没有写下任何东西告知后人要如何做。

可是这却成了福音。

无文字规定和明了的条例规则，反而让信仰者能够自由地遵循耶稣精神并非教规文字了。倘若一本书将他们束缚了，很有可能他们会将全部精力致力于理论讨论上，沉迷于对句号冒号的研究之中。

当然，要是那样的话，则除了几个专业学者之外，就不再会有人对新信仰感兴趣了，基督教便会重蹈旧辙，同别的众多教派一样以煞费苦心的文字纲领开始，到后来以那些争论不休的理论家被警察扔到大街上而宣告结束。

在时隔三十个世纪后的今天，基督教对罗马帝国的破坏我们能了解到，不过让人觉得惊讶的是，它对国家安全的威胁同匈奴与哥德人的侵略一样，罗马掌权者不采取行动镇压是为何？他们当然明白，正是那个东方预言家造成了家奴的动乱，女人们也喋喋不休地谈论天国之王很快就会重现，相当多的老人还正儿八经地预言地球将在一团火球中不复存在。

然而，这已不是第一次贫苦阶级为了某个宗教人物而发疯了，并且极有可能也不会是最后一次。倘若警方密切注视着动态，贫穷的狂热者便不可能打乱帝国的安宁。

　　警方确实戒备森严，可找不到诉诸武力的机会。新的宗教追随者从事事业的方式很值得让人推崇。他们并非推翻政府，刚开始时有几个奴隶还对上帝的父爱和人们彼此间的手足之情会终止主仆之间的旧式关系存有幻想，圣徒保罗连忙来解释说，他的王国看不见摸不着，尘世间的人最好对所有的一切都逆来顺受，以便在天国里能够获得好报。

　　同样，许多妻子对罗马法典规定的婚姻束缚表示不满，得出这样的结论，基督教与解放、男女平等是近义词，保罗再次跳出来，以一长串娓娓动听的语言恳请心爱的姐妹们不要走极端，以防传统的异教徒对教会心生疑虑，而且说服她们继续保持半奴隶的状态，并且自亚当和夏娃被逐出天堂之后，一直以来这都是女人的本分。全部的这些都体现了对法律的毕恭毕敬，很值得学习，所以执政者对基督教传教士随意往来不加以干涉，原因在于他们的说教最适合当政者的口味与期许。

　　可是，正如历史中通常出现的情况，相对于统治者来说，群众的宽容精神往往稍逊一筹。他们贫困潦倒，就算良知允许他们为积累财富而作出让步，他们也感受不到欣慰和满足。

　　由于数世纪以来古罗马的最下层人沉缅于胡乱豪饮与打架斗殴，都无一例外服从上述规律。最初他们从面容严肃的男男女女那儿获得低俗的快乐，那些男女聚精会神地倾听讲述有关耶稣像一般罪犯那样不光彩地死在十字架上的神奇故事，这些人把为投掷石头泥土的流氓恶棍高声祈祷当做是自己的责任。

　　可是罗马传教士却没法对这样的新的发展趋势持超然的态度。

　　那个时候帝国的宗教是国教，这其中包括一些特定节日的盛大祭祀，人们要为此支付现钱，可是这些钱又装进了教堂首领的口袋。倘若数以万计的人对旧的圣地不予理睬，朝另一个不名一文的教堂奔走，教士的收入便会有很大的减少。这肯定不会顺他们的心，因而他们极力诽谤，辱骂不信奉传统神灵的异教徒违背了祖先的神，责令他们为外国的先知而进香。

城市里有另一阶层的人更加有理由憎恨基督教。他们是骗子，正如印度的瑜伽信奉者与爱西斯、艾什特、巴尔、西贝尔以及艾蒂斯神话的祭司长一般，日复一日地挥霍着轻信的罗马中产阶级的钱财，过着奢侈富足的生活。如果基督教是同他们竞争的组织，为自己提供的上天启示而收费，这样的话，巫师、看手相的人以及巫术师团伙是没有任何理由抱怨的。生意总归是生意，预言的行当让其他人干一些也没有什么不可以的。可是基督徒却作出了些该死的决定，竟然拒绝报酬，还将自己的东西赠与别人，给饥饿者饭吃，将无家可归的人请到自己家里住，并且分文不收。他们做得实在大过分了，倘若没有私下的收入或还未被发现的财源，这是无法做到的。

此时的罗马已不是自由人民的城市，它是从帝国主义各地汇集而来的数以万计丧失财产的农民的暂时栖身之地。这些下层民众遵循着大部分人行为的秘密法则，对于有别于自己行为的人却相当反感，对无缘无故想过正派且有节制生活的人心怀戒备。常常喝上一杯酒、时不时还替别人埋单的好心人确实是佳邻善友；然而自命不凡、不想看科利西姆的斗兽表演、看到在凯西特兰山的街道上游街的一批批战俘而不欢呼的人，却被当成判逆，是公众的敌人。

公元六四年，一场大火把罗马的贫民窟烧毁了，这是对基督徒进行首次有组织进攻的口实。

刚开始，有人讹传说，是喝得大醉的尼禄皇帝奇思妙想，下令在首都放火，把贫民窟烧掉，以便依照他的计划重建城市。不过大家都很清楚。这场火是犹太人与基督徒放的，这是因为他们经常谈论天国是大火球降临，将邪恶的世界化为灰烬。

一旦这种说法开始便很快引起了反响。有个老妇人听到了基督徒同死人的谈话，另一个人得知他们将小孩拐骗，割断了喉咙将血涂在古怪的上帝祭坛上。当然，这些卑鄙勾当没有人亲眼所见，可是这是由于基督徒太狡猾的缘故，已经用钱把警察收买了。他们这次被当场抓住了，不得不为所犯下的罪恶行径受到惩处。

我们没法取证有多少虔诚的教徒被私刑处死，可能保罗与彼得也是受害者，因为从此以后没有人再听到过他们的名字了。

不用说，这场民众性的可怕大发泄没有任何收获。牺牲者在厄运来临之际所表现出来的大义凛然的态度是对新信仰以及死去的基督徒的最好宣传。死了一个基督徒，却有十多个异教徒前赴后继地顶替了他的位置。在他短暂无用的一生中，尼禄做了一件唯一体面的事（这是在公元六八年自杀）以后，基督徒立即重归故里，一切又依旧如初了。

这个时候的罗马执政者有了一个很大发现，他们开始对基督徒与犹太人完全一样持怀疑态度了。

对于他们的错误我们也很难去责怪，近百年来的历史研究日渐明了地表明，其实犹太人集会堂是一个信息中转站，通过它，新信仰被传到世界的各个角落了。

应该还记得，耶稣本生就是犹太人，他对祖先制定的古老律法不打折扣的遵循着，仅对犹太听众进行演讲。他只一次离开过故土相当短的一段时间，然而他给自己制定的使命却是同犹太人一起完成的，而他这样做的目的也是为了犹太人。罗马人从他的话语中找不出任何蛛丝马迹能够感受到基督教同犹太教的差别。

事实上耶稣极力做到的是下面这件事：他已十分明了地看到祖先教堂里所隐藏的弊病陋习，对此他也曾大声提出过抗议，而且有效地进行过斗争。不过他为其奋斗的仅仅是内部的改革，会成为一门新宗教的创始人是他自己从来没有想过的事情。倘若当时有人将这件事提出来，他还会觉得可笑之极。可是，正如在他前后的改革者一样，他慢慢地陷入了没法再调和的境遇。他的过早死亡反而解救了他，使他摆脱了路德和别的许多改革者的命运，免遭迫害。那些人原本不过是想在"内部"做些好事，却突然发现自己成为组织"外部"一个新团休的领头羊，以致于茫然得不知道该如何是好了。

在耶稣死后的很多年里，基督教（当时这个名字还未形成）只不过是某　犹太小教派，仅仅在耶路撒冷、朱迪亚村和以里利村有几个教徒，没有跨出叙利亚省一步。

最先发现这个新教义或许能成为世界范围的宗教是拥有犹太血统的正

式罗马公民盖尤斯。他的饱经灾难的故事告诉了我们犹太基督教是如何强烈反对普通宗教的。他们只希望它在本国享有统治地位，只同意本族人加入。他们对一视同仁地向犹太人与非犹太人弘扬灵魂拯救的人充满痛恨。在保罗最后一次去耶路撒冷之时，假如没有罗马护照，他肯定会被怒火中烧的同乡给打死，重蹈耶稣的覆辙。

然而，分派了半个营的罗马士兵保护保罗的安全，把他带到某个港口城市，坐船回罗马参加从未发生过的著名审判，确实是相当有必要的。

在保罗死后没过几年，他一生总是担心而又不断预言的事情最后还是发生了。

罗马人将耶路撒冷摧毁了，在曾经耶和华庙的所在地建造起丘比特的新庙。城市的名字被改为爱利亚首都，朱迪亚也成为了叙利亚巴勒斯坦的罗马省份的一部分。而当地居民，不是被杀就是被驱逐出去，在废墟附近方圆数英里内，不允许有人居住。

这座圣城给犹太基督徒带来的灾难，目前终于化为泡影。从此以后的几百年里，在朱迪亚内地的小村子里会发现一些举止怪异的人，他们以"穷人"自称，很有耐心地终日祷告等待就要到来的世界末日。他们是耶路撒冷老犹太基督徒的遗孤。在十五、六世纪的书中我们经常能够看到他们的情况，他们远离文明世界，形成了一套自己的怪诞教义体系，将对门徒保罗的仇恨作为中心地位。到了差不多七世纪，我们便再没发现这些自称拿撒勒人的踪影了。他们被伊斯兰教的胜利者斩草除根了。可是，虽然他们可以再苟延残喘几百年，也不能让历史倒退。

东西南北都被罗马集于麾下，统一成了一个政治上的中央集权，使世界为接受一个统一宗教提供了条件。基督教不但简单而且实用，教徒能够直接同上帝对话，注定会成功，而犹太教、米思拉斯教和一切别的参加竞争的教旨势必要没落。可不幸的是，新信仰那些不良习性没有摈弃掉，很显然它们是同宗旨背道而驰的。

一叶扁舟载着保罗与巴纳巴斯从亚洲来到欧洲，给人们带来了希望与仁慈。

然而另一个家伙也悄悄溜上了船。

它戴着圣洁高贵的面纱。

可面纱下掩盖的嘴脸却是残忍与仇恨的。

它的名字是：宗教的专横跋扈。

四、上帝的晨光

早期的教会是一个非常简单的组织，人们一旦知道世界的末日并非迫在眉睫，耶稣遇难之后最后审判日也不会接踵而来，基督教还需在泪谷里挣扎很久，这时他们觉得建立一定形式的统治体系是很有必要的。

起初基督徒（因为全是犹太人）都在犹太教里聚会。由于犹太人与非犹太人有摩擦，非犹太人就到别人家的空房子里开会，要是找不到可以容纳全部虔诚（以及好奇）的基督徒的屋子，干脆就在露天或是废石场集会。

最开始时会议都在星期六举行。不过随着犹太基督徒和非犹太基督徒彼此感情的日趋恶化，非犹太基督徒便摒弃了星期六安息日的惯例，将集会改在耶稣复活的星期日。

这些庄严的仪式体现出了公众的特点与大众的感情特点。无固定的演说和说教，找不到教士，一切男女只要感到内心被圣火激励，都能够站起来剖析内心的信仰。依据保罗的描述，这些虔诚的弟兄们"以他们的口若悬河"，让这个伟大的圣徒充满了对前途的期许与展望。他们中的大部分人是平民，受过的教育不多。他们即席良言的真诚肯定是毋庸置疑的，可他们常常太过激动，像疯子一般大喊大叫。尽管教会顶得住迫害，却经受不住人们的冷嘲热讽。所以，保罗、彼得和他们的继承人必须维持秩序，平息人们因急于表达精神情感与神圣热情而导致的秩序混乱。

起初，这些努力的收效不大，因为似乎规章制度和基督教的民主精神是格格不入的。可是最后人们还是从实际情况出发，集会被允许依照固定的仪式进行。

聚会以一首赞美诗为开始（用来安抚可能在场的犹太基督徒）。随后，全体教徒就引吭高歌最近为罗马与希腊崇拜者谱写的歌谣。

唯一预先安排好的演讲是一段倾其耶稣一生哲学思想的有名祷文。然而在几个世纪之中，布道都是自发的，只有觉得心里有话说的人才可以登台说教。

不过，随着集会次数的增多，那些对秘密团体总是怀有戒心的警察开始干预了，因而推选出某些人代表基督徒和外界打交道势在必行。保罗曾经高度评价了领导的才干。他将他在亚洲与希腊走访的小团体比作惊涛骇浪里的扁舟，要闯过波涛汹涌的大海，就需要有聪明绝顶技艺超群的舵手。

所以虔诚的信徒们又一次凑在了一起，挑选出男女执事。他们作为整个团体的"仆人"，要照料好病人与穷人（这是早期基督徒十分关心的事情），管理好集体财物，还要料理全部的日常琐事。

后来，教会成员有增无减，事务性管理变得越来越繁琐，必须要有专职的执事才行，这样一来，几位"老者"被推举担当此任。他们的希腊职称是"长老"，依我们说法就是"神甫"。

几年过后，各个村庄与城市都有了自己的基督教堂，因而大家觉得有必要提出一个共同政策。人们选出了"总监"（也就是主教）来督促整个教区，并全权代表教区同罗马政府打交道。

很快，帝国的所有主要城市里都有了主教，在安提阿、君士坦丁堡、耶路撒冷、迦太基、罗马、亚历山大以及雅典，都出现了许多闻名的当权人物。

在起初阶段，耶稣当年曾生活、受难、死去并广受尊敬的大多数地方都是主教掌管着。可是，从耶路撒冷被毁掉、渴望世界末日来临以及天国成功的一代人在地球上消失之后，在他狼藉的宫殿里可怜的老主教被剥夺了曾有的威望。

虔诚信徒首领的位置自然而然地被那个"总监"所顶替了。这位"总监"住在文明世界的首都，守护着西方大圣徒保罗与彼得曾经殉教献身的地方——他便是罗马大主教。

这个主教同别的主教一样，也被尊称为"神甫"或"圣父"，这是对圣职人员的普通称呼，表示热爱与尊敬。可是在以后的几百年里，在人们心目中"圣父"这个头衔只和主教管区的首领有着联系。当有人提到"圣父"，所指的仅仅是罗马的大主教——教皇，根本不可能是君士坦丁堡或迦太基的主教。这是个十分自然贴切的发展过程。当我们在报纸上看到"总统"这个词的时候，没有必要加上"美国"一词作限定，因为我们都明白这里所指的是政府首脑，并非宾夕法尼亚铁路局长、哈佛大学校长或是国联主席。

"教皇"这个名词第一次在正式公文里出现是二五八年。那个时候罗马还是强大帝国的首都，皇帝将主教的势力完全掩埋了。不过在往后的三百年里，凯撒的继承者经常处于外侵内乱的威胁之中，于是开始寻找更加安全的新巢穴。在国土的另一地点他们找到了一座城市，叫做拜占庭。它是依据一个传说中的英雄拜扎斯而闻名于世的，据说在特洛伊战争结束不久，拜扎斯曾在这儿登岸，它坐落于将几条欧亚大陆割开的海峡之畔，通往地中海的商业要道，控制了几家独树一帜的工商业中心，在商业上颇负盛名，为了争夺这个富足的要塞，斯巴达人和雅典人曾拼得你死我活。

不过在亚历山大时代之前拜占庭一直是独立的。它臣服于马其顿没多久，便被归并到罗马帝国的版图上了。

目前经过十个世纪的繁荣昌盛后，"金号角"的海港里熙熙攘攘地挤满了来自成百个国家的船只，它被选中成为帝国的中心。

罗马的居民被丢下听任哥德人、范达尔人、天知道还有什么别的野蛮人的处置。他们看到一连好几年皇宫空空如也，眼见政府部门接踵而至地搬迁到博斯普鲁斯海峡之滨，看到首都的居民竟要遵从千里之外制定的法律办事，都感受到世界的末日已经临近。

在历史的长河中，所有的事情都是此失彼得。皇帝走了，留下的主教变成了城镇里地位最显赫的人，他们是真正的皇冠荣耀的继承人。

他们充分地抓住这个没有束缚的大好时机。教会的声望与号召力吸引了意大利许多才博学广的人，这让主教们又摇身变成了精明强干的政治家。他们认为自己已俨然是某些永恒信念的代表，因而无须操之过急，而是采取循序渐进的方法，瞄准时机出奇制胜。他们不会像许多人因为太过着急而造成的压力，慌忙决断，以至于乱中出错，最后导致失败。

可最主要的是，主教们只有一个目的，只朝着这一个目标毫不动摇地前进。他们所做所想所说的全部都是为给上帝增添荣耀，为了让在尘世代表上帝意志的教会变得更加强大起来。

以后的十个世纪的历史证明，他们的努力是很有成效的。

当野蛮部落如洪水猛兽般横扫欧洲大陆时，在风卷残云的猛烈冲击之下，帝国的围墙一面面地倒坍，成百上千个像巴比伦平原那般古老的体制如同垃圾一样随风而逝，只有教堂坚如磐石，在每一个时代，特别在中世纪，犹如砥柱中流。

最后胜利虽然到手了，但是也付出了沉重的代价。

尽管基督教起源于马厩，却能够在宫殿里寿终正寝。本来它是以抗议政府起家的，不过后来自认为可以沟通人和神联系的神甫却坚持让所有凡夫俗子做到完全服从，本来基督教带有变革色彩，可后来不断发展，在不到一百年的时间内竟演变成新的神权政治集团。同古老的犹太国家相比，它倒成了幸福无忧的臣民居住的自由温和的联邦。

不过这一切似乎又合乎逻辑，避免不了。下面我要进一步说明。

大部分去罗马游览的人都要去看看科利西姆，在那些饱受风沙的围墙里，能够看到一块凹地，数以千计的基督徒曾经在这倒下，成为罗马专制的牺牲品。

然而即便确有几次对新信仰倡导者的迫害，可这与宗教的专横却没有关联。

迫害都是政治原因。

作为一个宗教派别，基督教享有的自由最为广泛。

可是，基督徒公开宣称自己因为宗教道德而拒绝服兵役，就算是当国家遭受外国侵略时还大力鼓吹和平主义，并且不分场合公然诋毁土地法律。作为国家的敌人，这些教徒被处决了。

基督徒是遵从头脑中的神圣信条行事的，可是一般的警方法官不管这些，即便基督徒极力对自己的道德本质加以解释，然而长官大人却摸不着头脑，对此一窍不通。

毕竟罗马的警方法官是凡人，当他应召而来进行审判的时候，在他看来他的犯人陈述的道理只不过是鸡毛蒜皮的小事之时，他简直不知所措。经验告诉他对神学中争论的问题他应采取超脱的态度，他依稀记得在许多皇帝敕令中曾经告诫过公职人员，对付新教派要采取圆滑老练的态度，所以他甩开解数，企图争论。然而当所有争论到同一原则问题集中起来之时，全部的逻辑方法又没有任何作用了。

是放弃法律的尊严，还是坚持国家最高权力的并不够格的绝对惩治职能，最后，行政长官要作出这样的抉择。然而，教徒们对生命只有在死亡之后才会开始这样的观点确信不疑，还热烈欢呼可以离开这个邪恶世界去享受天国的幸福快乐，就连监狱与折磨也对他们不起任何作用。

这样，当局与基督臣民之间痛苦而且漫长的游击战争最后爆发了。所有死亡人数的官方资料我们不得而知。在亚历山大的一次迫害中三世纪的著名神甫奥利金的一些亲戚被迫害致死，依据他的说法，"为自己的信念而死的真正基督徒的数目还是能够统计得到的。"

只需我们对早期圣人的生平加以认真研究，便会发现很多血淋淋的故事；我们会感到奇怪，一个屡遭杀戮迫害的宗教为何会留存下来？

不管我提供的数字是怎样的，还是会有人指控我在心怀偏见的说谎。我尚且保留己见，让读者自己去判定吧。只要人们看一看德西厄斯皇帝与瓦莱里安皇帝的一生，便能够对迫害最猖獗时岁马专制的真正本性有一个比较清楚的认识。

除此以外，假如读者还记得，即便是马可·奥勒留皇帝如此开明的君主在处理基督臣民问题上都不得不承认自己的无能，那对帝国偏远地区的无名小官所遭受的困难就可想而知了。原想尽忠职守的小官要么不得不背弃自己的就职誓词，要么就必须将自己的亲朋好友处死，因为他们的亲朋好友不能或不愿服从帝国政府为保存自己而制定的几条简单的法令。

同时，基督徒并未受异教臣民的假惺惺的伤感的蛊惑，继而稳步将自己的影响扩大。

四世纪后期，罗马元老院里的基督徒怨声连连说，住在异教偶像的阴影下面过日子是一种情感伤害，希望格霍希恩皇帝将胜利女神像搬走。因而，矗立在凯撒建立的宫殿里达四百年之久的这座神像从此远离故土了。几个元老曾经对此表示抗议，可是于事无补，只换来了他们中一些人的流放。

这个时候，著名的忠诚爱国人士昆塔斯·奥里利厄斯·希马丘斯挥笔写下一封信函，提出了折中的道理。

"为什么，"他问，"我们异教徒为何不能与基督邻朋和平相处呢？我们仰面看一样的星辰，并肩行走在共同的土地上，住在同一片蓝天之下。每个人追求最终真理的道路不同又有何关系？生存的奥妙变幻莫测。通往答案的道路也并非只有一条。"

他并不是唯一一个坚持这种观点、明白古罗马宗教开放政策传统正面临威胁的人。与此同时，由于罗马胜利女神像的搬迁，已在拜占庭立下足来的两个敌对基督教派之间产生了激烈内讧。争执引发了前所未闻的用宽容为题的最才智勃发的讨论。哲学家西米思蒂厄斯是这次讨论的发起人，对祖先信奉的上帝他忠诚不二，不过当瓦斯林皇帝在正统和非正统的基督徒论战中袒护一方的时候，他也觉得应该告诉皇帝其真正的职责。

他是这样说的："有一领域，一切的统治者妄想在那施展权威，那个地方便是美德之国，特别是个人宗教信仰之国。在它的版图里实施强权一定会造成建立在欺骗上的虚伪与皈依。所以，统治者应该还是以容忍所有信仰为宗旨，这是由于只有宽容才可以避免公众冲突。何况，宽容是神圣之道，上帝已经相当清楚地明确表明可以容忍多种宗教的愿望。人类用来领悟神圣玄机的方法上帝是可以独自辨明的，上帝对他的形形色色的崇拜十分赏识，喜欢基督徒的礼仪，也喜欢希腊人与埃及人的别的不同的礼仪。"

确实是金玉良言，但没有人听得进去。

古代世界连同思想与理想已经不复存在了，一切倒转历史时钟的企图都注定会以失败而告终。生活意味进步，进步意味磨难。旧的社会秩序正迅速地瓦解。军队变成了受外国雇用的叛民贼子。边境公然发生叛乱。英格兰和另外的边沿地区早已成为了野蛮人的囊中之物。

在最后的灾难爆发之时，几百年来一直从事国家公职的有志青年发现，迁升的道路除了一条以外其他的都被阻死了，这条路便是教会生涯。西班牙的基督主教能够行使地方长官的权力，基督教作者，只要全心从事理论题目便可以得到广泛的读者群，只要基督教外交官愿意在君士坦丁堡皇廷里代表罗马教皇、或同意冒险去高卢或斯堪的那维亚获得野蛮人酋长的友情，就能够稳步高升。倘若当了基督教的财务大臣，还能够管领那片曾让拉特兰宫的主人成为当时意大利最大的地主和最富有的人的领地，更好的就是能够发一笔横财。

在过去五年中我们已见过本质一样的事情，距一九一四年为止，野心膨胀、不想靠手工劳动为生的欧洲青年人依然想挤入政府部门谋得一职，在不相同的帝国与皇家陆军、海军中当官。他们占据着法庭要位，掌控财政，要么是在殖民地当几年总督或军事司令官。他们没想过发大财，可他们的官职带给他们的巨大的社会威望，只要聪明、勤奋、诚实，便能够获得美满的生活以及受人尊敬的晚年。

后来战争开始了，社会旧封建结构的残渣余孽被一扫而光，下层阶层掌控了政权。有些正式官员年纪已经大了，没法再改变一生所形成的习惯，于是便典当了自己的勋章，然后死去了。不过绝大部分人都随波逐流。他们从小接受教育，做生意被他们视为低下的工作。或许生意是不值一提的，可人们还是必须从是进办公室还是进贫民院里作出选择。为信念宁可饿肚子的人相对来说还是少数，大动乱变革之后的没几年，我们便发现大部分政府官员与军官都心甘情愿地跑起生意来，而这是他们十年前绝不会问津的事情。还有，因为他们中大部分人的家庭世代都从事行政工作，指挥别人就像轻车熟驾，所以在新的生涯中总能进展得顺利些，比所期望的更为幸福与富足。

生意在当前的境况，也就是在十六个世纪之前的教会的写照。

有些年轻人将他们的祖先追溯至赫尔里斯神、罗米拉斯神或是特洛伊战争的英雄，让他们接受一个奴隶的儿子、一个朴素牧师的教诲并非易事；可是，奴隶出身的朴素牧师所能奉献的东西，恰恰是那些将祖先追溯到赫尔里斯神、罗米拉斯神或是特洛伊战争杰出青年所如饥似渴期盼获得的。所以倘若双方都有智慧（也极可能是这样），便可以非常快地学到互相的长处，和平共处。这是历史的又一条奇怪定律：越是表面变化的，实际上就越一成不变。

自创世纪以来，就有一条规律不可避免，也就是少数聪明男女统治，大多数智商不高的男女服从。在不同时代中这两类人各自有不同的名字，一方代表力量与领导，一方代表软弱和屈服，分别称之为帝国、教堂、骑士、君主和民主、奴隶、农奴、无产者。然而，不管是在莫斯科，还是在伦敦、马德里和华盛顿，操纵人类发展的神秘法则都异曲同工，不受时间地点约束。它总是以奇异的形式或伪装出现在人们面前，披上劣质的外衣，大声高呼对人类的爱和对上帝的忠诚以及给绝大部分人带来最有益处的谦卑愿望。然而在赏心悦目的外表下面却一直隐藏着并继续藏着原始法则的残酷真理：人的首要职责是生存。对人类出生在哺乳动物世界的事实有的人觉得很恼怒，也很反感这样的论点。他们把我们称为"功利主义"、"愤世嫉俗者"如此等等。历史被他们当做娓娓动听的神话故事，所以当他们一经发现历史也是一门同样受到别的事物的不可动摇的规律的制约时，大惊不已。可能他们对反平行线法则与乘法口诀表表示反对吧。

对我来说，我希望他们还是服从规律的好。

这样，也只有这样，历史对人类才能有实用价值，而并非一伙从种族歧视、部落的专横跋扈以及广大居民的愚昧无知中坐享其成的人所结成的联盟。

要是谁对此心怀疑虑，就请在我几页前所写的几个世纪的历史中寻找证据吧。

希望他专研一下最初四个世纪教会领导者的生平。

他肯定能发现，教会领导人都在古老的异端社会出现，在希腊哲学家的学校里受过培育，不过是后来必须选择某个职业时才转到基督教的。确实其中有几个人是受了新思想的熏陶，心悦诚服地接受基督教诲，可大多数人从效忠凡世主人转换为忠于天国统治者，是由于这样有更多的晋升机会。

教会一方也通晓情理，体贴人心，所以不会过分细究诸多新信徒突然改奉基督教的动机是什么，还认真地对全部的人做到仁至义尽。有些人对势利世俗的生活充满向往，教会便在政界和经济界给他们提供机会使其大显身手。性格不同的人对信仰情深意重，教会便让他们离开拥挤嘈杂的城市，在宁静祥和的环境中深思生存的弊端，追求他们觉得对灵魂的永恒幸福最为重要的个人圣境。

一开始，这样的一种信奉上帝、默祷冥思的生活显得十分自在。

教会在建立后的最初几百年里，对住在远离权力中心的下层平民有松散的约束。不过当教会继帝国以后成为主宰了世界、成为拥有大片领土的强大政治组织以后，过隐居生活的可能性便不多了，许多男男女女开始向往"过去的好日子"，那时全部的基督徒都能够做善事以及祷告。为了得到幸福，他们便希望人为创造出一些条件，再现过去在自然发展中所形成的局面。

这场争取修隐生活方式的运动起源于东方，给之后一千年的政治经济发展产生了深远影响，提供了一支忠实有用的突击队给教会镇压不信教者或是异教徒的战争。

对此我们无须讶异。

濒临地中海东岸的那些国家的文明已经十分古老了，人们已精疲力竭。仅埃及就有十种不同文化起伏跌宕，自第一批居民在尼罗河谷居住下来，这些文化便以不一样的方式循环往复，底格里斯河与幼发拉底河之间的平原也都如此。生活的虚缈和人类努力的一点作用都不起，全部都反映在路旁上万个庙宇与宫殿的废墟里，到处都是。欧洲的青年接受基督教，是因为其体现了他们对生活的迫切希望，他们刚刚复苏的精力与热情也被激发了出来。可是，对自己的宗教生活埃及人和叙利亚人的看法却迥然不同。

对他们来说宗教意味着期盼已久的解脱。怀着对死亡的快乐时刻的盼望，他们逃离记忆的尸骸，躲进沙漠，只同悲伤和上帝做伴，将存在的现实抛之脑后。

由于一些无法解释的原因，改革对士兵来说似乎总能有特殊号召力。相较于其他人来说他们能更加直接地接触到文明的野蛮以及恐怖的一面。除此之外他们还明白，没有纪律就一事无成。为教会而战的最伟大的士兵曾是查理五世军队中的一个上尉。他是将精神落伍者组建成简单团体的创始人，曾经是一名君士坦丁堡皇帝的军队中的列兵，叫帕肖米厄斯，埃及人。服完兵役后，他便加入了一小撮隐居者行列当中，首领是来自同一国家的人，名叫安东尼。帕肖米厄斯远离了城市，同沙漠上的豺狗和平相处。可是，隐居生活常常会产生种种思想矛盾，引发一些可悲的过度虔诚，比方说爬到古老的石柱顶上或是废弃荒芜的坟墓里面度日（这让异教徒笑话，让真正信仰者悲伤），所以帕肖米厄斯决意将这个运动建立在更加实际的基础之上。如此，他成了第一个宗教秩序的奠基人。自那时起（四世纪中叶），居住在一起的隐居人士都服从一个司令官，把他称做是"最高统帅"，他能任命不同修道院的院长，将众多林立的修道院称为主的堡垒。

帕肖米厄斯死于三四六年。在他去世之前，亚历山大时代的阿塔纳修斯主教将他的修道院思想从埃及带到了罗马。成百上千的人开始借机逃脱现实世界，逃离它的邪恶与欲壑难填的勒索。

可是，欧洲的气候与人们的本性不得不令创始人将宏图稍作修改。在严寒的冬天里，饥寒交迫的滋味并非像在尼罗河谷那般容易忍受。何况，西方人都很实际，神圣的东方理想表现出的又脏又邋遢的一面，非但不会给他们以启示，反而让他们感到恶心。

意大利人与法国人扪心自问："早期教会竭尽所能地做善事有何结果呢？几个信徒在千里之外深山老林的潮湿帐篷里住着禁欲苦行，莫非这些寡妇、孤儿以及病人便就从中得益了吗？"

西方的头脑一定要将修道院体系改得合理一点才行，这样的革新住在亚平宁山脉的一个纳西亚镇人功不可没。他名叫本尼迪克特，通称圣人本尼迪克特。父母送他到罗马求学，可是这座城市让他的基督心灵弥漫着恐怖色彩。他逃到阿布鲁齐山的苏比亚克村，躲到一座尼鲁时代的古老乡间宫殿里。

他过了三年与世隔绝的隐居生活，美德的盛名在乡间很快传开了。愿意同他接近的人马上满天下，因而隐居者蜂拥而至，多得能够建造十几座修道院。

本尼迪克特于是告别了土窟，成为修道生活的立法人。他建立规章制度，字里行间流露出他的罗马血统。发誓遵从他制定的院规的僧人不要指望能游手好闲，除了做祷告和沉思以外，他们必须在田野里劳作。年纪太大无法农耕的，要教育年轻僧人怎样做一个好基督徒与有用的公民。他们恪守职责，在一千年中本尼迪克特修道院将教育垄断了，中世纪大多数时间里这儿得到培养才能超卓的年轻人的准许。

这样一来，僧人们穿上了体面的衣服，吃到了可口的食品和住上舒适的床铺，每天不干活不祷告的时候还可以睡上两三个小时，这是他们应得的报酬。

不过从历史的角度看来说，最重要的是，僧侣们不只是逃脱现实世界与义务去为来世灵魂作准备的凡夫俗子，是上帝的仆从。在漫长痛苦的试用期内他们必须完善自己使其配得上这样的尊称，继而在宣播上帝王国的力量和荣耀中发挥直接积极的作用。

在欧洲不信教的人中的初期传教工作已完成了。可为了不让教徒的绩效化为乌有，一定要得到老百姓与官员们有组织的支持。因而僧人们扛着铁锹与斧头，手捧祷告书，来到德国、斯堪的那维亚、俄国以及遥远冰岛的荒野之地，耕耘，收获，布道，办学，为遥远的土地带来了大部分人只是道听途说的文明的信息。

正是用这种方法全部教会的最高执行者罗马教皇激发了形形色色的人类精神力量。

注重实际的人能够得到扬名天下的机会，正如做梦者可以找到幽静丛林中的幸福一般，无任何白做的运动，什么东西都不允许浪费，它所产生的结果是力量的增长。很快，倘若皇帝与国王不谦卑地注重基督追随者的要求，就无法坐稳自己的宝座。

获取最后胜利的方法，也很吸引人，因为它说明基督教的胜利是事出有因的，绝对不是（如一般人所认为的）突发奇想迸发出来的盛大宗教狂热的结果。

基督徒受到的最后迫害发生在戴奥里先皇帝时代。

很奇怪，虽然戴奥里先并非凭借近卫军之力统治欧洲的诸多君主中最坏的一个，可他却经受从古到今被召来管理人类的人所承受的苦难。事实上，连最基本的经济知识他都一窍不通。

他发现自己的帝国正处于四分五裂状态、一落千丈。他毕生都从事戎马生涯，深深懂得致命的弱点就在于罗马的军事体制的内部，这样一个体制将边防地区的防卫任务交给占地的士兵，可这些士兵早已失去斗志，成为了悠闲自得的乡巴佬，卖青菜与萝卜给那些理应远远拒之于门外的野蛮人。

戴奥里先改变不了风雨飘摇动荡不安的体制，为解燃眉之急，他组建起一支新型野战军，全部由年轻机敏的战士组成，一经入侵就能够在几周之内奔向帝国的任何地方。

这个主意的确很好。可是，正如一切带有军事色彩的好主意一样，花销非常庞大可观，要通过赋税向内地百姓身上搜刮钱财。不出所料，激发了老百姓的群愤，大喊再缴钱就面临破产了。皇帝回答说老百姓误会了，并将只有刽子手才能行使的权利赋予了收税官，可一切都无事于补，由于各个行业的臣民辛辛苦苦干一年，结果反而亏损，于是都将住宅家庭丢开，拥进城里或干脆当起了流浪汉。然而皇帝陛下却不想半途而废，又颁布了某项来解决困难的法令，这意味着古罗马共和国进入东方专制主义已达到万劫不复的地步。他大笔一挥，全部政府机关与手工业、商业都变成了世袭制的职业，也就是说，官员的儿子注定要当官，无论是否愿意，面包匠的儿子就算有从事音乐或是典当业的天赋也要子承父业，水手的儿子尽管在台伯河划船都晕船也必须在船板上漂一生。在理论上苦力虽然是自由的，可必须在出生地生老病死，不得跨越一步，同一般奴隶的命运无差别。

要是谁觉得自信心很强的统治者可以或者能够容忍由少数人依照自己的好恶去遵循或反对那些行为法规和法令，就大错特错了。然而当我们在评价戴奥里先对基督徒的粗暴行径时应该记住，他已经进退两难了，还深刻地怀疑上百万计的臣民对他的忠诚，他们只知道在皇帝的光环下过着花天酒地的生活，却从来不替国家分担忧愁。

早期基督徒没有动笔写过任何东西。他们希望世界随时会山崩地裂，要是在不足十年内花钱费时的文学成果也会被大火焚烧殆尽，为何还要做这些无用功呢？不过新教并未将预言兑现。基督的故事（经百年的耐心等待之后）被人添枝加叶地口口相传，也已经面目全非，虔诚的基督徒不辨真伪，不知如何是好了。因而，人们觉得有必要弄一本权威性的书，将耶稣的几个短传以及圣徒信件的原文整理成一卷。这就是后来的《新约》。

书中有一章节叫做《天启录》，其中包括有关建立在"七山"之中的城市的引证与预言。自从罗慕路斯时代人们便知晓罗马建立在七山之中。这个奇特章节的匿名作者确实小心谨慎地将那个城市称为他深恶痛绝的巴比伦，可依然没有逃脱帝国官员的理解力。在书里将那座城市说成是"妓女的母亲"与"地球的污点"，饱浸圣人以及殉难者的鲜血，是一切魔鬼与邪恶神灵的栖身之地，是所有肮脏可恶的鸟类的巢穴，还有好多类似于这样的不敬之词。

这样的言论能够被解释为是某个可怜狂热者的胡言乱语，这位狂热者想起了五十年来被杀害的许多朋友，怜悯和怒火把他的双眼蒙住了。不过宣读这些言论作为教堂庄严礼拜式的一部分，要每个星期都在基督徒聚集的地方传诵，旁观者自然会觉得，它代表着基督徒对台伯河畔强大城市的真正情感。我并非认为基督徒没有理由产生旁观者所说的感情，可是我们因为戴奥里先没有产生这样的热情而责备他也是不对的。

可这并不是所有。

一个闻所未闻的概念在罗马人中日趋熟悉起来了，它就是"异教徒"。最初"异教徒"的名字仅仅是用在那些愿意相信有些教旨的人，或称为"教派"。可慢慢地它的意思缩小了，到那些不信仰由教会权威订立的"正确"、"合理"、"真实"、"正统"的教义的人，用圣徒的话来说就是"异端"、"谬论"、"虚伪"和"永久性错误"的人。

几个依旧抱着旧信仰不放的罗马人能够免遭异端邪说的罪名，那是由于他们仍隔膜在基督教之外，况且严格来说也不能解释他们的观点。相同的，《新约》中的某些话对皇帝的自尊也有伤害，比方说"异端邪说是可怕的罪恶，犹通奸一般、猥亵、淫荡、偶像崇拜、巫术、怒火、争斗、凶杀、叛乱、酗酒"，还有一些，出于体面，这里就不再说了。

全部的这些造成了摩擦与误解，继而产生迫害。基督囚徒又一次挤满了罗马监狱，刽子手将基督殉难者的数目大大扩大了，血流成河，却徒劳无功。最后戴奥里先到了黔驴技穷的地步，被迫放弃了统治地位，回到达尔马提亚马海岸做罗纳的家乡，专心致志从事更加趣味的消遣——在后院种大圆白菜。

他的继承者没有继续采取镇压的政策。反而，当他看到运用武力铲除基督教已无望，就致力于一笔不光彩的交易，想通过收买的方法来博得敌人的好感。

在三一三年，君士坦丁以官方名义第一次承认了基督教会。

倘若有一天成立了一个"国际历史修改委员会"，全部皇帝、国王、总统、教皇、市长，只要是享有"大"字称号的，都需用特定的准则来权衡，那么其中站在"国际历史修改委员会"法庭上需要审慎专研的一位就是上面所提到的君士坦丁皇帝。

这个狂妄的塞尔维亚人在欧洲各大战场上挥舞长矛，经英格兰的沃克打到了博斯普鲁斯海峡的拜占廷。他把自己的妻子、姐夫与侄子杀死了，还屠杀一些地位卑下的亲戚。可是即便这样，因他在面临最危险的对手莫克赞蒂厄斯时惊慌地为得到基督徒的支持而大加许愿，反而获得了"第二个摩西"的美名，亚美尼亚与俄国教会都将他推崇为圣人。他一生都是个野蛮人，即便表面上接受了基督教，可就算是到他死的时候还企图用蒸祭祀羊的五脏预测未来。然而人们却记不住这些，不过是两眼盯着皇帝用来保证可爱的基督臣民"自由表达思想与集会不受干涉"的权利的最为著名的《宽容法》。

在前面我已经提到过，四世纪上叶的教会首领都是实用的政治家，最终他们让皇帝签定了这个值得让人纪念的法令，如此一来从小教派的行列中基督教一跃成为了国教。然而，他们知道胜利是如何取得的，对此君士坦丁的后人也知道得清清楚楚，他们想使出花言巧语的解数掩盖这些，可机关算尽仍不能瞒天过海。

"赐予我吧，强大的统治者"，内斯特主教向狄奥多西皇帝说，"把教会的所有敌人都交给我吧，我将给你天堂作为回报。同我站在一起，将反对我们教义的人打倒；我们也会同你在一起，打倒你们的敌人。"

在过去的二千年里，还有过别的交易。

可是这样的无耻妥协从此让基督教大权在握，在历史上这种事情还是少之又少的。

五、囚禁

当古代世界上的帷幕就要落下的时候，有个人物在历史舞台上出现了，他过早的死去十分可惜，可"圣徒"的称号他当之无愧。

我所说的是朱利安皇帝，君士坦丁大帝的侄子，三三一年出生在帝国的新首都。三三七年，其声名显赫的叔叔死了，三个儿子马上扑到共同的财产上，如饿狼般地扭打成一团。

为了不让其他人分得到产业，他们下令将住在城里和周边的全部皇亲杀死。朱利安的父亲便惨遭不测。他母亲在生下他之后没过几年就去世了，六岁的孩子成了遗孤。一个体弱多病的表兄同他分担寂寞，两人一起念书，大部分学习的内容都是弘扬基督信仰的好处，给他们讲课的是待人亲热可又庸庸碌碌、一事无成的尤斯比厄斯主教。

孩子们长大之后，大家都认为最好将他们送得远一些，以免树大招风，遭受小拜占廷王子们的厄运。两个孩子被送往小亚细亚中部的一个小村里，尽管生活枯燥，却让朱利安有更多的学习有用东西的机会，因为他的邻居全部是凯帕多西亚的山里人，非常淳朴，依然在信仰祖先传下来的天神。

在那里孩子根本不能掌管什么要职。他希望可以专心做学问，被批准了。

首先他来到尼科姆迪，只有在那儿以及别的几个寥寥无几的地方还在继续教授古希腊哲学。他满脑子都是文学和科学，从尤斯比厄斯那儿学来的所有东西都被挤掉了。

后来他获准去雅典，在苏格拉底、柏拉图以及亚里士多德待过的地方学习。

与此同时，他的表兄也暗遭杀害了。他的堂兄，君士坦丁唯一剩下的儿子君士坦蒂尼斯，想起来只有他和他的堂弟，小哲学家，才是皇族中的唯独两个幸存的男性，就亲热地将他接回来，还把自己的妹妹海伦娜许配给了她，并命令他去高卢抗击野蛮人。

这样说来从希腊老师那儿朱利安学到了比唇枪舌战更加有用的东西。三五七年，阿拉曼尼人威胁法国，在斯特拉斯堡周边朱利安击垮了他们的军队，且运用计谋，将默慈与莱茵河纳入了自己的版图。他入住巴黎，在图书室满载自己喜爱的作家的书籍，尽管他平时不苟言笑，可这次也不禁面露喜色了。

皇帝听到胜利的消息后，却没有将庆祝的火焰持续多长时间。与之相反，他们制订严密的计划，要铲除这个对手，因为他的成功似乎有些过头。

然而在士兵中朱利安享有很高的威望。一听总司令将被召回（某种客气的邀请，回去就要砍头），他们便闯入宫殿，宣布他为皇帝，同时还四处声明说，要是朱利安不接受，便杀死他。

朱利安头脑清醒，他欣然受命了。

那时，前往罗马的道路依旧是一夫当关万夫莫开。朱利安以极短的时间，率先将部队从法国中部开到了博斯普鲁斯海岸。可是当他还未到达首都的时候，传来消息说，他的堂兄君士坦蒂厄斯死了。

这样一来，异教徒又一次当上了西方世界的统领。

朱利安要做的事情肯定是不会实现的，说来也怪，如此聪明的人竟会觉得，已经死了的东西能够凭借某种力量复活，能够让伯里克利的时代复苏，只要重新构建卫城的废墟、教授穿起过时的宽外袍在荒芜的学园树林里居住、相互用五世纪前就已消失的语言交流，过去的一切便都能再现。

但这正是朱利安尝试着要做的。

他在掌权的短暂两年中，将全部精力都花在了恢复当时大部分人都不屑一顾的古老科学，想重新探索研究僧人们统治的世界，那些僧人大字不识一个，认为所有值得知晓的东西都包括在一本书上了，独立的思考和调查只会让信仰丧失，导致地狱之火烧身；朱利安希望恢复有着高度活力和热情的人的快乐生活。

他陷入了崩溃的边缘，就算是比他更为坚韧的人也会因反对之声弄得寝食不安、悲观绝望。至于朱利安，他简直被逼疯了，有段时间还乞灵于祖先的真灼经验。安提阿的基督平民向他投来了石块与泥巴，可是他不愿对这座城加以惩罚。愚昧的僧人们想激怒他，重新上演受迫害的悲剧，但是皇帝却一再告诫他的官员："不要产生任何牺牲者。"

三六三年，一支仁慈的波斯箭将这个传奇的人的生涯结束了。

对这位最后、最伟大的异教徒统治者来说，这样的结局或许是最好不过了。

倘若他活得再长一些，容忍以及对愚蠢行为的憎恨反而会让他成为当时最专横跋扈的人。在医院的病床上他能非常坦然地回忆起在他的统治期间里没有一个人因和他有不同的见解而被处死。然而，朱利安的基督臣民用永久的仇恨报答了他的仁慈。他们大肆夸耀说是皇帝的士兵（一个基督徒团的士兵）将他射死，而且精心准备颂词赞美凶手。他们大肆鼓吹朱利安在死前是如何承认自己做法的错误和怎样承认基督的权力的。他们搜肠刮肚，将四世纪流行的贬义形容词都用上。就是为了诽谤这位俭朴苦行、全心全意为臣民谋福利的正人君子的名声。

朱利安被下葬以后，基督教的主教们终于能够以帝国名副其实的统治者自居了。他们马上开始扫荡欧洲、亚洲以及非洲的每一角落，将所有的反对势力摧毁。

在瓦林廷尼安与瓦林斯兄弟掌权的三六四至三七八年，通过了一项法令，禁止所有罗马人为旧的天神祭祀。这无疑就把异教教士的收入给剥夺了，他们不得不另谋生路。

这些规定还算是轻的。狄奥多斯皇帝颁布的法律不单单是让全部的臣民都接受基督教义，并且还要接受“天主教”的形式；俨然他自己成了天主教的庇护者，这位大主教将人们的精神世界都垄断了。

法律颁布之后，一切坚持“错误观点”的人，一切抱住“愚昧的异端邪说”不放固执己见的人，一切继续忠于“可耻教义”的人，全都要承担拒不执行法律的恶果，被流放到外地或处以极刑。

从那以后，旧世界加快了走向灭亡的脚步。在意大利、高卢、西班牙以及英格兰，异教徒的庙宇不复存在，要么被拆去修建桥梁、街道、城墙以及瞭望塔，要么被重新建造成基督教徒的会场。上万座自共和国建立之始就聚集的金制与银制神像被勒令没收或者偷盗，剩余的残存也被打得粉碎。

六百年来希腊人、罗马人与埃及人非常尊崇的亚历山大的塞拉佩尤姆庙被夷为平地。自亚历山大大帝以来起就闻名天下的大学仍然留在原来的地方，继续教授与阐释古代哲学。地中海各个地方的学生蜂拥而至。亚历山大主教下达命令不关闭这所大学，可教区的僧人自行干涉。他们闯进教堂，严刑逼供了最后一位柏拉图学派的教师海帕蒂娅，将她不完整的尸体，扔到街上喂狗。

罗马的情况也不容乐观。

丘比特的神庙关闭了，古罗马信仰的经典读物《古罗马神言集》被烧成灰烬。帝国首都化成一片废墟。

在闻名的图尔斯主教执政的高卢，旧的天神被宣布是基督恶魔的前身，因而全部寺庙都从地球上消失了。

在偏僻遥远的乡间，农民有时会起来捍卫自己心爱的天神，军队便开来，用斧子和绞架将"撒旦的叛乱"平息下来。

希腊的破坏行动相对进行得慢些，可是到了三九四年，奥林匹克运动会最终被禁止了。希腊国家生活的中心（持续了一千一百七十年）终止后，别的活动也土崩瓦解。哲学家驱逐出境，后来贾斯蒂尼安皇帝下了一道命令，雅典大学也关闭了，大学基金被没收。最后的六位教授无以为生，逃到了波斯。乔思罗斯国王十分友好地接待了他们，让他们度过世外桃源般的晚年，允许他们玩神奇新鲜的印度游戏——棋。

到五世纪上半叶，克莱索斯陀大主教能够毫不夸张地宣告，古代作者与哲学家的书在地球上已绝了踪迹。西塞罗、苏格拉底与荷马（更别提被全部基督徒恨之入骨的数学家与天文学家）都躺在顶楼和地窖被人们所忘却。要再过六百年他们才可以唤醒，在这之前人们只能唯唯诺诺地对待文学艺术，对神学家的摆布听之任之。

的确是稀奇的饮食（按医学行话来说），可营养并不均衡。

虽然基督教战胜了异教徒，却没有脱离困境。大声高呼要给自己旧的诸神进香的高卢与卢西塔尼亚贫民还是极易制服的。但可怕的是，奥斯特罗戈斯、阿拉曼以及朗戈巴德人给亚历山大教士艾利厄斯所描绘的真实的基督面目是否正确、相同城市里艾利厄斯的死敌阿塔纳修斯是否是错的，在是否坚持基督和上帝"不是同类，只不过是类似而已"的问题上朗戈巴德人与法兰克人争得面红耳赤，为证明内斯特所说的圣母马利亚只是"基督的母亲"而不是"上帝的母亲"的正确性范达尔人同萨克逊人撕破了脸，为耶稣是否具有二重性，即半人半神布尔戈尼人和弗利西人而剑拔弩张。尽管这些四肢发达，头脑简单的野蛮人接受了基督教义，却误入了歧途。不过他们依旧是教会的坚定的朋友与支持者，不能依照普通戒律驱逐出教门，也不能用地狱炼火威胁他们。对待他们要用婉转的语言说服，将错误指正出来，把他们带到有仁爱与献身精神的信徒队伍中。可是首先他们必须要有明确的教旨，分清好坏对错，这样才可以将问题解决。

人们要求把各种各样有关信仰的说法统一起来，这便产生了有名的集会——"基督教联合会"。从四世纪中叶起，就不定时地召开这种会议，用来决定哪些教义对，哪些属于异端邪说，应被归结为错误、谬论与邪说。

第一次联合会会议在三二五年于特洛伊周边的尼西亚召开，五十六年后第二次会议在君士坦丁堡举行，第三次是四三一年在以弗所召开。以后，连续在查尔斯顿召开了几次，在君士坦丁堡开了两次，在尼西亚开了一次，最后一次在八六九年又于君士坦丁堡举行。

自此以后，会议是在罗马或教皇指定的欧洲某一城市召集，所以在四世纪，人们已默许，尽管皇帝有布置会议地点的权利（该权利也逼迫他为忠诚的主教出旅费），然而权力无边的罗马主教提出的建议却要予以高度的重视。是谁主持了第一次尼西亚会议我们无从知晓，可是后来的会议都由教皇主持，不经教皇或他的代表批准圣会的决定就无效力。

如今我们告别君士坦丁堡，前往西部风调雨顺的地区看一看。

宽容和专横的争夺一直此消彼长，一边将宽容视为人类的最高美德，另一边却将它抵毁成道德观念淡薄的产物。我并非想从理论角度来讨论这个问题。可是不可否认，在为残酷镇压异教徒而辩驳时，教会的支持者讲得都头头是道。

他们说："教会与别的组织一样，就像一个村庄、一个部落以及一片森林，应该要有一个总指挥官、一套明了的法规与准绳，一切成员都应该遵守。所有发誓效忠教会的人无异于立誓尊重总指挥官、服从法规一样。假如他们做不到，就要依照他们自己作的决定，从教会里离开。"

到目前为止，这些都非常正确、合理。

现在，倘若一个大臣不再信仰浸礼会教派的教义，能改信美以美教派，如要是出于某种原因对美以美教派的教旨也不再信仰，还可以转信唯一神教派、天主教派或是犹太教，也能信印度教与土耳其的穆斯林教。大千世界道路纵横，任人驰骋，除去食不果腹的家人外，没有人与他唱反调。

这是轮船、火车以及充满经济机遇的时代。

五世纪的世界可不像想象中这么简单。罗马主教的影响无孔不入，无处不在。当然，人们可以去波斯或是印度，可惜旅途遥远，十个去就有九个回不来，并且还要妻离子散、天各一方。

既然人们明白自己对基督的理解是对的，劝告教会修订教旨仅仅是时间的问题，那为何将自由信仰的权利放弃呢？

这正是关键所在。

早期的基督教徒，不论是否虔诚，都觉得思想的价值是一个相对的概念，并非是绝对的。

博学的神学家极尽所能的试图说明不能解释的事情，将上帝的本质归结为公式，这正如数学家们为 x 绝对值的争论将对方送上绞刑台一般可笑至极。

然而，整个世界都被自诩正确与专横跋扈的风气所弥漫，直到最近，在"人们从没法分辨对错"的基础上倡议宽容的人在行使自己的主张时还要冒杀身之祸，他们只有小心翼翼地将忠告隐藏在拉丁文里，可能够明白他们意思的聪明人却相当少。

六、生活的纯洁

这里说一个并非离题的小数学问题。

将一根绳子绕成圈，如图：

（图 1 略）

圆圈中每一直径当然是相等的。

AB=CD=EF=GH，像这样类推下去。

然而，轻拉绳的两边，圆圈就成了椭圆形，完美的平衡被打破了，每一直径乱七八糟。AB 与 EF 等几条线段缩短了很多，别的线，尤其是 CD，却增长了不少。

现在我们将数学问题用到历史上去。为了便于说明，先假定：

（图 2 略）

AB 代表政治

CD 代表商业

EF 代表艺术

GH 代表军事

图 1 是完美的平衡状态，全部线段都长短相当，人们对政治商业、艺术和军事的关注基本相同。

但是图 2（圆圈不再是完美的了）中，商业得到了特殊的待遇，军事却略长了一些，代价是政治和艺术几乎完全失去了踪迹。

或者让 GH（军事）成为最长的一段，而别的都趋近于消亡。

这便是解开诸多历史问题的灵巧钥匙。

将它在希腊这把锁上用一下。

（图 3 略）

在短时间里希腊人还可以保持各个行业遍地开花的完美圆圈。不过，不同政党之间的愚昧争吵很快到了一发不可收拾的地步，永无休止的内战将国家的精力耗尽了。士兵们的职责不再是抵御外来侵略，保卫国家。他们领命向国人开枪，由于这些人投了别的候选人的票，或是希望稍微改变一下征税法。

在这类圆圈中商业是最重要的直线，第一次它觉得举步维艰，到后来完全走投无路，便向世界的别的地方逃走了，因为在那里生意还较为稳定。

贫穷从前门进城，艺术便从后门溜走，以后都没有露面。乘坐一百海里内最快的航船资本逃之夭夭。智力活动是昂贵的奢侈品，因而好学校再也维持不了了。最优秀的教师连忙前往罗马与亚历山大。

没走的都是那些二流货色，维持着传统和常规的生活。

这是因为政治的线段大大超出了比例，平衡的圆圈受到了破坏，别的线段，艺术、科学、哲学等，都化为乌有了。

倘若将圆圈的问题应用在罗马上，你便能发现，有条叫"政治权力"的特殊线段不间断地增长，后来将其他的都挤掉了，给共和国带来荣耀的圆圈消失了。只剩下一条细细的直线，这便是成功到失败的最短距离。

再举个例子。假如中世纪教会的历史被你纳入这个数学中，便能发现下面的情行。

曾经早期的基督徒极力想保持行为圆圈的完美。或许科学的直径被他们忽略了，可是对这个世界的生活他们不感兴趣，你也就别想要求他们如何关心医药、物理或是天文学了。他们仅仅是想为最后的审判作准备，在他们眼里，这个世界不过是前往天堂的候车室，对于他们来说有用的学科当然没吸引力了。

可是，基督其他虔诚的追随者千方百计（即便很不完备）要上过上好日子，他们勤劳善良，大仁大义，诚实正直，宽厚仁慈。

可是，诸多的小社团一旦结成一个大组织，原来精神圆圈的完美便无情地被新的世界性责任和义务破坏了。贫穷与无私的原则是他们信仰建筑的基础，饥肠辘辘的木匠与采石工人认为遵循这样的信条还是十分容易的。不过罗马皇位继承人、西方世界最大的祭司以及欧洲大陆最富有的财主却无法像波美拉尼亚或西班牙省镇的小执事那样艰苦朴素的生活。

或是用这章的术语来说，代表"世俗"与"对外政策"的直线伸展得过长，代表"谦卑"、"贫穷"、"无私"以及别的基督教美德的直线被缩短得几乎看不见了。

我们这代人谈及中世纪的愚昧无知时往往带着某种同情感，明白他们在一片漆黑中生活着。确实，在教堂里他们点着蜡烛，在摇曳的烛光中休息，没有几本书，甚至连现在好多小学和较为高级精神病院里教授的东西都一脸茫然。可是，知识与智力是截然不同的两码事，自由民非常的聪明，他们建立了我们如今依旧采纳的政治结构与社会结构。

有很长一段时间他们似乎对好多教会的恶意诽谤毫无办法，我们对他们的评价还是手下留情吧。至少他们对自己的信念还是很有信心的，一直在同他们认为是错误的东西作斗争，将个人幸福与舒适放在一边，常常在断头台上结束了自己的一生。

其他的事情我们就无从知晓了。

的确，在公元后一千年里，很少有人为自己的思想而奉献牺牲的。然而这并非因为教会对异端的反感没有之前强烈，而是因为忙于其他更重要的事，没有功夫在相对无害的有着不同观点人的身上浪费时间。

首先，在欧洲好多地方，奥丁神与别的异教神仍行使着最高统治者的权力。

其次，一件很不妙的事的发生，基本上让整个欧洲陷于崩溃的边缘。

这件"不妙的事"就是，出现了一位新先知，名叫穆罕默德；一群人追随一个名"真主"的新上帝，西亚和北非被他们征服了。

孩提时代的我们读到的文学充满了"异教狗"和"土耳其人的残酷恶行"的文字，这令我们印象深刻，认为耶稣与穆罕默德各自代表的思想水火不相容。

实际上，他们是同一个种族，说同一种语系的方言，都将亚伯拉罕奉为始祖，都追溯到相同一个在一千年前蠢立在波斯湾畔的祖先。

两位大师是相当近的亲属，可他们的追随者却又怒目而视，彼此间的战争已经持续了十二个世纪，目前都还未平息。

到了现在再作猜想是白费力气，但确实有一回，罗马的首要敌人麦加差一点接受了基督信仰。

像所有沙漠居民一样，大量时间都被阿拉伯人用在放牧家畜上，所以有充分的时间讲行默祷。城里人可终年在乡镇市场的乐趣中陶冶情操，可牧民、渔民与农夫的生活却很孤单，他们缺少某种比热闹与刺激更为实际的东西。

阿拉伯人盼望着被拯救，他们尝试过好几种宗教，然而对于犹太教他们有着明显的偏爱。道理很简单，因为阿拉伯到处都是犹太人。公元前十世纪，为了逃离沉重的赋税和统治者的专横，索罗门国王的大批臣民逃到阿拉伯。到三百年后的前五八六年，尼布加尼撒将犹太人征服了，大量的犹太人又一次向南部的沙漠拥进。

因此犹太教传播开来了。犹太人追求的是唯一真正的上帝，这同阿拉伯部落的志向与理想志同道合。

些许读过穆罕默德书籍的人都了解，从《旧约》中麦地尼特借用了大量智慧的语言。

以实玛利（同母亲海加一起被押葬在阿拉伯中部犹太神殿中的至圣所）的后代对拿撒勒的年轻改革者的思想并不仇视。相反的，耶稣说上帝只有一个，是每个人的慈父，他们也坚定不移地相信。对拿撒勒木匠的追随者无休止地宣扬的所谓奇迹他们不想接受。至于复活这一说，他们就更没有理由相信了。可是，他们还是热衷于新信仰，愿意给它发展的空间。

不过，在一伙狂热的基督徒手上穆罕默德遭了很多罪。这伙人没有判断力，他还没开口便被斥责为骗子，是假的先知。这件事，加上流传广泛的认定基督信徒是信仰不是一个而是三个上帝的偶像崇拜者的这一说法，最终让沙漠居民对基督教不屑一顾，他们宣称自己热爱麦地那的赶骆驼人，原因在于他只讲一个上帝，并非抬出三个神来糊弄大众，一时说合为一个上帝，一时又说分为三个，全部依照当时形势与主持教士的脸色做事。

这样一来，西方世界就产生了两种宗教，都认定自己信奉的是唯一真正的上帝，别的上帝都被贬为骗子。

这种观点上的冲突极易引发战争。

六三二年，穆罕默德离开了人世。

不到十二年，巴勒斯坦、叙利亚、波斯以及埃及都被征服了，大马士革变成了大阿拉伯帝国的首都。

到六五六年年底，真主被北非沿海国家视为天国领袖，在穆罕默德经麦加逃往麦地那后不到一百年的时间里，地中海成了穆斯林的一个湖，欧洲与亚洲的所有往来都被切断，直到十七世纪后期这种状态才得以解除。

在这样的环境里，教会想将教旨传到东方是完全做不到的。它希望做到的仅仅是保住已经获得的，德国、巴尔干各国、俄国、丹麦、瑞典、挪威、波希米亚和匈牙利被选中为进行深度精神挖掘的肥沃之地，并且总的说来收效很大。时不时也有像查理曼那样心肠很好但是不大文明的的基督徒，心肠倒是不错，使用暴力屠杀了热爱自己但排斥外来上帝的臣民。可是，大部分基督传教士都是很受欢迎的，原因在于他们正直诚实，所讲的东西非常明确，容易理解，给充满暴力、打架与抢劫的世界加入了秩序、整洁与仁慈的血液。

前方进展顺利，但是教会帝国内部却连起祸事。（用这章开头的数学概念讲）世俗的线段正在不断加长，后来教会的精神因素完全成了政治与经济思想的陪衬品；即便罗马的权力日益壮大，对后来十二个世纪的发展产生了至关重要的影响，然而崩溃瓦解的迹象已经有所展现，老百姓与教士中的智者们也看出了该点。

教堂现在被北方的新教徒看做是一座房子，一星期有六天是空荡荡的，人们每个星期天都会去听布道，唱赞美诗。众所周知，一些教堂里有主教，主教们时不时会在城里开会，那个时候我们周围便会有一群面容可亲的老年绅士，衣领都翻到了后面。从报纸上我们了解到他们已宣称提倡跳舞，或是反对离婚。随后他们又回到家中，周围的一切照样是那般平静祥和，幸福无忧。

现在我们很少将这样的教堂（虽然它同我们如影相随）同我们的生死还有全部的社会活动连在一起。

政府当然不一样，它能将我们的钱拿走，假如觉得社会需要，还能够把我们杀死。政府是我们的持有者，是主人，可一般所称的"教会"却是能够信任的好朋友，就算与它产生争执也不要紧。

不过在中世纪，情况完全相反。当时的教会是真切存在的，是很活跃的集团，呼吸着，存在着，用诸多政府就算做梦也想象不到的方法决定着人的命运。首批接受大方王储赠送的土地、放弃旧的贫瘠理想的教皇，极有可能没有预见到这个政策会产生的后果。起初，经基督的虔诚追随者给圣徒彼得的后代馈赠一点凡物俗礼仿佛百利无一好、合情合理。不过仔细一想，经约翰格罗斯至特莱比松，经迦太基至乌普拉沙，随处都有琐碎复杂的监督管理体制，有数以万计的秘书、牧师以及抄写员，再加上所有部门上百个的大小首领，他们都需要衣食住行，还有横穿大陆的信使的费用，今天前往伦敦、明天前往诺夫格勒的外交使臣的旅行费用，还包括为了保持教皇信使同世俗王储在一起的时候衣着体面所必需的开销。

回顾一下教会原本代表的是什么，思索一下倘若环境再好些会出现怎样情况，这样的发展确实是极大的遗憾。很快罗马就变成了庞大的国中之国，但宗教色彩却只剩下一点点，教皇俨然变成地球的独裁者，同他相比，古时代皇帝的统治反而却显得仁慈大度些。

教会的成功战无不胜，不过到了某种程度，就产生了一些障碍，遏制它统治世界的勃勃野心。

上帝的真正精神再次在大众中掀起轩然大波，这对任何宗教组织来说都犹如眼中钉、肉中刺。

异教信徒已经是十分常见的了。

也许只要导致人们反对的单一信仰统治出现，也便有了持异见的人。争执和教会一起问世，它让欧洲、非洲以及西亚在几百年内互怀敌意，虎视眈眈。

然而，在本书中撒比利人、莫诺菲人、马尼卡人与内斯特教派间血腥的争斗不值一提。通常来说，每个教派心胸都不够宽广，阿瑞斯的追随者和雅典娜的信徒都专横跋扈，是一样的。

何况，这些争执围绕着的往往是神学中定义含糊的只言片语，如今已慢慢被人们遗忘了，我不希望将这类玩意从坟墓中再挖掘出来，在这本书里损时耗力挑起神学的战火。我把这些写下来，是想告诉我的后代，先辈不惜以生命为代价奋斗的某些知识自由的理想，告诫他们不要重蹈覆辙，防止造成两千年沉痛灾难的教条态度与固执己见的态度产生。

不过到十三世纪，情况就有了很大的改善。

异教徒不单单是持反对意见的了，因《天启录》中某些个别词句的错误翻译或圣约翰的一个字母的错拼而争执。

他成长为一名为某些思想而战的战士，维护奥勒留执政时期拿撒勒村庄中的某位木匠为之牺牲的理想，你看，他俨然是唯一真正的基督徒。

七、宗教法庭

一一九八年，塞格尼公爵洛太里奥继承了在位只有几年时间的叔叔保罗的地位，登上了教皇的宝座，他便是英诺森三世。

他是一切居住在拉特兰宫的最为显著的人物。就位的时候仅三十七岁，是巴黎大学与布伦大学的优等生，富有、聪明、精力充实，斗志昂扬，善于运用职权，能够毫不夸张地宣称，他"不但管理了教会，并且将整个世界控制再自己手上"。

驻罗马的帝国官吏被他赶出了城外，由军队控制的那部分巴尔干半岛又一次被他征服了，最后皇位继承人被驱逐出了教会，可怜的王子身陷困境，无法自拔，不得不将阿尔卑斯山东面的领地放弃了。如此一来，洛太里奥将意大利从日尔曼人的控制中解脱了出来。

他组织了举世闻名的第四次十字军东征，然而十字军压根没去"圣地"，而是向君士坦丁堡进军，杀害城里的大批居民，将金银财珠宝洗劫一空，其手段令人发指，使得后来前往希腊港口的十字军士兵充满了担忧，害怕当做罪犯送往绞刑台。英诺森三世也曾对这样的让威望很高的少部分基督厌恶心寒的悲惨行径表示过不赞同。可是他很务实。属于见风使舵的那种，把一个威尼斯人委派去当君士坦丁堡的主教。凭借这聪明的一招，东正教又一次被罗马所支配，同时又获得了威尼斯共和国的好感，此后拜占庭领地被威尼斯共和国看成是自己的东方殖民地，胡乱发号施令。

在宗教方面，教皇也相当的有造诣、手段高明。

经过差不多一千年的踌躇不决，教会终于下定决心，认定婚姻不单单是男女间的民事契约，而是一桩非常神圣的事情，在神甫当众的祝福以后才会产生效力。当法国的菲力浦·奥古斯特与莱昂的阿方索四世试图固执己见，依照自己的喜好来治理国家之时，很快便被警告，让他们铭记自己的职责，因为他们一生处世谨慎，于是立刻按照教皇的旨意办事了。

就算是在北方高地，即便基督教传入不长时间，人们也深刻地意识到谁是他们真正的主人。哈康四世国王（一起的海盗们习惯将他称为"老哈康"）不久之前征服了一个小帝国，除他所在的挪威以外，还包括苏格兰的一部分、全部冰岛、格陵兰岛、奥克尼群岛以及海布里地群岛，不过他在旧天主教堂加冕之前，还不得不在罗马法庭将自己复杂的身世情况说清楚才可以。

日复一日，教会的势力坚固不可动摇。

保加利亚国王不断地屠杀希腊战俘，时不时还折磨拜占庭的皇帝。他对宗教思想完全不感兴趣，不过还不远千里跑到罗马，卑躬屈膝地请求教皇承认他作为臣仆。在英国，几个男爵设定法规来约束皇权，教会就不客气地声明他们制定的是无效宪章，"那是运用武力得到的"；随后他们又因起草那份著名的文件《大宪章》而被逐出了教会。

全部的这些都说明，朴实的纺织工与大字不识牧羊人提出的要求英诺森三世也不会置之不理，原因在于他们对教会的法律提出了质疑。

可是，终究还是有些人鼓起勇气，做出了以后我们将看到的事情。

有关异端邪说这样的题目着实让人费解。

大多数异教徒都是贫民，无任何做宣传的能力。他们有时候写几本小册子述说自己的见地，用来保护自己反击敌人，不过会立刻被当时执政的宗教法庭派出鹰犬将把柄捉到，大难临头。为了杀一儆百，蛊惑大众，也写过披露"新撒旦的反叛"文章，对异端邪说的了解我们都是从这样的文章以及审判记录中知晓一二的。

结果，对这些异端分子的复杂形象，我们往往得到的是如此的印象，他们都是些让体面人见到想吐的小人，他们长发披肩，衣裳破烂，在最下层贫民窟的空地窖里居住着，从来不吃崇高的基督食品，以靠吃蔬菜生活，喝白水，远离女人，振振有词地叨念着救世主第二次下凡所说的预言，辱骂教士的庸俗与恶毒，对万物的内在规律还进行恶意攻击。

不过，的确有很多异教徒让人讨厌，这可能是那些自命不凡的人应有的下场。

很多异端分子以非神圣的热情追求神圣的生活，象魔鬼一样肮脏，臭气熏天，乡村的平静生活被真正基督存在的怪异荒诞的思想搅得鸡犬不宁。

然而，他们的勇气与诚朴还是非常值得别人赞许的。

他们得到的微乎其微，却失去了全部。

一直都是这样，他们一事无成。

可是，这个世界上的全部都趋于组织化。后来，为了个人成就，就算是那些完全不相信组织的人也会成立一个"无组织促协会"。热爱神话、沉浸于感情世界的中世纪异教徒也不例外。谋存的天性令他们聚集起来，某种不安全感令他们在自己的神秘教旨外面裹上了几层玄乎莫测的礼仪来加以掩护。

然而，忠诚于基督教会的大众却不能将这些教派区分开来。他们将一切的异教徒混为一谈，把他们叫做是肮脏的摩尼教徒或用别的不恭的词语，认为这样就能将问题解决。

这样，摩尼教徒成为了中世纪的布尔什维克，我当然不是说那时有个纲领明确的政党，正如几年之前在俄帝国建立的统治力量一般。我所说的是某种含糊不清的辱骂，现在的人也用它来诅咒自己的房东，因为倘若房东嫌开电梯的小子没有将电梯停在恰当的地方的话，便会向他索要房租。

摩尼教徒在中世纪的上等基督徒眼中是最令人讨厌的。然而他们又没有凭据来进行审判指控他们，就用道听途说之词来诽谤。在私下聚会中这种方法倒是很有成效，同普通的法庭审判相比还快些，可往往欠准确，引发了许多的冤案。

可怜的摩尼教徒的情况变得越来越糟，由于创始人波斯人摩尼是善良与仁慈的化身。他是一个历史人物，生于三世纪前叶一个名为艾克巴塔娜的小镇子上，父亲帕塔克是当地一个很有影响的财主。

他于底格里斯河畔的采斯芬受过教育，青年时所在的环境正如现在的纽约一样，网罗地球风云、语言杂乱、道貌岸然、不信神以及追求实利，任意空想的人。在从东西南北方熙熙攘攘探访美索不达米亚大商业中心的人群当中，诸多异端、宗教与教派都有他们自己的追随者，摩尼倾听着形形色色的说教与预言，将佛教、基督教以及犹太教混合在一起，再掺杂一点古巴比伦迷信，构成了一套自己的哲学。

假如对摩尼教徒偶尔将教义扯向极端的话，则摩尼仅仅是把古代波斯神话中的好坏上帝的说法复兴了。坏上帝总是同人的灵魂作斗争，万恶之神被摩尼和《旧约》中的耶和华联系在了一起（所以耶和华变成了魔鬼），将万福之神看成为马太福音中的"天父"。并且，（这儿能够体会到佛教对他的影响）摩尼觉得本质上人的肉体是邪恶，龌龊的东西，天性卑鄙，不管是谁都必须不停地磨砺体肤，节衣缩食，用以除掉自己的凡俗野心，这样才不会沦入万恶之神的魔掌之中，地狱之火才不会将其烧为灰烬。一大批禁忌都被恢复了，这不让吃，那不让喝，追随者们的食谱里仅仅是凉水、蔫了的蔬菜和死鱼。可能后一项条令会让我们惊叹不已，可是教徒们一直都觉得对人的不朽灵魂来说，海里的冷血生物会对其损伤小些，强于陆地上的热血亲族，那些人于愿死亡也不肯吃一块牛排，但吃起鱼来饶有滋味，无任何厌恶之感。

妇女们被摩尼视为草芥，这也证明他是个货真价实的东方人。他下令禁止信徒结婚，主张一步步灭绝人类。

至于犹太派创立的、洗礼者约翰提倡的洗礼与别的仪式，摩尼全部都深恶痛绝。所以即将就职的圣职人员只需行按手礼就行，无须将身子浸入水中。

二十五岁的那年，这个怪人开始向全世界阐释他的思想。首先他来到印度与中国，结果是相当的成功。随后他转回故里，将教义的祝福带到自己的邻国去。

然而，波斯教士们已觉察到，超凡脱俗的教义的成功令他们失去了一大片秘密收入，所以转向反对摩尼，希望对他施加极刑。最初摩尼受到国王保护，不过老国王死后，对宗教事务新国王一点兴趣都没有，让教士阶层裁决摩尼。摩尼被教士们带到城墙下，钉到十字架上，他的皮还被剥下来挂在城门前示众，用来警告那些对这一预言家的邪说感兴趣的人们。

随着同领导人物发生的激烈冲突，摩尼教会也自己分崩离析了。然而预言家的零碎思想却如诸多的精神流星一般，广泛地在欧洲与亚洲流传开来，在朴实贫苦的民众中在后来的世纪里产生了巨大的反响，大众不自觉地将摩尼的思想拣起来，认真审视它，发现它非常合乎自己的口味。

摩尼教是什么时候、如何进入欧洲的，我也无从知晓。

极有可能它是经小亚细亚、黑海与多瑙河流传来的。随后它翻越阿尔卑斯山，在很短的时间内于德国以及法国享有崇高的声誉。新教义的教徒们为自己起了个东方名字：凯瑟利，即"过纯洁生活的人"。苦恼的教义蔓延得如此迅速，使得在整个西欧，这个词同"异端邪说"并驾齐驱。

可是不要觉得"凯瑟利"由此形成了某一固定的教派，没有人有另立一种新教派的想法。摩尼教的思想给许多人都带来了深远的影响，但这些人却一口咬定自己不过是基督教会虔诚的儿子。这让这种特殊形式的异端邪说十分危险，不易察觉。

一些病菌的体积大得在省级卫生部门的显微镜下就能看到，相对来说由一般医生诊断因这种病菌所引发的疾病一点也不难。

不过上帝保佑我们千万不要受到在超紫外线照射下照样能生存的小生

物的侵害，原因在于这些小东西是要继承世界的。

用基督教的观点来说，摩尼教是社会上最危险的瘟病，组织的上层人物的头脑因它而充满恐惧，这在诸多精神苦恼还未来临以前是觉察不到的。

这些话仅仅是些窃窃私语，可是早期基督信仰的最坚定的支持者确实也明显地表现出了这种病的征兆。圣·奥古斯丁，这个十字军的伟大英勇的卫士曾经率先摧毁了异教的最后堡垒，可是据说他内心却向着摩尼教。

三八五年，西班牙主教普里西林被烧死了，他被指控倾向于摩尼教，成为了《反对异教法》的第一个试刀鬼。

就算是基督教会有头有脸的人物也慢慢被可怕的波斯教义吸引了。

起初他们劝告对神学一无所知的门外汉不要读《旧约》，后来十二世纪的时候还下达了著名的条令：全部的神职人员都必须是独身。不要忘记，在精神变革的主要人物身上顽固的波斯理想很快便打下了深深的烙印，让最值得人们爱戴的艾西斯的弗朗西斯制定了有着严格的摩尼式纯洁的新修道院法令，这让他获得了"西方的释迦牟尼"的头衔。

不过当自愿贫穷与灵魂谦卑的高尚理想一点点渗透到大众心灵之时，当又一场皇帝同教皇之间的战争来临之际，当国外雇佣军各自举起镶着十字架和苍鹰的旗帜为弥足珍贵的地中海岸弹丸之地在尸体上拼死拼活之时，当大批十字军带着从朋友和敌人那儿抢来的不义之财蜂拥而回之时，当修道院长与养着的一群阿谀奉承之徒在奢豪的宫殿穷凶极欲之时，当教士们骑马走过清晨熙熙攘攘的人群去享受狩猎早餐之时，一件不妙的事情已是注定会发生，并且确实发生了。

一点也不为奇的是，首先在法国的一个地方产生了对基督教现状的不满，即便那个地方古罗马文化传统能够维持得最长，可是野蛮却最终没能融入文明之中。

我们能够从地图上找到这个美丽的地方。它名为普罗旺斯，形状是一个三角形，由地中海——隆河——阿尔卑斯山组成。马赛是腓尼基人的殖民地，这个地方过去曾是、现在依然是此地区的重要港口，有很多富裕的乡镇和村落坐落在这里，这里有充足的雨水和明媚的阳光。

中世纪当欧洲大部分地区还在恭听披着长发的条顿英雄的野蛮故事的

时候，普罗旺斯的民间优秀歌手和诗人就已经发明了为现代小说奠定基础的新的文学形式。普罗旺斯人与邻国西班牙以及西西里很早就开始密切的商业交往，这让他们可以及时地接触到有关科学领域的最新书籍，可是在欧洲北部，这样的书却少得可怜。

这个国家里面，重现早期的基督运动趋势在十一世纪之前的十年就逐渐明朗。

可是不管如何牵强附会，这些理由都无法构成公开的反叛。一些小的村落里，有些人时不时含蓄地说，教士就应该与教民一样朴实无华；他们应该拒绝随从爵士们出征疆场（啊，让人无比怀念的古代牺牲者啊！）；他们应该学习些拉丁文，以便可以自己阅览福音书；他们对公众宣称反对死刑；他们矢口否认有"炼狱"存在这个世界，可在那稣死后的六世纪，官方就把"炼狱"看做是基督天国的必须内容；而且（最重要的细节是），他们分文不会向教会缴纳。

稍有可能，对牧师权威不屑一顾的叛逆首领就会被查出来，若他们拒不悔改，就会被扫地出门。

可是邪恶仍然在蔓延，最后他们不得不召齐各地的主教，在会议上商量用什么行动能够有效阻止这一煽动性很大的危险骚动。这个争执一直延续，直到一〇五六年。

这个时候已清楚地显示出，简单的惩罚和从教会驱逐是徒劳的。想要"淳朴生活"的朴素乡民只要一有可能在监狱的铁窗里表现出基督的仁慈和宽容的信条就兴奋不已，若有幸被判以极刑，他们就羊羔似的顺从地走向火刑柱。并且，就像中国诗句写的那样：死了夏明翰，还有后来人。一个人的牺牲总会换来更多前仆后继之人。

教会代表希望采用更加残酷的暴力来统治，而一些地方的贵族与牧师（因为了解平民本意）则因不同意教会观点而拒绝执行罗马命令，他们反对说暴力仅仅是能够更坚定异教徒反对理性的声音，只能是白白浪费时间与精力。如此，两种不同意见的争吵持续了整整一个世纪。

而十二世纪末，这场运动有了新的变化。

在北方，和普罗旺斯隔隆河相邻的小镇里昂，有位叫彼得·沃尔多的商人。他为人老成持重、正直善良、慷慨大方，满脑子都是追随救世主的楷模，这种思想深入骨髓。耶稣曾说过，让骆驼钻进针眼都比让年轻富有的人进天堂容易。整整三十代基督徒冥思苦想，想弄明白耶稣说这话时的真实含意。但是彼得·沃尔多不是这样，他深信不疑地读懂了这句话。他退出商界，把自己所有的一切全部送给了穷人，从此以后，便不再积攒财富。

约翰说道："汝等需自寻圣经。"

二十个教皇将这句话评论了一番，认真细致地制定了条条框框。规定在什么情况下一个普通人才可以不经教士指点自行钻研圣书。

彼得·沃尔多却不是这么认为。

约翰如此说："汝等需自寻圣经。"

那好吧，彼得·沃尔多就想自己读读圣经。

一些和圣杰罗姆的结论不相符的东西被他发现了，他于是将《新约》用自己的语言翻译出来，把手稿分发到普罗旺斯各个地方。

刚开始没有多少人注意他的活动。他对贫穷的热情仿佛毫无危险。他极有可能被说服，为愿意过真正艰辛生活的人创建某种新型的教堂的禁欲条令，他还责斥现有的教堂有点儿太奢侈、太舒服了。

为那些因信仰冲昏头脑而经常制造纷乱的人们找到适当发泄场所是罗马十分拿手的。

不过所有的一切都必须按照规章和先例来。这样来说普罗旺斯的"纯洁人"与里昂的"穷人"着实相当棘手。他们非但不把他们的行为告诉教皇，甚至还胆大妄为地公开宣称就算没有专业的教士指点，也不影响他们成为完美的好基督教徒，在自己的司法权限之外罗马主教无任何权力告诫平民他们的信仰以及应该怎样去做，就像培尔塔利的大公爵或者是巴格达的哈里发也无这种权力一般。

在那时教会正处于进退两难的境遇，实际上，它是等了很久才最后决定用武力来铲除这些异端邪说的。

然而倘若一个组织基于的原则是这样的：仅仅一种思想和生活方式是对的，除此之外的全部是臭名远扬、为人不屑的，这样的话，在它的权威受到质疑之时，它就肯定要用极端措施。

教会倘若这一点都做不到，就会生存不了，这最终迫使罗马立即采取果断措施，制定出一套完整的处罚条例，使后来的异教徒都心有恐惧。

阿尔比教徒（用阿尔比城命名的异教徒，此城是新教义的发源地）和沃尔多教徒（因他的创始人彼得·沃尔多闻名）的政治地位在国家中并不高，因此没有能力十分有效地保护自己，因而成为首批牺牲品。

普罗旺斯被某位教皇的代表统治了好几年，那位代表把那里看成被他征服的领地作威作福，后来被杀了。英诺森三世从中找到了干涉的借口。

他召进了一支正规十字军，进攻阿尔比与沃尔多教徒。

于四十天内自愿加入讨伐异教徒的远征军的人被允许在欠债中免交利钱，能够赦免过去与将来的所有罪孽，还被允许在很长一段时间内不用接受普通法庭的审判。这些好处相当可观，正是北欧人垂涎欲滴的。

进攻普罗旺斯那些繁荣昌盛的城市不但可以得到精神上的报答还能够得到经济上的实惠，千里迢迢的远赴东方的巴勒斯坦打仗所能获得的金钱和荣誉也不过如此，北欧人怎么可能会选择长途跋涉行军路程而不愿奔赴路程短一些的地方呢？

在那个时候，人们早已遗忘圣地，法国北部、英国南部、奥地利、萨克森以及波兰贵族绅士中的败类都跑到南方去躲避地方长官，把已经空空荡荡的钱箱重新填满，把所有灾祸一股脑推到富裕的普罗旺斯人身上。

十字军杀死、烧死、绞死或大卸八块的人的数目众说纷纭，我也不知道到底有多少万人丢了性命。各个地方于严肃的大规模执行死刑之后基本说不出具体数目，但一般在两千与两万间，与城镇大小有关。

贝济埃城被十字军占领后，那些士兵无法分辨出谁是异教徒，谁又不是，左右为难。这样的问题只能被送往随军的教皇代表精神顾问那里。

有人吼道："伙计们，上吧，把他们都杀死，一个也别放过。上帝才知道谁是真正的良民。"

曾有个叫西蒙·德的英国人。是个在战场上混了多年的正规十字军。他无比凶残，嗜血成性，一直用各种各样的方式变换着杀戮抢夺。作为对他的"功绩"的奖赏，大片刚被军队洗劫一空的土地成了他的战利品，他的手下也按照"功绩"分得各种赏赐。

还有残余的几个没有遭到杀戮的沃尔多教徒只能慌张逃入人烟稀少的庇耶德蒙山谷，并且他们建立了一个独立的教会，一直持续到十六世纪的基督教改革运动。

阿尔庇教徒的命运比沃尔多教徒更加悲惨。遭遇百年的的杀戮与绞刑之后，这个名字在宗教法庭的报告中不存在了。但又过了三个世纪，阿尔庇的教义稍换面貌之后又重新出现，首倡者是个叫马丁·路德的撒克逊教士。这个新出现的教义掀起了一场宗教改革，这令一千五百年来的教廷垄断就此宣告结束。

幸运的是，这些事情成功瞒过了英诺森三世的敏锐的眼睛，让他错误地认为困难局面已经过去，绝对的服从信条又重新建立了。《路加福音》一书里有一条非常有名的故事，说的是一个想举办晚会的人，他看见宴席上有位子空着，还有几个客人没到，就跟仆人说道："到大路上去，把他们拉进来。"这条命令现在重新出现了。

"他们"，说的是异教徒，被拉了进来。

教会面临的问题是如何让他们留下来，这个问题经过了很多年才得到解决。

因为地方的一些法庭没有能够完成他们的使命，例如，阿尔庇教徒首次造反的时候组织的特别调查法庭就在欧洲其他首都如雨后春笋般冒出来。法庭对一切的异端邪说都单独审判，后人就称这些为"宗教法庭"。

直到今天宗教法庭早就已没有了任何作用，而这个名字还是让人们有心惊肉跳之感。我们似乎看到了在哈瓦那的黑牢房，里斯本的逼供室，克拉科夫满是锈迹大铁锅和红色的烙铁，棕色的兜帽，还有黑色的面纱，和一个长着肥大下颌的国王目不转睛盯着一列列一眼望不到头的男男女女缓缓地向绞架走去。

十九世纪后期出现了几部通俗小说，这些书的的确确把那些令人发指的野蛮行为记录了下来，这中间百分之二十五的内容被人们看做是作者的想象，还有百分之二十五被看做是异教徒的偏见，即便如此，剩余的血腥也足以能够说明全部的秘密法庭都是让人无法忍受的恶魔，在现代文明中这绝对无法被世人容忍。

亨利·查理利在呕心沥血写出的八卷书中向人们描述了宗教法庭的所作所为。这里我把这些缩减成两三页，想用这简简单单的几句话给中世纪最繁杂的问题一个精准恰当解释是痴人说梦，因为并没有哪个宗教法庭能够和现在的最高法院或国际仲裁法庭相提并论。

各种各样的宗教法庭存在于各个不同国家，而每个都有着自己与众不同的使命。

其中最负盛名的是西班牙的皇家宗教法庭与罗马的圣宗教法庭。前面的一个有一定的局部性质，负责监督着伊比利亚半岛和美洲殖民地的异教徒。

后面一个的触须则往欧洲各个地方伸去，圣女贞德在北部大陆被烧死，乔达诺·布鲁诺在南部有着同样的命运。

认真来说，宗教法庭没有杀死过一个人，确实如此。

死亡的过程是这样：先由教士组成的法庭宣布罪名，之后异教罪犯就被送往非宗教的政府机构手中，他们再选择自己认为恰当的形式处置那些异教徒。但若是政府机构没有判处他们以死刑，就可能招惹来更多的麻烦，甚至有可能会被驱逐出教会或是失去教廷的支持。如果异教徒"有幸"逃离此难，没有被押送到地方当局，这些事也并不是没有发生过，那么前面将会有更大的苦难在等待着他，因为他的余生将会因在宗教法庭的牢房独自忍受煎熬，直至孤独死去。

正是因为在火刑柱上痛痛快快一死比在监牢的黑暗中慢慢发疯而死在心理上会好受一些，所以很多被冤枉的囚犯就无畏的大包大揽，把各种罪名归于自己名下以求一死。

要谈论这个话题而不带任何偏见是非常困难的。

令人难以置信的是，在这灾难的五个多世纪里，世界各处有成千上万什么都不知道的无辜平民仅仅是因为多嘴和邻居道听途说的谈论而被人夜半三更从床上拉起，在黑暗污秽的监狱中度过几个月或几年，无奈悲痛地等着既不知名又不知姓的法官来审判。没有人会告诉他们所犯何罪，也没有人告知他们证人是谁，即不许请律师，也不许与外界联系。若是有人一味坚持说自己没有犯罪，就很可能会受到非人的折磨直至四肢都被打断或是更惨，异教徒可以揭发控告其他异教徒，可替他们说的好话只能是从风中吹过。如此命运的结果是直至他们被处死时却连自己为何而死都不知道。

更让人难以相信的是，即使已经死去五六十年的人也不会得到安宁，他们会被从坟墓中挖出来并被判罪，而他们的后裔还得因此受到惩罚，在先辈去世五六十年后还要被荒谬地夺去财产。

可事实如此，由于分享这些没收来的财物正是宗教审判者敛财的重要手段，所以这种荒唐的事屡见不鲜不足为奇，一个连相貌都没有见过的祖父据传做过一件事而后果是孙子们变得身无分文、一贫如洗，这种事屡有发生。

只要是看过二十年前全盛时期的沙皇俄国报纸的人都知道何为暗探。这些暗探都喜欢装扮成"悲伤"的样子并热衷于引人注目的事情，例如扮成故作姿态小偷又或是早已金盆洗手的赌徒。他们神神秘秘地使人艰难的知晓他们的"悲凉过去"和深深的创痛促使他们参加革命，这些无耻的掩盖却常常能够骗取真心反对帝国统治的人的信任，而只要他探知新朋友的秘密，就立刻跑去警察局告密，无耻地将犒赏装进腰包，然后到另一个城市上演这卑鄙勾当。

十三至十五世纪期间，南欧与西欧的街道上到处是这样居心叵测的私人暗探。

他们赖以生存的方式就是靠告密，而告密的对象是那些被传出对教会或是对教义中的几点持怀疑态度的人。

如若这些人没有嗅出异端邪说者的味道，便会人为地制造出几个。

暗探是知道的，被举报的人不管是否清白无辜，残酷拷打下也会让他们乖乖承认罪名。他除了良心就不必担任何风险，可以毫不犹豫永不停歇靠出卖自己的良心过活。

有很多国家，任何人都可以匿名告发他人思想不端，时不时的告发让人们心怀恐怖。最终，这种制度导致连最亲密的伙伴都不敢轻信，就连家人也互怀戒心，全无信任。

满城风雨的恐惧被管理宗教法庭大量工作的托钵僧毫无顾忌的利用，大约两个世纪中他们搜刮了大量民脂民膏。

的确这样，我们可以毫不夸张地说，宗教改革的很大因素就是无数平民对这些盛气凌人的乞讨者深恶痛绝了，他们是披着羊皮的恶狼，混进安分守己的公民家里，睡最好的床，吃最好的饭，还趾高气扬地说他们应该被奉为上宾，应该快活的生活着。这些乞讨者唯一本领就是恐吓人们说，如果他们认为自己没有得到足够的尊重，就向宗教法庭告发施主。

教会完全能够答复说，宗教法庭如此做的起到思想健康检查官的作用，发誓全部的职责就是杜绝错误思想在群众中广泛流传。它还能够举出例子说明对那些因为愚昧无知而误入歧途的这类异教徒的宽厚仁慈。甚至扬言宣称除了叛教者以及屡教不改的人以外基本上没人被处死过。

可是这又怎么样呢？

一个能够让无辜的人变为罪不可恕的死囚的鬼把戏，也能够让他表面上悔过自新。

密探和伪造者从来都是好朋友。

在密报的行当之中，几封伪造出来的文件又有什么值得奇怪的呢？

八、求知的人

现代的不宽容如古代高卢人一般，能够分为三种：懒惰产生的不宽容，无知产生的不宽容以及自私自利产生的不宽容。

第一种可能是最普遍的。各个国家与社会每一阶层都可以看到，特别是在小村庄与古镇上更为寻常，并且不单单在人类的范畴之中。

我们家的一匹老马在生命中的前二十五年在考利镇温暖的马厩度过了安定的生活，无论如何也不愿到西港的一样温暖的谷仓里去，原因很简单，一直以来它都住在考利镇，对这里的一砖一瓦都十分的熟悉，因而明白每天在康涅狄格州的美丽的风景中漫步时不会受到陌生事物的惊吓。

到目前为止我们的科学界耗费了巨大精力研究早已销声敛迹的波利尼西亚群岛的语言，但很可惜，他们忽视了狗、猫、马以及猴子的语言。可是，倘若我们知道名叫"杜德"的马和曾经考利镇的邻居说些什么，我们将听到一场空前激烈的不宽容的大发泄。杜德已不再是小马驹了，很多年以前它就已经定型，因此它认为考利镇的习惯、礼节与风俗都很顺眼，可西港的习惯、礼节与风俗就完全不对劲，到死它都会这样觉得。

正因这种不宽容让父母对子女的愚昧行为连连叹息，令人们荒诞地向往"过去的好日子"，让野蛮人和文明人都穿上不舒适的衣服，令这个世界到处充斥着多余的废话，也让那些怀有新思想的人成变成了人类的敌人。

然而即便这样，相对来说，这种不宽容还是无害的。

我们大家迟早都会因这种不宽容而遭罪。曾经，它让数以百万的人背井离乡，令那些渺无人烟的地方成为了永久的居民点，否则到现在那些地方依然会是一片荒凉。

第二种不宽容还要严重一些。

愚昧的人单单因为他对事物的一无所知就能够成为非常危险的人物。

可是，倘若他还因自己的智力不足而穷加辩解的话，那就变成了一个更为可怕的人了。在他的灵魂里建立起了高高的堡垒，自我感觉良好，他站在咄咄逼人的要塞的最高点，对所有敌人（也就是不同于他的偏见的人）发起挑衅，质问他们有何活在世上的理由。

这类人不但苛刻还很卑鄙。他们一直生活在恐惧里，非常容易变得残酷不择手段，喜欢折磨他们讨厌的人。"上帝的特选子民"的观念正是从这类人当中冒出来的。并且这种幻觉的受害者常常假想他们同无形的上帝存在着某种联系，借以壮胆，为他们的不宽容辩护增色。

例如，他们一定不会说："我们将丹尼·迪弗尔送上绞刑台，是因为他威胁到了我们的幸福，我们对他深恶痛绝，就是喜欢绞死他。"他们聚集到一起召开氛围庄重的秘密会议，花上几个小时、几天或是几个星期对上面说的丹尼·迪弗尔的命运加以详尽地研究，最终判决一经宣布，丹尼这个或许是仅仅搞了些诸如小偷小摸的人便俨然成了罪大恶极的最可怕的人物，竟敢违背上帝的意志（这意志只是私下授给那些上帝特选的子民，也只有上帝的选民才可以理解），因而对他执行判决是神圣的使命，法官也因此有勇气给撒旦的同伙判罪而光耀门楣。

老实忠厚、心地善良的人与野蛮粗鲁、嗜杀成性的人一样，极易受到这个最为致命的幻觉的迷惑，这在历史学与心理学上早已司空见惯。

一批批的人们兴高采烈地观看一千名可怜的牺牲者受难，他们绝对不是杀人凶手，是正直虔诚的老百姓，他们自己甚至还认为是在上帝面前做一件荣耀高兴的事情。

若有人给他们提到宽容，他们会加以反对，认为这是不光彩地承认自己道德意识的衰退。或许他们自己本来就不宽容，可是在那样情况下他们反而会以此为豪，嘴里还振振有词，在潮湿冰冷的晨光里站着丹尼·迪弗尔，他身穿藏红色衬衣与点缀着小魔鬼的马裤，一步步缓慢有力地走近执行绞刑的市场。围观的人等绞刑一结束，就回到舒适的家里，饱饱地吃一顿熏肉与豆角。

难道这本身不就足以证明他们所做所想是对的吗？

否则他们怎么会是观众呢？何不同死者调换一下位置？

不可否认这个观点是立不住脚的，可却十分常见，也很难给以回击，人们对自己的思想便是上帝的思想这样的观念深信不疑，所以完全没法明白自己会有何错误。

余下的第三种不宽容是由自私自利导致的，事实上它是嫉妒的一种表现，就像麻疹一样普遍。

耶稣来到耶路撒冷教导人们说，凭借屠杀十几只牛羊是得不到万能上帝的垂爱的，所以全部靠典礼祭祀过活的人都诽谤他是危险的革命者，在他还未从根本上对他们的大股收入有所危害之时，便设法将他处死了。

过了几年，圣保罗到达艾菲西斯，宣传某种威胁珠宝商买卖的新教义，由于那个时候珠宝商贩卖当地的女神黛安娜的小塑像而赚取大量钱财，因而金匠行会差点要用私刑把这个不受欢迎的侵入者处死。

有些人靠某种已建立的崇拜来谋生，还有些人却要将人们从一个寺庙引到另一个寺庙，在他们之间一直有着公开的战争。

在探讨中世纪的不宽容时，我们应该记住要对付一个十分复杂的问题，仅仅是在极个别的情况下我们才可以遇到三种不一样不宽容中的一种。在引发我们注意的迫害案件里，三种情况常常并存。

加入一个组织拥有了雄厚的资金，统治数千英里的土地以及拥有数以万计的农奴，便会将所有怒气与能量都发泄在想重新建立朴实无华的"地上天堂"的农奴身上，这是十分自然的。

如此一来，消除异端邪说就成为了经济上的需要，属于第三种——因自私自利导致的不宽容。

可是还有一种人承受到了来自官方禁令的压力，这便是科学家。这一问题更显复杂。

为了很好地理解教会当局对那些试图揭示大自然奥秘的人所执有的恶劣态度，我们必须倒退几百年，看看六世纪的欧洲到底发生了什么。

野蛮人的入侵如洪水猛兽一般无情扫荡着欧洲大陆各个角落。在浑浊的脏水里还杂乱地矗立着几个古罗马的国家组织。不过，城墙里面的社会已经消亡，书籍被波涛海浪卷走，在新型的无知泥潭下艺术也被人们遗忘。收藏馆、博物馆、图书馆以及一点点累积下来的科学资料，全部的这些，都被亚洲中部的野蛮人用作火把点了篝火。

我们有十世纪图书馆的一些目录。至于古希腊的书籍（君士坦丁堡除外，那个时候君士坦丁堡被看做是远离欧洲中心的地方，正如现在的墨尔本那么远）西方人所拥有的也少之又少。这样说似乎让人难以置信，可是书确实是没有了。为了熟悉古人的思想，学者们颇费苦心，可找到的不过是亚里士多德与柏拉图著作中很少章节的翻译（译文也非常拙劣）。想学习希腊的语言也没有老师教，只有几个希腊僧人，他们是在拜占庭的神学争辩中被迫放弃自己的家园逃到法国或意大利避难的。

拉丁文的书倒是有很多，可是大多数是四世纪与五世纪才写成的。所剩无几的古手稿被多次漫不经心地转抄，倘若不花费一生心血专研，古代文学就完全没发看懂。

至于科学书籍，除去欧几里德的某些最简单的几何作图题幸免之外，别的书籍无论在哪所图书馆都找不到，更为可悲的是，这些书也并非为人所需。

那个时候统治世界的人用仇视的眼光来看科学，完全不鼓励数学、生物学以及动物学领域进行的独立钻研，更不用说医学与天文学了，它们地位低下，不被人们所重视，一点实用价值都没有。

现代人想要理解这些情况确实很困难。

对于二十世纪的人来说，都信仰进步，即伊每个人的角度不一样，我们不知道能不能让世界趋近于完美。可是都认为应该要试一试，这是我们的神圣职责所在。

是的，进步已成为某种势不可当的趋势，这样的信念有的时候仿佛成了整个国家的国教。

可是中世纪的人没有，也不可能有这样的想法。

曾经希腊试图实现一个充满乐趣的美好世界，不过这样的美梦不过是昙花一现！政治的动荡不安无情地将它摧残，席卷了整个国家。以后的几百年里的希腊作家都成了悲观主义者，他们凝视着曾一度是乐土的废墟，悲观地认为人世间所做的一切努力，都是徒劳无功的！

另一方面，从近一千年延绵不断的历史中，罗马作家得出这样的结论，从人类的发展中某种蓬勃向上的潮流应运而生，罗马哲学家们，其中最闻名的是伊壁鸠鲁，也饶有兴致地为更幸福、更美好的未来教育下一代。

随后基督教来了。

人们关心的中心点从这个世界转到了另外一个世界。人们立刻坠入黑暗的地狱里，没有希望地逆来顺受。

那个时候的人是卑劣的。他们的天性与喜好都有邪恶的成分。他们沉溺于罪孽之中不可自拔，出生于罪孽之中，在罪孽中过活，后来在对罪孽的忏悔中死去。

然而旧的失望同新的失望间存在着某种差异。

希腊人深信自己比别人更加聪明，得到了更好的教育，对那些不幸的野蛮人还心生怜悯。不过他们从不觉得他们的民族因为是宙斯的选民而同别的民族有任何差别。

相反地，基督教一直都没有脱离过他们的老祖宗。将《旧约》看成自己信仰的一本圣书之后，基督教徒便继承了难以置信的犹太教义，认定他们的民族和别的民族"不同"，只有那些表示信仰某种官方建立的教义的人才可以有希望得到拯救，别的人则注定是要沉沦的。

有些人精神上的谦卑很缺失，认为自己是数以万计的同类中的得天独厚之人，上文所说的思想肯定会给他们带来很大的直接好处。在好多至关艰难的年代中，这样的思想将基督徒成为了紧密联系、自成一体的整体，在异教泛滥的汪洋大海中超然地漂浮着。

对于特图利安、圣·奥古斯丁以及别的埋头将教义写成文字形式的人们来说，在向东南西北每一方向延伸的海洋里的所连接的别的地方发生了怎样的事，同他们一点关系都没有。他们最终希望的要到达某处安全的海岸，在那个地方建立起上帝之城。至于别的努力奋斗的人要达到或完成的事情，同他们毫无干系了。

所以，他们给自己创造了有关人的起源与时空界限的新型的概念。埃及人、巴比伦人、希腊人以及罗马人发现的秘密一点也引发不了他们的兴趣。他们真诚相信，随着基督教的诞生，过去一切有价值的东西已不复存在了。

例如有关地球的问题。

古代科学家觉得地球是数十亿星球中的一个。

基督徒从根本上将这样的观点抛弃了。在他们看来，他们赖以生存的小圆圈是宇宙的中心。

地球是专门为一群特殊的人创建的临时栖身之地。它的来龙去脉非常简单，《创世纪》第一章已描写得一清二楚了。

当到需要确定上帝钟爱的人在地球上生活多长时间的时候，问题就变得更加复杂了。大型的古物、被掩埋的城市、灭绝的怪物以及已成为化石的植物遍布各个地方，到处都是。然而这些东西能被驳倒、忽视、否认或硬说是不存在。所有的这一切做完之后，再确定创世纪的具体日期就非常容易了。

在这样的宇宙里，所有的一切都是静止的，从某年某月某时开始，在某年某月某时结束。地球的目的仅仅是为了某个教派而存在，完全不给数学家、生物学家、化学家和诸如此类的人探索求知留任何余地，原因在于这些人所关心的不过是普通规律与时间空间的永恒无限。

确实，相当多的科学家抗议说，在内心里他们是上帝虔诚的儿子。可是正牌的基督徒都更加明确地觉得，倘若一个人真心实意地认定要热爱与忠于信仰，便知道得不会那么多，也不会有如此多的书。

有一本书就已经足够了。

这本书便是《圣经》，书里的每个字母、每个逗号、每个冒号以及每个感叹号都是得到神示的人所写的。

倘若帕里克利时代的希腊人要是晓得世上有这样一本所谓的圣书，书里包括支鳞片爪艰涩难懂的民族史、含混模糊的爱情诗、半痴半疯的先知们描写的虚无缥缈的梦幻以及对因某种原因而恼怒了亚洲诸多部落神灵的人大段大段的恶意痛斥，他们是不会感兴趣的，只会觉得好笑。

然而对于"文字"，三世纪的野蛮人佩得五体投地，他们觉得，这是文明的奥秘之一，当他们所信奉的一届教会会议将这样一本特别的书作为完美无瑕和无懈可击的经典推荐给他们之时，他们于是便诚惶诚恐地一一接受，将它看成是人类已知或希望能够知道的全部，谁要是否认天国，在摩西与以赛亚规定的界线以外去进行任何探索，谁便会遭受他们的迫害。

愿意为原则而死的人确实有限。

可是，一些人对知识的渴望是压抑不了的，蓄势已久的精力应该有发泄的地方才可以。结果，求知和压制的矛盾冲突使得另一株弱小无味的智力幼苗产生了，后来人们把它叫做是"经院学派"。

这要回溯到八世纪中期。法兰克国王小佩潘爱妻伯莎生了个儿子，相较于善良的路易王他更有理由被称为是法国人的恩主圣人，由于百姓们为了路易王的释放而必须交付约八十万土耳其金币的赎金，为了报答百姓的忠诚，路易王曾准许他们建立自己的法庭。

这个孩子在接受洗礼的时候起名叫卡罗鲁斯，好多古代宪章的结尾处都可以看到他的签字。他签字的时候有点笨拙，可是对拼写他向来是马马虎虎的。他年幼时学过法兰克文与拉丁文，可是他的手指因为在疆场上同俄国人与摩尔人决斗而得了风湿，非常不听使唤，后来他打消了写字的想法，将当时最好的书写家请来当秘书，给他签字。

在整整五十年里这个驰骋沙场的老兵只穿过两次"城市服装"（罗马贵族所穿的外袍），还以此为豪，可是他确实了解学习的价值，将王宫改造成了私立大学，教授他的孩子以及别的官员的子女。

这个西方的新皇帝身边当时簇拥着许多的名人，他自己也饶有兴致地和他们打发业余时间。他对学院式的民主非常崇拜，甚至将礼节都放弃了，还如大卫兄弟那般积极参加诸多讨论会，准许地位最低下的学者和他一起辩论。

不过，在审视他们讨论中感兴趣的话题时，我们自然会联想到田纳西州任意一所乡间中学的辩论小组的选题。

至少这些人是很天真的。倘若说八〇〇年的情况确实是这样的话，则一四〇〇年的情况一样也不例外。这没法责怪中世纪的学者，应该说他们的头脑与二十世纪的后人同样地敏捷活跃。他们的境遇与现代化学家以及医师有相同的地方，然而尽管他们有着调查研究的充分自由，可是他们的行为和想法却不能违反一七六八年的第一版《大英百科全书》，原因很简单，化学在那时还是一个不大为人所知晓的科目，外科也经常同宰杀相提并论。

结果（我将自己的比喻有点混淆了），即便中世纪的科学家有雄厚的智力与能力，可试验的范围却很狭隘，正如在一辆旧汽车的底盘上安装一台罗尔－罗伊斯牌的现代引擎一般，一踩油门一连串故障就会出现。当他可以安全操纵、依照规定与交通规则驾驶这台古怪的新东西时，已变得荒唐之至了，就算费上天大的牛劲，也不能到达目的地。

当然，对于他们必须遵循的进度，出类拔萃的人总是十万火急的。

他们千方百计想摆脱教会走狗无休止的监视。他们书写了卷帙浩繁的书籍，说明他们承认是对的东西的反面，用以暗示出内心深处的思想。

他们做出诸多掩人耳目的假象：穿上了奇怪的服装，屋顶上挂着满满的鳄鱼，架子上摆着装有怪物的瓶子，为了将左邻右舍从前门吓跑在炉子里烧些气味难闻的草药，这样就得到某种声誉，说他们是对人无害的经神病患者，能够畅所欲言地胡说八道，无须对自己的思想负很大的责任。慢慢地他们形成了整整一套科学的伪装，甚至在现在我们也无法判断出他们的真实意图。

几百年以后，对科学与文学新教徒也像中世纪教会一般一点也不宽容，在这里就不多说了。

大宗教改革家们能够淋漓尽致地大声疾呼与谩骂，却从没未将恫吓转化为反抗的具体行为。

罗马教会却不这样，它不但有致异教于死地的能力，并且一旦时机成熟就得以施展。

对那些喜好抽象地思考宽容与专横跋扈的理论价值的人，前面所说的差异倒不足挂齿。

不过，对那些必须作出选择——是当众宣布放弃信仰还是受鞭笞——的可怜虫来说的话，这差异却提出了一个十分现实的问题。

他们有时缺乏勇气表达自己认为是对的东西，希望将时间废弃在《天启录》中野兽名词的纵横填字谜上，对此我们也不用太苛求他们。

我能肯定，倘若倒退六百年，我是不敢写现在这本书的。

九、向书开战

我发现历史越来越难写了。就像是我从小学拉小提琴，然而到三十五岁突然别人给我一架钢琴，希望我同克拉威尔演奏能手一样生活，原因在于"钢琴也是音乐"。我已学会了某一领域的技巧后，却不得不从事另一种完全不一样的工作，我所学的是凭借某种明确建立的秩序对过去发生的事情加以观察，也就是由皇帝、国王、大公以及总统在众议员、参议员与财政秘书扶持下比较有效地管理的国家。并且在我年幼之时，上帝依旧被大家认定是心目中掌管所有的万物之尊，一定要不失礼节地崇拜才可以。

后来爆发了第一次世界大战。

旧的秩序被打倒了，皇帝与国王被废除，不负责任的秘密委员将负责的大臣取代，在世界的相当多的地方，议会颁布的敕令将天国的大门关闭了，官方将某个已死的经济学雇用文人认作古今一切先知的继承者。

当然全部的这些都不会持续很长时间，可这却让文明再过几百年才可以赶上来，可是到那时我早已离开人世了。

我一定要充分利用现在所拥有的一切，不过这并非易事。拿俄国的情况来讲吧。我大约二十年之前在这个所谓的"圣地"待过一段时间，那时我们的外国报纸中总有差不多四分之一的篇幅被涂抹得漆黑，技术上称其是"鱼子酱"。这样的涂抹是为了擦去小心谨慎的政府不想让心爱的臣民们知道的一些内容。

这种监督被整个世界看做是"黑暗时代"的复苏，无法容忍，西方伟大共和国的人留存了几份被抹有"鱼子酱"的美国的可笑报纸，让本国老百姓看，要他们明白举世闻名的俄国人事实上是落后的野蛮人。

我是在比较开明的社会环境中长大的，社会对米尔顿的格言十分信仰："最高形式的自由是依据自己的良心自由地认知、阐述和辩论的。"

就如电影上描写的一样，"开战了"，因而我看到过去的时代，《神山布道》被宣称是危险德国文件，不准许在千百万王国臣民中到处流传，编辑与印刷商要是出版了它就会被罚款或有牢狱之灾。

全部的这些似乎在表明，相对研究历史而言，搞短篇小说或是经营房地产更为明智些。

可这是服输认栽，我必须坚持自己的工作，尽量铭记在秩序井然的国家里，所有的正直公民都应有权说明、思考以及陈述自己觉得是对的的东西，只要不对他们的幸福造成影响、不打乱文明社会的礼仪以及不违背当地警局制度就可以。

当然，这让我备录在案，变成了一切官方出版审视的敌人。依我之见，警方所要追查的应该是那些为了谋取暴利而印刷的色情杂志与报纸。至于别的，谁想要印什么就让他去印吧。

我说这些并非说我是理想主义者或是改革家，我追求实际，最反感浪费精力，对过去五百年的历史也十分熟悉。这段历史清晰地表明，一切对文字与言论的所有暴力压制都无任何好处。

蠢话就如同炸药一般，只有放在狭窄密封的器皿里，再凭借外力的打击，才可以产生危害。倘若让一个可怜虫去演说，最多他只可以招来若干个好奇的听众，他的一片苦心只会成为别人的笑柄。

同一个人，假若被大字不识的粗鲁的地方长官戴上手铐，送往监狱，再判个三十五年的单独囚禁，他便会成为众人同情的对象，最后还会被予以烈士的美名。

可是要记住。

不单单有为好事献身的烈士，也还有为坏事丧命的亡命徒，后者手段较高明，对他们下一步要干什么，人们无从得知。

所以我主张，让他们去说去写吧。假如说的是至理名言，我们就要明白，要不然，就会很容易被忘记的。这点似乎被希腊人意识到了，在帝国时代之前罗马人也是如此做的。不过在罗马军队总司令成为半神半人的帝国人物、成为朱比特的远房亲戚、远远地离开了普通百姓时，所有的一切就都改变了。

"欺君犯上"的滔天罪名被新鲜出炉了。这是政治罪，自奥古斯都时代到查士丁尼当政时期，很多人单单因为上谏直言稍加冒犯，就被投进了监狱。可倘若罗马皇帝被人们束之高阁，不去搭理他，也就没什么避讳的话题了。

当教会统治世界的时候，一切美好的时光都一去不复返了。

在耶稣死后没几年，善和恶、正统和异教之间就产生了明确的分界线。一世纪后半期，在小亚细亚的依弗索斯周边圣徒保罗周游了相当长一段时间。那儿的护身符与符咒早已闻名于世。保罗到处传教，驱赶魔鬼，得到了很大的成功，让一大批人承认了自己的异教错误。作为忏悔的象征，人们在天气晴朗的某天，手拿魔法书聚集在一起，价值一万多美元的秘密符咒被烧毁，在《使徒行传》第十九章你便能够读到这样的记载。

可是这完全是出于忏悔的人的意愿，《使徒行传》上并没有说曾经保罗禁止过别的依弗索斯人阅读或私藏这些东西。

直到一个世纪之后，才迈开了这一步。

依弗索斯城的一些主教下令，只要载有圣徒保罗的书都是禁书，忠贞不渝的信徒不该阅读。

在此后两百年里，被禁封的书不多，因为问世的图书也屈指可数。

然而尼卡会议（三二五年）以后，基督教变成了罗马帝国国教，对书面文字的审阅自然而然地成为教士日常工作的一个部分。有些书绝对是禁止的。还有些书被称之为"危险品"，且有警告说，阅读这样书的读者要小心性命不保。在出版作品之前，作者最好还是先得到当局的批准，确保平安无事，这成为了某种制度，作者的手稿一定要送当地主教审核。

就算是这样，作者也无法保证著作能够久存于世。这个教皇宣布这本书没有害处，他的继承人却会宣布它是亵渎的，不正派。

可是总体来讲，这样的方法却也比较有效地保护了撰写人免于自己同在羊皮纸上的著作一起被烧毁。那时的书籍还依靠手抄相传，一套三卷本的出版要花五年时间，因而这项制度相当奏效。

不过谷登堡的发明将全部的一切都改变了。他还有一个别名叫古斯弗雷什。

自十五世纪中期之后，在不足两星期内一些有魄力的出版商便能够出版四百到五百本之多的书籍，在一四五三年到一五〇〇年的暂短期间，西欧与南欧的读者竟然得到了不少于四万册不同版本的书籍，这相当于那时较大的图书馆历年积累的所有藏书。

书籍数量出人意料地迅速增长，让教会充满了担忧。明明知道某个异教徒在阅读守抄的《马太福音》，却不可以轻易逮捕他，否则对有着两千万册编辑整洁的书籍的两千万异教徒又将怎样处置呢？他们给当权者的思想造成了直接威胁，看来不得不派定某个特别法庭审查以后一切的出版物，决定哪些能够出版，哪些永不能见天日。

这个委员会常常公布些书目，觉得这些书包含"犯禁知识"，所以臭名昭著的《禁书目录》产生了。它的名声同宗教法庭差不多一样的狼藉。

对印刷出版的监督有人觉得是天主教会所独有的。事实上这一点都不公正。很多国家的政府也怕出版物蜂拥而至，对国家的安宁造成威胁。他们早已强迫出版商将书稿送往检查机关审核，只要是没有盖上官方批准大章的书都不可以出版。

可是除罗马以外，无任何国家将这种做法延至今日，就算罗马的境遇同十六世纪中期完全不一样。这也是势在必行。出版工作进展十分迅猛，红衣主教为审查各种印刷而组织的"《禁书目录》委员会"，即红衣主教会议，很快就应接不暇、对付不了了。除书籍之外，还有小册子与油印纸稿，有报纸、杂志还有传单的形式，如来势汹涌的洪水冲击过来，再勤奋的人也不可能在两三千年内通读一遍，更别说是审查分类了。

对不幸的臣民统治者采取了恐怖专横的手段，可自己也因为专横而自作自受。

罗马帝国的塔西陀就曾在一世纪宣称自己"反对迫害作者"，觉得"此乃愚蠢之事，绝无公众注意之书籍亦会因此而大放异彩。"

《禁书目录》将这个论断证实了。宗教改革一举成功。大执禁读书目地位与日俱增，变成想完整了解现代文学的读者的指明灯。这些还不算。十六世纪的德国与低地国家的野心勃勃的出版商在罗马有长期驻守的耳目，专门网罗被禁止或被删节的最新书籍，得到后便由特别信使策马加鞭翻越阿尔卑斯山与莱茵河，用最快速度送往赞助人手里。随后德国与荷兰的印刷厂开始工作，夜以继日抢印特别版，用高价卖出，经大批职业书贩悄悄运往禁令森严的国家。

然而毕竟偷运过境的书非常有限，并且在某些国家，比方说意大利、西班牙以及葡萄牙，《禁书目录》直到最近还非常猖厥，压抑政策的后果着实心惊胆寒。

这些国家假如在进步的竞赛中落伍了，原因很好找，由于大学生非但不可以使用国外的教科书，就连必须使用的国内产品也都是下等货，质量低劣。

最可悲的是，《禁书目录》让人们心灰意冷，无任何心思再进行文学和科学的研究了，由于头脑健全的人不希望耗费心血写下一本书，无能无知的检查官却将它"修改"得七零八落，要么就让无学识的宗教法庭调查委员会校订得改头换面。

他宁愿钓钓鱼，或是去化装舞会与酒馆来打发时间。

说不定他会坐下来，在对自己与人民的彻底失望中写下唐·吉诃德的故事。

十、有关普通历史书籍，特别是这本书

我谨向已对现代小说厌倦了的人强烈推荐伊拉斯谟信札，当年这位学识渊博的求知者收到了诸多比他更加温顺的朋友的来信，里面也不缺乏那些老生常谈的警告。

×行政长官曾这样写道："听说您正准备写一本有关路德之争的小册子。请注意掌握方法，因为您也许会无意触怒教皇，教皇希望您可以平安无事。"

或这样写："某个刚从剑桥回来的朋友告诉我您正准备出版一本散文集。看在上帝的情份上，一定不要惹皇帝不愉快，他有至高的权力，说不定会严厉地惩罚你。"

一会是卢樊主教，一会是英格兰国王，一会是索邦大学，一会又是剑桥大学可怕的神学教授，诸多方面都得考虑到，否则作者就会失去经济来源，得不到官方保护，还会落入宗教法庭的手中，车裂而死。

现在，轮子（除用作运载工具以外）作为刑具已降格放在古老的博物馆里了，在近百年里宗教法庭已关门闭户，对致力于文学的人来说，官方保护毫无实用价值，历史学家聚在一起之时对"收入"一词更是缄口不谈。

然而，听说我要写一本《宽容史》时，另一种形式的劝告与忠言都涌进我那与世隔绝的陋室。

"哈佛大学已拒绝黑人进宿舍，"某个书记官这样写，"请一定要在书中提一下这件令人遗憾的情况。"

或者是这样说："某家弗拉明格的食品店的老板公开宣称自己是罗马天主教徒，当地三 K 党已经对他开始发出攻击，在您撰写宽容故事之时一定会对这提几句吧。"

诸如此类，不胜枚举。

不用说，这样的情况都非常愚蠢，应该受到严厉的指责。可是似乎它们不在论述宽容的著作范畴之中。它们不过是恶劣行径与缺乏正派的公共精神的体现，同官方形式的不宽容差异很大，官方的不宽容是同教会与国家的法律息息相关的，它让老实本分的百姓将受到的迫害当做是神圣的职责。

依巴奇豪特所说的，历史应像伦勃朗的蚀刻画一般，生动的光辉被洒在了最好最重要的事情上，至于别的，都留在了黑暗之中。

就算是现代的不宽容精神发疯般地爆发时期，报纸也忠实地将这一切记载下来了，从这里让我们也能看到了希望的前途。

在前辈人眼中好多事情可能合乎情理，附上"一直都这样"的批语，本该理所当然地被人们所接受，可在目前却要引发激烈的争执。常常一些人会拍案而起，捍卫某些观念，可父辈与祖父辈却觉得这些观念是滑稽的幻想，没有任何实际用处，他们时不时向令人讨厌的下层民众的精神世界发起进攻，获胜的次数还很多。

这本书一定要短小精悍。

生意兴隆、财源广进的典当行老板竭尽所能阿谀奉承，独占一方的北欧人的荣誉已有所折损，偏远地区的福音传教士没有知识，农民教士与巴尔干的犹太法学博士偏执己见顽固不化，全部的这些我都没有功夫谈及了。他们一直伴随着我们，人品都还可以，只是思想糟糕透顶。

可是只要官方不支持他们，相对来说他们倒也无害，在些开明的国家里，有害的可能性已彻底解除了。

个人的不宽容非常让人讨厌，它会让社团内部产生很大的不快，比麻疹、天花以及嚼舌根妇人加在一起更加让人不舒服。然而个人的不宽容不会对人的生命造成威胁。倘若个人的不宽容扮演了刽子手的角色，正如有的时候一些国家的情形那般，就超出了法律界限，成为了警方注意的对象。

个人的不宽容不能建立监狱，也无法让整个国家规定人们应该想什么、说什么、吃什么以及喝什么。倘若真要这样做了，就势必会招致一切正派百姓的强烈抗议，新法令就变成了一张白纸，就算在哥伦比亚地区也不能执行。

总而言之，个人的不宽容只能够以自由国家的大部分公民不介意为最大极限，不可逾越。可是官方的不宽容却不是这样的，它的权力浩大无边。

除了自己的力量以外，它不承认其他任何权威。

官方的不宽容一旦肆意乱为，便能够置无辜的人于死地，也从来都不做任何悔改补救的事情。它不听任何辩解，还凭借"神灵"来支持自己的决定，随后将"天国"的旨意花言巧语辩解一番，仿佛打开生存之谜的思想是刚在大选中获得胜利的人全权掌控一般。

这本书假如三番屡次地将"不宽容"一词当成"官方的不宽容"来解释，倘若我很少谈到个人的不宽容，那请读者多多体谅。

我一次只可以做一件事。

十一、文艺复兴

我们的土地上有一个学识渊博的漫画家，他经常问自己，地滚球、猜字游戏卡、小提琴、洗涤过的衣服以及门前的擦鞋垫子是如何看待这个世界的？

然而，那些受命操控大型现代化攻城炮的人的心理反应如何是我想知道的。很多人在战争中从事各种各样奇怪的工作，可哪一个比发射贝尔塔型巨炮还要荒诞呢？

其他的士兵多少都明白自己在干什么。

从飞腾而起的红光中飞行员能够判断煤气工厂是否被击中。

潜艇指挥官能够两三小时后浮出水面，通过遗弃的残骸判断是否成功击中目标。

壕沟里的可怜虫只要坚持待在某个战壕里就能够守住阵地，心里也暗暗自得。

就连野外的炮兵朝着看不见的目标射击之后，也能拿起耳机，同藏在七英里之外某棵枯树上的战友询问，目标物教堂塔尖是否有坍倒的迹象，需不需要变换个角度再打一次。

可是，那些运用贝尔塔型巨炮的兄弟们却生活在奇怪幻想的世界中。他们冒失地将炮弹射向天空，却预见不了炮弹是何命运，就是博学的弹道学教授也无可奈何。可能炮弹真的将目标击中了，或许落到了兵工厂或其他要塞中心。可是它也有可能打中教堂或孤儿院，或悄悄地潜到河底或扎进墓穴，什么伤害都没有造成。

依我看，在很多方面作家和攻城炮兵有雷同的地方。他们也在操纵一种重型火炮，说不定他们的文学炮弹会在最不可能的地方引发一场革命或动乱。可是通常发射的往往是可怜的哑弹，没有生息地静躺在周边的田野里，最后作为废铁，或是制成了雨伞架与花盆。

确实，在如此短的时间里，耗费了那么多纸浆，在历史上这是非常罕见的，这个时代便是人们通常所说的"文艺复兴"。

意大利半岛上的每一个托马索、里卡多与恩里格，条顿大平原上的所有托马西医生、里卡都斯教授与多米尼·海因里希，都匆匆忙忙地印制出自己的作品，用的纸张最小也是十二开，更别说效仿希腊人写的美丽动人的十四行诗的托马西诺与学着罗马祖先的美文文体写颂歌的里卡蒂诺了。还有难以计数对古币收藏、雕塑、塑像、图画、手稿以及古代盔甲热衷的人们，差不多整整三十世纪废寝忘食地将刚从前辈的废墟里挖出来的东西归类、整理、绘表、登记、存档以及编纂，用数不清的对开纸印出册子，再配有精丽的铜版与特制的木刻。

印刷术的发明将谷登堡摧毁了，却让弗劳本、阿尔杜斯、爱琴尼和别的新印刷公司发了一笔横财，从强烈的求知欲中他们大捞油水。然而，在当时的世界——作家们生活的十五、十六世纪——文艺复兴的文学产品并未产生很大的功效。贡献新思想的人不过是寥寥无几的毛笔英雄，他们如那些开大炮的朋友一般，未能亲眼目睹自己所取得怎样大的成功，作品导致了多大的毁坏。不过，总的说来他们铲平了进步大道上的所有障碍。我们应多谢他们彻底地清除了成堆的垃圾，要是没有他们，这些垃圾还会阻碍我们的思想的。

可是严格来说，早期文艺复兴并非"向前看"的运动。它对不久消失的过去持鄙视的态度，称上一代人的书籍是"野蛮"之作（或者是"哥特式的野蛮"之作，原因在于哥特人一度曾与匈奴人一样声名狼藉）。文艺复兴的主要志趣是在艺术品上，艺术品里蕴涵着某种叫做"古典精神"的东西。

确实文艺复兴将良知的自由、宽容以及更加美好的世界大大振兴了，可是运动的领袖们并不愿意这样做。

早在这之前很长一段时间，就有人提出这样的质疑，罗马主教有何权力强行命令波希米亚农民与英格兰自由民一定要用哪国语言来祷告，一定要以怎样的精神学习耶稣的教诲，一定要为自己的放纵付出怎样大的代价，一定要读哪些方面的书以及如何教育子女。他们对这个超级王国的力量公然蔑视，却因它被打得粉身碎骨。甚至他们还宣扬或代表过一场民族运动，但还是以失败而告终。

伟大的简·胡斯余火未灭的骨灰被残酷地掷入莱茵河，这是对全世界的宣告：教皇体制依旧是至高无上的统治。

官方执刑人将威克利夫的尸体焚烧了，它向列斯特夏的下层平民告知，枢密院和教皇还可以将手伸入坟墓中。

显而易见，正面的攻击没有可能。

"传统"这座坚不可催的堡垒是在十五个世纪里凭借巨大的权威慢慢地一点点建成的，依赖外力攻击休想将它占领。在这些高墙堡垒之中也是丑闻不断。三个教皇间大动干戈，都说自己是合法的，是圣彼得的唯一继承者；罗马与阿维尼翁教廷非常腐败，制定法律不过是为了让人通过花钱来疏通自己所犯下的罪行；君主的生活道德腐败；好多贪财谋利之人以人们与日俱增的炼狱恐怖做幌子，威逼可怜的父母给死去的孩子缴纳钱财以求平安，全部的这些都是为人所共知的，但对教会的安全却构成不了任何威胁。

不过，有些人对基督教事务漠不关心，不感兴趣，对教皇与主教也不是特别的痛恨，胡乱放了几炮，便让这座陈旧的大厦倒塌了。

布拉格的"苍白瘦小的人"对基督美德的崇高理想充满向往，可是他没有做到的事情却让一群杂混的老百姓实现了，这些人没有别的野心，只想做世界一般善事的赞助者，活着与死去（最好是老死），做圣母教会的虔诚的教徒。

他们来自欧洲的四面八方，代表各个行业，假如当时的历史学家把他们所作所为的原本用意点破，他们还会发火。

拿马可·波罗来说吧。

众所周知他是个非凡的旅行家，看过很多奇光异景，也难怪生活在西方城市巴掌大地方的人们把他称为是"百万美元的马可"。他是这样向人们描述的，他看到的黄金御座足有宝塔那样高，大理石石墙的长度就像从巴尔干至黑海的距离，逗得大家大笑不已。

这个小家伙毫无办法了，可是在进步的历史中他起了至关重要的作用。他不善文辞。对文学也有着同时代同阶层的人的偏见。一个绅士要做的应是挥舞宝剑而不是挥着鹅毛笔，所以马可先生不想当作家。可是，战争让他进了热那亚的某个监狱。为了消磨枯燥的铁窗生活，他将自己一生的奇怪故事讲述给同牢的一个可怜作家听，依靠这种间接的途径，许多对过去一无所知的事情，欧洲人终于了解了。马可·波罗头脑非常简单，他偏执地认为在小亚细亚他见过一座山被某个虔诚的圣人挪动了两英里，那是因为圣人想告知异教徒"真正的信仰可以做到什么"；他也很容易相信好多广为流传的故事，有关没有脑袋的人与三只脚的鸡，然而他讲述的事情战胜了前一千三百年中的一切，因而把教会的地理学理论推翻了。

马可·波罗的一生都是教会虔诚的信徒，谁要是将他同差不多是同时代闻名的罗吉尔·培根相提并论，他还会很不高兴。培根是个真正的科学家，为了追求知识，整整十年他都没有写作，还因此被囚禁在监狱里十四年。

然而这两个人中波罗还是要危险一些。

在十万个人中最多仅有一人会跟上培根的思维，研究娓娓动听的进化理论用来颠扑当时的神圣观点，但只学过 ABC 的平民们却都能够从马可·波罗那儿知道世界上还有着《旧约》作者没有想到过的东西。

我并不是想说在世界还没有得到一丝的自由之前，单单靠出版一本书就可以引发对《圣经》权威性的反叛。一般的启蒙教育是几个世纪艰苦准备的结果。可是，探险家、航海家以及旅行家质朴的宣言却获得了大家的理解，对怀疑论精神的兴起来说，这起了非常大的作用。怀疑论是文艺复兴后期的显著特点，它准许人们去说去写那些不过是在几年前还能让人落入宗教法庭的魔掌的言论。

拿薄迦丘《十日谈》的奇特的故事为例，他的朋友们经佛罗伦萨出发，进行饶有趣味的长途旅行，第一天就听到了这样的故事。故事里说一切宗教体制都可能或对或错。不过倘若这个说法成立，一切宗教体制都对错相当，则好多观点就没法证实或否定，既然这样，为什么持各种观点的人还要被送上绞刑台呢？

著名学者洛伦佐·瓦拉的探险更为奇特。他死的时候是罗马教会政权中受人崇敬的政府官员。不过他在研究拉丁文的时候却无懈可击地证明说，传说中有关康斯坦丁大帝曾经将"罗马、意大利以及西方全部省份"赠予西尔敏斯特教皇的说法（此后的历代教皇都以这为依据，在整个欧洲欺压百姓）不过是个荒唐的骗局，是在皇帝死去几百年之后教皇法庭里的某个无名的小官编造而成的。

也可回到更加实际的问题，看看那些一直都受圣·奥古斯丁思想影响的虔诚基督教徒。曾经圣·奥古斯丁教导他们说，地球另一端的人所具有的信仰是亵渎与异端的，那些可怜虫们不会见到第二次的基督降临，所以完全没有理由在这个世上活着。可是，当一四九九年达·伽马的首航从印度回来，把他在地球另一边看到的人口密集的王国描绘一番的时候，这些虔诚的基督徒该怎样看待圣·奥古斯丁的教义呢？

这些头脑过于简单的人总是被告知说，我们的世界是一个平面的圆圈，耶路撒冷是宇宙的中心。可是在"维托利亚"号环球航行后平安归来，这说明了《旧约》中的地理有诸多严重错误，这些人到底应该相信谁呢？

我把刚才所说的重复一遍。文艺复兴并非一个自觉钻研科学的年代，让人遗憾的是，在精神领域中缺少真正的志趣。这三百年的所有事物中作为主导地位的是对美与享乐的渴望。即便教皇暴跳如雷反对某些臣子的异端邪说，然而这些反叛者只要健谈、懂些印刷与建筑学，他却也非常乐于邀他们共进晚餐。对美德的热情鼓吹的人，比方说撒沃那罗拉，与不可知论者都具有一样大的危险，青年不可知论者相当聪明，在散文和诗歌里抨击基督信仰的观念，并且言辞激励，如狂风激浪般。

人们将对生活的新向往表露无疑，不过里面却暗藏着某种潜在的不满，对现今社会与拥有着至高权力的教会给人类理性发展的束缚充满反感。

薄迦丘与伊拉斯谟隔着近两百年的间隔。在这两世纪中，抄写匠与印刷商一刻也未消停过。除教会自己出版的书籍之外，一切重要的书籍基本上都间接地暗示着，因野蛮入侵者导致的混乱局面将希腊与古罗马文明取而代之了，西方社会落入了愚昧的僧人统治之下，世界就陷入了相当凄惨的灾难。

对伦理学，马基雅维里与罗伦佐·美第奇的同代人并不十分感兴趣。他们追求头际，对现实世界很会加以利用。他们表示要同教会和平相处，因为它是一个强大的组织，魔爪很长，会给人带来非常大的害处，因而从未参加改革的尝试，或是对管辖自己的制度提出质疑。

不过对过去的事的探求之心他们总也不能得到满足，他们从不间断地追求新的刺激，活跃的思想相当不安定。在这个世界上人们从小就竖信"我们知道"的观念，可是从这时开始人们提出了这样的问题："我们真的知道吗？"

相较于彼特拉克的十四行诗集与拉斐尔的画集来说，这更值得后世纪念。

十二、基督教的改革

当今心理学教给了我们一些有用的东西，其中之一便是，我们很少出于某种纯粹单一的动机而做某件事情。不管我们是给一所新大学慷慨捐赠一百万美元，还是连一个铜板也不愿给忍饥挨饿的流浪汉，无论是宣称说真正的自由生活只有在国外才能得到，还是发誓永不再离开美国海岸，不管是坚持将黑说成白，还是把白当做黑，总不会是出于一种动机让我们作出决定，在心里面也明白。不过，要是我们真敢对自己以及身边的人老实承认这点，则我们在众人面前的形象可就显得寒酸可怜了。因为天性，我们还是要从诸多动机中选出一个最值得钦佩最有价值的一个加以修饰，好迎合大众口味，然后公布出来，把它称为"我们做某事的真正原因"。

然而即便这能够在多数场合下蒙蔽大家的眼睛，却无任何方法蒙骗自己，就算是蒙骗一分钟都不行。

这条让人尴尬的真理大家都心知肚明，因从有了文明开始，人们便狡猾地达成共识，在一切公共场合都不将它戳穿。

我们内心如何想，这是完美自己的事。只需外表保持道貌岸然的样子，就会打心眼里感到满足，因而就很愿意遵守这样的原则："你相信我的谎言，我也相信你的。"

大自然却无礼仪的限制，在我们的普通行为准则中它是个例外，所以它很少可以被准许跨进文明社会的神圣大门之中。由于历史迄今为止，不过是少部分人的消遣物而已，因而名为克莱奥的可怜女神到现在都还过着百无聊赖的生活，特别是同不如她体面的姐妹们相比的话，更是这样。自开天辟地以来她的姐妹们就能够自由地唱歌跳舞，被邀请参加所有的晚会，这当然会让可怜的克莱奥产生无比的愤恨，她不停地施展手段，试图报复。

报复属于人的天性，但却很危险，在人类的生命与财产中往往索价昂贵。

每每这位老妇人同我们揭露几百年流传下来的大量谎言之时，整个世界的安宁幸福就被打乱，人们陷入了动荡之中，狼烟弥漫，成百上千的战场将世界包围。一排排骑兵团开始横冲直撞，一队队步兵缓慢地爬过大地。后来，全部的人都回到自己的家中或墓地，整个国家陷入荒凉的境地，数不清的金银珠宝枯竭成最后的一文钱。

就像前面所讲的，现在我们的同行已开始认清，历史不但是科学，还是艺术，它受一成不变的自然法则的支配，而迄今这种法则却只在化学实验室与天文台得到推崇。因而，我们开始进行十分有用的科学大扫除，这无疑是造福子孙后代。

这终于将我带入了本章开头的题目，即基督教改革运动。

直到不久之前，对这场社会与思想的大变革仅有两种观念，一种是全盘肯定，另一种是全盘否定。

持前种看法的支持者觉得，这是一次宗教热情的突然爆发，教皇龌龊统治与受贿令有些品德高尚的神学家大为震惊，自己建起独立的教堂，向真心实意要当基督徒的人传授真正的信仰。

依然忠于罗马的人一定不会有这么高的热情。

依据阿尔卑斯山另一端的学者的观点，宗教改革是一场可憎可恶的叛乱，若干个龌龊的王宫贵族不想结婚，还想得到本应属于教会圣母的财产，于是密谋闹事。

通常来讲，双方都对，却又都错。

宗教改革是各色各样的人出于种种不同的动机造成的。直到前不久我们才开始明白，宗教上的不满仅仅是这次大叛乱的次要原因，事实上它是场避免不了的社会与经济改革，神学的背景可忽略不计。

假如要教导我们的子孙，让他们相信菲利浦王子是开明的统治者，对改革后的教旨他相当感兴趣，这绝对要比同孩子们解释说一个无耻政客是怎样通过阴谋诡计，在向别的基督徒宣战时接受异教的土耳其人的帮助要简单得多。所以几个世纪以来，这个野心勃勃的年轻伯爵被新教徒打扮成仁慈慷慨的英雄，事实上他想看到的结果是黑森家族取代一直以来执政的世敌哈斯堡家族。

另一方面，假使克莱门特主教能够被比为可爱的牧羊人，将他的最后精力都徒然地用在保护羊群上，不希望它们跟随错误的领头羊而误入歧途，较之将他描绘成典型的美第奇家族的王子更容易让人们所接受，由于宗教改革被美第奇家族看成是一群酒后闹事的德国僧人的不光彩打闹，并利用教会的力量扩大意大利的利益。所以，倘若在天主教的课本里，我们看到这个传说中的人物朝我们微笑，我们丝毫无须讶异。

在欧洲这种历史应该是必要的，可是既然我们在新世界上幸运地站稳了脚跟，就不用坚持欧洲大陆祖先的错误观点，而应自由地得出自己的结论。

菲利浦是路德的好友与支持者，尽管他有着强烈的政治抱负，在宗教信仰上却不能说他不虔诚。

他完全不是这样。

一五二九年当他签订著名的《抗议》书时，他同别的签名者都明白，他们会"受到狂风暴雨般的严酷打击"，说不定会在断头台上了结一生。倘若他没有非凡的勇气，就无法将他实际上扮演的角色扮演好。

可是我要说明的是，历史人物得到启发做了某些事情，也不得不放弃一些事情，可假如不深切明白他的各种动机，要给他（或是对我们所熟知的人）下断语是非常困难的，也可说是没有可能。

法国人有句谚语："了解一切便是宽恕一切。"这样的解决方法似乎太过简单。我想作点补充，修改为："了解一切便是理解一切。"在几百年以前善良的主已将宽恕的权利留给了他自己，我们还是让他去学着宽容吧。

我们可低就一点，尽可能去"理解"，对人类有限的能力来说这样的要求已经很高了。

现在还是让我回到宗教改革上面来，这个题目令我把话题扯远了些。

我的"理解"，早先这个运动是种新精神的体现，它是前三百年里经济与政治发展的结果，后来被人们称做是"民族主义"，因而它同外来的国上之国是不共戴天的仇敌。过去的五百年里欧洲各国都不得不看那个国上之国的脸色行事。

要是不同仇敌忾，就不会让德国人、芬兰人、丹麦人、瑞典人、法国人、英国人以及挪威人紧密团结起来，形成某股强大的力量，把长期监禁他们的监狱围墙摧毁掉。

要是没有一个伟大的理想暂时将各自的险恶嫉妒之心加以收敛，超脱于个人的仇视与野心，宗教改革也不可能会成功。

相反地，宗教改革将会成为一连串小规模的地方性起义，单单一支雇佣军团与几个精力充沛的宗教法官就能够将他们轻而易举地镇压下去。

宗教改革的领袖就会重复胡斯的厄运，他的追随者们也会如同曾经被杀的沃尔登学派与阿尔比格学派的人一般被下令处死。教皇统治集团会将又一次轻而易举的胜利记录下来，接连而来的就是对"违反纪律"的人们施加施雷克里克式的恐怖统治。

虽然改革运动胜利了，不过成功的范围却小得可怜。一经胜利，对反抗者生存的威胁便解除了，新教徒的阵营便马上瓦解成无数敌对的小组织，在已极大缩小的范围之内重复敌人当政时的全部的错误。

某个法国主教（遗憾的是我忘却了他的名字，他是个聪明绝顶的人）曾说过，不管人类处于何等境地，我们都必须热爱它。

我们以局外人的身份回顾一番，在近四百年的时间内，人们曾充满着希望，可同时却也陷入了更大的绝望当中。多少善男信女怀着崇高的勇气，为了自己的理想，在断头台与战场上抛头颅洒热血，可是理想却并未得以实现。我们也瞧一瞧上百万默默无闻的小市民，为认定某些圣神的东西而牺牲；还包括新教徒的起义，他们本来的意愿是想建立更加自由开明的世界，却失败了。人们的博爱之心因此受到极为严峻的考验。

实话实说，新教义上剥夺了这个世界许多美好、高尚的东西，又添加了不少狭隘、可恶以及丑陋的货色。它非但没能让人类社会更加简朴和谐，反而让它更加复杂、毫无秩序可言。可是，要说这是宗教改革的过失，还不如说是大部分人生来具有的弱点导致的。

他们不想慌张行事。

他们完全跟不上领导者的脚步。

善良的愿望他并不缺乏，他们最终会跨过通向新天地的天桥。不过他们要选择最好的时机，并且还不想放弃祖宗留下来的传统。

原本宗教大改革是想在基督徒与上帝间建立某种绝对新型的关系，去除曾经的所有偏见与腐败，然而它却被追随者头脑中的中世纪的包袱弄得杂乱不堪，既无法前进又不能后退，马上就发展成一个同它深恶透顶的教廷组织没有两样的运动了。

这就是新教徒起义的最大悲剧，它无法从大部分支持者的庸俗理智中脱离出来。

结果，西部与北部的人并不像所期望的那般获得长足的进步。

宗教改革运动没有产生那个所谓从不犯错的人，却贡献了一本据说是完美无瑕的书。

没有出现一个拥有无上权利的执政者，却涌现了千千万万个小当权者，每个人都希望在自己的范围里作为领袖。

它没有将基督世界一分为二，一半是统治者，一半是非统治者，一半是真正的信徒，一半是异端之人，而是产生了不计其数个有意见分歧的小团队，相互满意共同的地方，还对那些与自己意见不一样的人充满仇视。

它并未建立宽容的统治，而是依照早期教会，一旦得到权力，凭借数不清的宗教手册、教旨与忏悔筑起了一道坚不可摧的防线，于是公然宣战，对不赞同他们社团的官方教义的人进行无情的打击。

不过在十六、十七世纪的思想发展中，这是避免不了的。

要形容像路德与加尔文那般领袖的勇气，仅有一个词，说起来十分吓人：巨大无比。

德国边远地区有一所潮汐大学，那儿的一位教授是个淳朴的多明我会僧人，他竟敢公开烧毁了某项教皇训谕，用他叛逆思想强烈敲打教会的大门。还有位体弱多病的法兰西人，他将瑞士的一个小村镇改造成了一座堡垒，毫不将教皇的力量放在眼里。这样的事例展现了大众的刚毅坚强，堪称绝无仅有，现今世界也没有可与之相媲美的。

这些胆大妄为的反叛者在很短的时间里就找到了朋友与支持者，只不过这些人都怀有个人目的，那些支持者也不过是浑水摸鱼，好在这并非该书所要探讨的问题。

反叛者们为自己的良知用生命的代价来赌博之时，不能卜测出世界将会是什么样子的，也预计不到最后北部大部分国家会云集到自己的麾下。

可一旦他们卷入自己引发的旋涡之中，便只能随波逐流了。

不久，如何让自己保持在水面之上的问题让他们精疲力竭。在千里之外的罗马教皇终于知道，这场令人讨厌的动乱比多明我会与奥古斯丁修士间的争吵还要严重得多。它是某个法国牧师的阴谋。为了讨诸多资助人的欢心，教皇暂时停止建造心爱的大教堂，召开会议商讨发动战争。教皇的训谕与驱逐出教会的命令飞送到四面八方，帝国军队开始出击。叛乱的领袖们无路可退，只得背水一战。

伟大的人物在残酷的冲突中丧失平衡的观念，在历史上这已不是第一次了。路德曾经大声疾呼，"将异教徒烧死是违背圣灵的"，可几年之后，只要他想起可恶的德国人与荷兰人竟有倾向于浸礼教徒的思想，就咬牙切齿地痛恨，基本上达到了疯狂的地步。

最初这个无畏的改革者还坚持觉得，将自己的逻辑体系强加于上帝是不应该的，可是到最后却烧死了理论明显胜他一筹的敌人。

到明天，今天的异教徒就成为一切持异见者的大敌。

加尔文与路德时常谈论新的纪元，到那时黑暗过后最终还是会出现曙光，不过在有生之年里他们一直是中世纪传统的虔诚后代。

在他们看来，宽容从头到尾就不是也不会是什么美德。在他们没有容身之所之时，还情愿乞灵于对自由充满信仰的神圣权力，用来作为攻击敌人的论点。仗一旦打赢，这个深得人心的武器就会被小心地放到新教徒的废品库的某一角落，同别的好多善良的意愿一起被当成没有实用价值的东西扔掉。它待在那儿，被忽略，被遗忘，直到过了好多年之后才从满载旧式说教的木简后面被找出来，人们将它捡起，抹去污迹，再一次走进战场，不过运用它的人的本质已完全改变，同十六世纪初期奋战的人毫不相同。

可是对于宽容事业，新教徒革命也作出了很大贡献。这并非革命自身取得的，这方面的收益甚微。可是宗教改革的全部结果却间接地促进了诸多方面的进步。

首先，它让人熟悉了《圣经》。教会从未勒令人们禁止读《圣经》，可也没有提倡普通百姓研究这本圣书。目前终于每个正直的面包匠与烛台制造师都能够拥有一本圣书了，能在工棚里独自钻研它，得出结论，没有必要担心会在火刑柱上被烧死。

熟悉能够将人们不得而知的神秘事物面前的恐惧感抵消。在宗教改革后的两个世纪以来，虔诚的新教徒对自己从《旧约》中读到的全部都相信，从巴拉姆的驴子至乔纳的鲸鱼。那些勇于质疑一个逗号的人（学识渊博的阿伯拉罕·科洛威斯的"带有启发性的"元音点）明白最好不要让别人听到他们怀疑的偷笑。这并非是由于他们依旧害怕宗教法庭，而是由于新教牧师偶尔会让他们的生活很不愉快，众说纷纭的指责所产生的经济后果就算不是毁灭性的，也会相当严重。事实上这本书是一个由游民与商人组合而成的小民族的历史，不过长期不断地专研它却慢慢产生了后果，这是路德、加尔文以及别的改革者预见不到的。

倘若他们预见到了，我可以肯定他们会同教会一样，反感希伯莱文与希腊文，小心翼翼地不让《圣经》落入那些凡夫俗子的手中。最后，越来越多治学严谨的学者不过是将《圣经》作为一本有趣的图书赏析，他们觉得，里面的大量描写凶残、贪婪以及谋杀的血流成河、令人发指的故事一定不是在神的指示下写成的，依照内容的性质判定，那仅仅是处在半野蛮状态的民族的结果。

从那以后，好多人自然而然地不再将《圣经》看做是唯一的智慧源泉。只要自由思考的障碍被解除，被阻塞了近一千年的科学探索潮流就顺着自然形成的渠道奔腾而下，从二十个世纪以前丢下的地方开始。被废弃了的古希腊与古罗马哲学家的成果又重新捡了起来。

从宽容的角度来看，还有一点更加重要，宗教改革将西欧与北欧从某个权力专制中解脱出来，尽管这个专制披着宗教组织的外衣，可事实上却是罗马精神专制的不打折扣的翻版。

信仰天主教的人们对这些观点很难苟同，可对这场运动他们也会怀有感激之心，那是因为它不但无法避免，而且给他们的天主教义也带来了许多好处。原本，天主教会这个曾一度神圣的名字已经成为贪婪与暴虐的代名词，因而教会才绞尽脑汁，想方设法将这些指责清除掉。

获得的成功还是相当的辉煌。

十六世纪中期之后，梵蒂冈容忍不了波尔吉亚人了。当然，教皇同从前一样，依旧都是意大利人，事实上要想改变这种规矩是不可能的，就好比古罗马时期在选举教皇时受信任的大主教们要是挑选出一个德国人、法国人或别的任何一个外籍人，下层民众肯定会将城市闹得天翻地覆。

新教皇的选举非常慎重，只有最德高望重的人才有可能当选。在忠诚的耶稣会会士辅佐，新主人开始进行彻底的大清洗。

肆意胡为的事情不再发生了。

修道院的教士必须研究（也就是服从）修道院创始人制定下来的规矩。

在文明城市中，行乞的僧人消失的无影无踪。

人们对宗教改革的嗤之以鼻的态度已消失，继而到来的是热烈向往圣洁有益的生活，行善事，尽所能帮助那些无力承担生活负担的不幸之人。

就算是这样，教会还是没有把已失去的大片疆土收复回来。按地理概念来看，欧洲北半部人依然信奉新教，只是在南半部保留了天主教信仰。

可是，倘若我们用图画将宗教改革的成果来说明，则欧洲实际产生的变化就更加清晰明了了。

在中世纪，有一所包罗万象的精神与思维的监狱。

新教徒的造反把旧的建筑摧毁了，并用现成的原有材料建立了一所自己的监狱。

一五一七年后，出现了两座地牢，一座专为天主教徒而建，另一座是为新教徒而建。

最少原定计划是这样。

然而新教徒没有受过长达几百年的进行迫害与镇压的训练，他们没有经验，试想建造某个没有反对者的禁地，却以失败而告终。

大批不受管束的囚徒从窗子、烟囱以及地牢的门口逃出去。

过了不多久，整幢地牢大厦濒临崩溃。

到了晚上，异端者便整车地把石头、大梁以及铁棍搬走，第二天早晨用这些东西建造了一座自己的小堡垒。它的外形与一千年以前格雷戈里大帝建造的普通监狱极为相似，可是内在却不大坚固。

一旦堡垒投入使用，一旦新的规定与制度被张贴在门口，大量不满于现状的教徒便一窝蜂地出走了。他们的上司，也就是现在的牧师教长因为从未掌握过旧式执行纪律的方法（驱逐出教会、严刑、处决、没收财产以及流放），只好束手无策地站在一旁观望这群下定决心的乱民。这帮叛逆按照自己的神学所好建起了一道防卫木桩，宣布了一套暂时能迎合他们信仰的全新教旨。

这一过程总是往复，在不同的禁地之间，最后形成了精神上的"无人区"，求知者能够在这儿自由闲逛，正直的人们能够任意瑕想，不会受到阻拦与干扰。

这便是新教给宽容事业带来的害处。

它重新建立了人的尊严。

十三、伊拉斯谟

每一本书的撰写都会出现危机，有时在前五十页危机就出现了，有时却到稿子即将完成的时候才冒出来。确实，倘若一本书没有危机，正如一个孩子没出过天花一样，说不定这就是问题之所在。

在几分钟前这本书的危机就出现了，由于我觉得在一九二五年撰写论述宽容思想的书籍似乎非常荒谬，也因到目前为止我为这本基础研究而花费的心血与艰辛劳苦或许徒劳无功。我非常想用伯里、莱基、伏尔泰、蒙田以及怀特的书点火，并想将我自己的书籍丢进火炉。

这要如何解释呢？

原因有很多。第一，作者和自己定下的命题如影相随，一起生活得太久，难免也会心生厌倦。第二是怀疑这类书无任何实用价值。第三是担心对这本书会不会给那些不宽容的同胞们抓到把柄，运用书中某些不重要的史料给他们自己的可憎行为进行辩护。

可是除了上面说到的问题（这些问题在大部分严肃书籍中也确实存在），这本书还有一个克服不了的困难，也就是它的"结构"。

一本书要想获得成功，一定要有开头和结尾。这本书倒是有一个开头，不过会有结尾吗？

这便是问题的所在之处。

我能够将许多骇人听闻的罪行举出来，表面上他们打着公正和正义的旗帜，事实上却是不宽容导致的。

我能够描述那些不宽容被抬举到了至高无上美德的地位的痛苦日子。

我能够大声痛斥与嘲弄不宽容，直到我的读者一齐高呼："打倒这个可怕的东西，让我们所有的人全都宽容吧！"

然而有件事我做不到。我说不清如何才可以达到我竭尽全力追求的目标。目前有形形色色的手册给我们讲述世界上的诸多事情，从饭后闲谈到怎样表演口技。上星期天我看到一张函授课程的广告，学院保证学生的水平能登峰造极，有不少于二百四十九个题目，并且费用非常少。可是至今没有人提出有四十（或四千）个课时中怎么讲明白"如何做到宽容"。

据说历史是可以解开很多秘密的钥匙，但却不能帮助我摆脱这样的危机情况。

确实，人们可写出大部头的专业书籍，谈谈奴隶制度、自由贸易、死刑以及哥特式建筑，由于这些问题相当明确和具体。就算无任何资料，至少我们还能够研究在自由贸易、奴隶制度以及哥特式建筑中大显身手或极力反对的男女们的生平。从这些优秀人物探讨他们命题的方法，从他们的个人爱好、社会圈子，从他们对食品、饮料以及烟叶的喜好，又或是从他们穿哪样的马裤，我们都能够对他们热情拥护或恶毒诋毁的理想得到一些结论。

但是没有人将宽容当做是自己的职业。热情从事这项伟大事业的人具有很大的偶然性。他们的宽容不过个副产品。他们追求的是其他的东西。他们是政客、作家、国王、物理学家或是谦虚的美术家。在国王处理的事务中，在行医与刻钢板中，他们有时间赞美宽容几句，可是为宽容而奋斗却并非他们毕生的事业，他们对宽容的兴趣仿佛对下象棋与拉小提琴的爱好一样。这伙人十分古怪混杂（想想斯宾诺沙、弗雷德里克大帝、托马斯、杰弗逊以及蒙田竟会成为知己！），要发现相互间性格中的共同之处基本上是不可能的，即便通常来讲，做相同工作的人都有共同的性格，无论这个工作是从戎、探测还是将世界从罪孽中解救出来。

因而，作家极易想求助于警句。世界上各种进退维谷的困境都能用一句警句来应对。可在这个特殊问题上，《圣经》、莎士比亚、艾萨克·沃尔顿又或是老贝哈姆都没留下任何东西给我们。或许乔纳森·斯威夫特（依我的记忆）接近这个问题，他说，大部分人凭借足够多的宗教信仰去憎恨旁人，却无法爱别人。让人遗憾的是，我们目前的困难是这条真理还不能完全解决。有些人对宗教的熟悉不比任何人差，也从心里仇恨别人。有些人对信仰宗教不感兴趣，却对野猫、野狗以及和基督世界的人类倾注了许多爱心。

不，我一定要得出自己的答案。经过完全充分的思考（不过把握不大），我要论述一下我所认为的真理。

但凡为宽容而战的人们，无论彼此有何不同，都有相同的一点，他们的信仰一直都伴随着怀疑；他们能真诚地认为自己是正确的，却又无法让自己的怀疑转化成坚固的信念。

在现今这个超爱国主义的时代，我们总是热情洋溢地叫嚷要百分之百地相信这，百分之百地相信那，可是我们不妨去看看大自然带给我们的启示，它好像对标准化的理想一直很反感。

单纯依靠人养大的猫与狗是众所周知的傻瓜，因为假如没有人将它们从雨里抱走，它们便会死去。百分之百的纯铁早已被淘汰，取代它的是混合金属：钢。无任何一个珠宝商会花费精力地去搞百分之百的纯金、纯银手饰。不管小提琴有多好，也绝对是经六七种不同木材构造而成的。至于说一顿饭，倘若是百分之百的蘑菇汤，十分感谢，鄙人实难下咽。

简单来说，世间绝大部分有用的东西都是含有不同成分的混合体，为什么信仰要例外我无法理解。要是我们"肯定"的基础里没有点"怀疑"

的合金，则我们的信仰便会如纯银的钟表一样总是叮当做响，或如铜制的长号一般刺耳。

正是因为深深地赞赏这些，宽容的英雄们才同别的人分道扬镳。

在人品的正直上，比方说对信仰的真诚，对职责的无私尽责，还包括别的人们所共知的美德，他们中绝大部分人原本能够被清教徒法庭看成是十全十美的完人。我想讲得再明白一些，他们中最少有一半人活着与死了之后本能够进入圣人行列之中的，然而他们的特殊意识迫使他们变成某一机构可怕的公开敌人，可这个机构自称只有自己才有权力将一般的百姓加封到圣人的行列当中。

这些英雄有着怀疑天国神灵的精神。

他们明白（就像前辈古罗马人与古希腊人），他们所面临的问题广阔无边，正常的人绝不期望可以解决。一方面他们希望而且祈求自己所走的路能最终可能将他们引到安全的地方，另一方面却又不认为这一条是唯一正确的路，其他的全都是歧途，他们觉得尽管这些歧途十分动人，完全能够将头脑简单的人陶醉，却有可能是通向毁灭的罪恶之路。

听起来这同《教问答手册》以及伦理学教科书上的观念完全相反。这些书弘扬的是经绝对信念的纯洁火焰点亮的世界拥有的绝对美德。可能是这样。不过整整几百年里，虽然一直以来那团火焰都以最强的光熊熊燃烧，可一般大众却不能够说是美满幸福的。我并不赞成搞激进的变革，不过为了转换一下，可以试一试其他的光亮，宽容行会的兄弟们一直凭借着它在审视世界的事情。假如这试验不成功，我们还能够回到父辈的传统上去。假如新的光芒可以将一缕宜人的光芒照射在地球上，带来多一点仁慈与自制，让社会远离丑恶、贪婪与仇恨的骚扰，则收获绝对会非常大，我敢打包票，所付出的代价也会小得多。

这不过是我的一点衷言，待价而沽。下面我还是接着讲历史的话题。

在最后一个罗马人被埋葬之后，地球的最后一个公民（取最佳最广泛的意义）也消失了。古代世界到处都是人道的古老精神，这在当时是一个先进的思想，只不过是过了相当长一段时间，它才得以平安地重返大地，社会才重新有了安定的保障。

就像我们看到的，这所有的一切是在文艺复兴时期发生的。

国际贸易的复苏给西方贫穷潦倒的国家注入了新的血液。新的城市拔地而起，一批新的阶层出现了。他们支持艺术、解囊购书，还给随着繁荣而兴起的大学投资。胆大妄为的一些"人道思想"的支持者用整个人类作为对象来进行试验，高举反叛的旗帜，将老式经院哲学的狭小局限给打破，同原来的虔诚之徒分道扬镳，由于后者将他们对古人智慧与原理的兴趣看成肮脏邪恶的好奇心的具体表现。

有一部分人站到了这一小队先驱的前端，这本书剩下的部分讲的都是他们的故事，其中最值得赞颂的要数那个温顺的灵魂：伊拉斯谟。

固然他很温顺，可也参加了当时全部的文字大战，而且将各种武器中最厉害的一种——幽默远程大炮精确地操纵着，因而成为了敌人的眼中钉。

装着由他的智慧制成的芥子气的炮弹径直射向了敌人的国土。伊拉斯谟式炮弹的种类很多，十分危险。乍一看似乎毫无害处。它无噼叭作响的导火索，反而像是绚丽的花炮，然而，让上帝保佑那些将这些东西拿回家给孩子玩的人们吧。毒气绝对会进入幼小的心灵，并且根深蒂固，花了差不多四个世纪都没有让人类摆脱后遗症的困扰。

让人奇怪的是，这样一个人竟出生于北海淤泥沉积的东海岸的某个索然乏味的小镇上。十五世纪时，那些被水浸湿的地区还未能达到独立富饶的时期，仅仅是一些无足轻重的小公国，处在文明社会的边缘地带。那儿长年累月散发着鲱鱼味，那是因为鲱鱼是他们的主要出口品。就算是来一个客人，也只可能是走投无路的水手，他的船在昏暗的岸边触礁失事了。

如此让人讨厌的环境会给童年形成恐惧，可是也会激励好奇的孩子奋力挣扎，最后从中摆脱，成为那个时代赫赫有名的人物。

一生下来他就事事不顺。他是个私生子。人们在中世纪与上帝和大自然非常亲密，真诚友好，对这样的事情比现在的我们更为计较。他们很是觉得遗憾。既然这样的事不该发生，当然他们也就相当不赞同。可是除此以外，他们的头脑太过简单，并没像过去惩罚摇篮里的小生命，他们觉得这不是孩子的过错。不正规的出生情况并未给伊拉斯谟造成很大不便，这只能说明他的父母太糊涂，无法应付局势，不得不将孩子与他的哥哥留给了不是笨蛋便是流氓的亲戚照顾。

　　他们的叔叔与监护人不知如何打发这两个小监护对象才好，母亲死后，两个小家伙就成无家可归的孤儿了，最开始时他们被送到德汉特的一所远负盛名的学校，那个学校的几个教师加入了"共同生活兄弟会"，可是假如我们读一读后来伊拉斯谟的信件，就能够判定出，这些年轻人完全是在"共同生活"这个词的完全不一样的意义上"共同"。后来，两个孩子分开了，弟弟被带进了豪达，拉丁文学校校长直接监管他。这位校长是三个被指定管理孩子继承的微薄产业的监护人其中的一个。倘若伊拉斯谟时代的学校如同四百年以后我参观过的学校那般糟糕，我就只能为这可怜的孩子感到难过了。更为糟糕的是，三个监护人这时已将孩子的钱挥霍一空，为了逃脱起诉（那时的荷兰法庭对这样的事情一点情面也不讲），他们连忙将他送往修道院，要他出家当牧师，还祝福孩子，因为"现在前途有了保障"。

　　从这些可怕的经历中，历史的神秘磨盘终于磨出了有着重要文学价值的东西。中世纪后期，一切修道院中多半以上的人都是只字不识的乡下佬与长满老茧的种地人，这位太过于灵敏的年轻人只身一人，多年被迫同这些人生活在一起，只要一想起来就觉得很不是滋味。

　　幸运的是，施泰恩修道院的纪律涣散，这让伊拉斯谟将大多数的时间花在前任修道院长收藏的拉丁文手稿上面来，这些手稿放在图书馆里早已被人们所遗忘。他如饥似渴地吸吮浩繁的著作的精华，这让他成了古学问活的百科全书。对他以后来说有很大的帮助。他一直在活动，很少花时间去参考图书馆的书。不过这倒没有关系，由于他能够依靠自己的记忆来引用。凡是看过收录他著作的十大本卷宗或仅通读了其中一部分的人（现在人的寿命太短暂了），绝对会对十五世纪所说的"古典知识"大为赞赏的。

　　当然，最终伊拉斯谟还是离开了那座古老的修道院。对他这样的人来说环境是左右不了他的，他们创造出自己的环境，并且是用劣质的材料创造的。

　　伊拉斯谟的余生是完全自由的，他无休止地要找一个幽静的地方，以摆脱慕名来访的客人们对工作的干扰。

然而直到他临终时，对童年时代"活生生的上帝"的深深缅怀之后，他的灵魂陷入死亡的沉睡之中，这个时候他才饱尝了一下"真正的清闲"。对那些紧步苏格拉底与塞诺后尘的人来说，很少有人能得到最美好的境地。

　　有关这些过程常常被描写，我也就不再详尽赘述了。每当两个或者是更多的人以真正智慧的名义聚集到一起的时候，伊拉斯谟迟早都会出现的。

　　他曾在巴黎学习，是个穷学生，在饥寒交迫中差点死去。他在剑桥教授过课程，在巴塞尔印过书，想（基本上是徒劳无功）将启蒙之光带进闻名于世的卢万大学，冲破壁垒森严的碉堡。他在伦敦待了很长一段时间，获得都灵大学的神学博士学位。他对威尼斯大运河十分熟悉，谩骂起新兰岛的糟糕道路来仿佛谩骂伦巴第一样熟悉。罗马的天国、公园、道路以及图书馆都给他留下了深刻的印象，就连莱瑟河水也冲刷不了这座圣城留给他的记忆。只要他还在威尼斯，就能够享有一笔不菲的年金，只要威尼斯兴建一所新大学，他是一定会被邀请去的，担当他所选的任何一门课程的教授，就算他不愿任教，倘若偶尔光临一下那所校园也会被看成是莫大的荣耀。

　　可是他将诸如此类的邀请坚定地回绝了，原因在于这里面存在着某种威胁：束缚与依赖。自由对他来说是最重要的。他喜欢舒适的房间，讨厌破旧不堪的，喜欢有趣的伙伴，讨厌迟钝的，他了解布尔根迪美味的葡萄酒同亚平宁的淡色红墨水间的不同之处，可他要自己安排自己的生活，倘若他必须将别人称为"大师"，那这些就都化为乌有了。

　　他给自己选定的角色是一个地道的思想指明灯。在时事的地平线上，不管出现怎样的情况，伊拉斯谟在第一时间里将自己的智慧明光照在那上面，尽力让身边的人看清那个东西的真面目，剥除它的装饰，将它的愚蠢与他所痛恨的无知戳穿。

　　在历史的最动乱时期伊拉斯谟可以这样做，既躲避了新教狂热分子的愤怒，又没有把宗教法庭的那帮朋友惹怒，这是他生平最常为人们指责的地方。

　　似乎子孙后代一提起古人，就会对殉道牺牲者充满同情。

　　"这个荷兰人为何不挺身而出支持路德、同别的改革者站在一起呢？"

至少有十二代有学之士对这个问题困惑万千。

回答是："他为何要如此做呢？"

暴力并非伊拉斯谟的本性，他也一直都没有将自己看成是什么运动领袖。他没有自诩正确的把握，即便他想告诉全世界下一个千年应怎样实现，这确实是一大特色。他还觉得，当我们觉得有必要重新装修一下房子的时候，没必要一定得把旧房子拆除。确实，地基需要整修，下水道过时了，花园里非常杂乱，已搬走很久的人家留下了许多杂物。但是，假如主人将诺言兑现，花些钱收到立竿见影的效果，房子便会焕然一新。伊拉斯谟要做的也仅限于此。即便他像敌人嘲弄的那样"中庸"，可成功却不逊于（说不定高于）那些"激进派"，原本世界上只有一个暴君，可激进派却带来了两个。

伊拉斯谟如同一切真正的伟人一般，对制度无任何好感。他对世界的拯救在于所有人的努力，对每个人都改造好，就是改造了世界这样的观点深信不疑。

因而，他向现存的谰言发起猛烈地攻击，呼吁广大平民。他采取的手段很高明。

首先，他写了很多信，将它们分别寄给国王、皇帝、教皇、修道院长、骑士以及恶棍。他写信给所有想同他接近的人（那时信封上还不需要盖邮戳，写明发信人的地址），拿起笔便洋洋洒洒至少八页。

其次，他编订了大量的古文，往往这些古文都被传抄得特别糟糕，已找不到原来的意思了。为了做好编辑工作，他开始学习希腊文，他用心良苦要将这门被教会禁用的语言掌握，使得很多虔诚的天主教徒指责他内心里和异教徒一样坏。听来这似乎很荒诞滑稽，可却是事实。在十五世纪，体面的基督徒完全不会想着去学会这门被禁用的语言。懂一点希腊文就会陷入无数的困境之中。它会诱惑人们拿《福音书》的原文和译文作对比，可这些译文早已得到了声明，说它是原文的真实再现。这仅仅是个开头。不久以后他就会到犹太区，学希伯来文法，差一点便公开叛变教会了。很长一段时间里，一本画得稀奇古怪、扭曲的文字书，就能够成为秘密革命倾向的证物。

长老会的头目经常闯进屋子搜查违禁品。为了谋生，好多拜占庭难民私自教一点本国语言，就会被赶出用来避难的城市。

伊拉斯谟将这些障碍都克服了，学会了希腊文。编辑塞浦路斯和与别的教会神甫的书时他加入了一些注释，里面巧妙地隐藏了许多他对时事的评论，这些话假如作为一本小册子单独成册，是绝对不会给印出来的。

不过，注释的调皮精灵在伊拉斯谟创造的另一种迥异的文学形式中产生了，我所指的是大家熟知的他的希腊与拉丁文成语收藏。他将这些成语归纳到一起，好让当时的孩童都可以学习古文，情趣变得高雅。这些所谓的"矛板"中到处都是智慧的评论，保守派看了之后觉得这绝对不是来自教皇之友的手笔。

最后，他写了一本能够称得上是时代精灵所孕育的最为怪异一本小书。这本书之前不过是为了博几个朋友一笑而写成的。却有幸赢得了古典文学史中的一席之地，就连作者也都没有想到。这本书的书名是《对傻瓜的奖励》，我们刚好也知道它是如何写成的。

在一五一五年，一本小册子在整个世界引起了极大的反响。该书写得十分巧妙，根本分不清它是在攻击僧侣还是在捍卫修道生活。封面上没有作者姓名，可对作者比较了解的人知道，它来自某个有些古怪的人之手：名叫乌尔里克·冯·赫顿。他们猜得很对，因为他是个才华横溢的年轻人、一个桂冠诗人。怪异的城市游民在本书中起了很大的作用，其中更为有用的是滑稽部分，对此他自己也深感自豪。他听闻就算是英国新学领袖托马斯·莫尔都对他的书称赞不已，就写信给伊拉斯谟，向他请教某些细节。

伊拉斯谟与冯·赫顿不算是朋友。从伊拉斯谟的生活方式能够看出他的头脑有条有理，讨厌邋里邋遢的条顿人，这些人从早到晚都在为启蒙事业疯狂地挥舞笔剑，随后便躲到附近的小酒馆里，忘掉时间的消逝，不停地大罐酸啤酒。

然而，冯·赫顿有自己独有的思路，确实很有才干，伊拉斯谟的回信也非常有礼貌。信中，冯·赫顿慢慢赞美起伦敦朋友的美德，还将朋友托马斯爵士的家描绘成一幅美满家庭的迷人景象，认为托马斯爵士的家庭永远是其他家庭的典范。在这封信中他提到莫尔这个有着非凡才干的幽默家如何给予了他写《对傻瓜的奖励》的原始灵感，极可能正是莫尔创建的善意的闹剧（一个货真价实的诺亚方舟，里面有儿子、儿媳、女婿、女儿、鸟、狗、私家动物园、私家业余演以及业余小提琴队），启迪他写出了振奋人心的并让他一炮而红的作品。

这让我隐隐想起英国滑稽可笑的木偶剧《庞奇和朱迪》，在很多个世纪里，它是荷兰儿童唯一的开心果。《庞奇和朱迪》可笑的木偶剧中有诸多粗俗的对话，可又保持了某种严肃高雅的格调。主人翁是一个用空洞嗓音说话的"死神"，演员们接二连三来到这位衣衫褴褛的主角面前，进行自我介绍。让台下小观众们总开心的是，他们又一个挨一个被人用大棒敲脑袋，随后将他们扔进虚构的垃圾堆里。

《对傻瓜的奖励》将整个社会的面纱都全部地剥去，《傻瓜》就像得到启发的验尸官一般，用它的评论同大众站在了一起，赞美他们。形形色色的人物尽汇其中，所有"中世纪主要街道"里的合适形象被网罗一空。诚然，当时的野心家，不厌其烦大谈拯救世界的僧侣，就连他们道貌岸然的游说以及哗众取宠的言辞，都被收入书中受到鞭笞，这是不可能被忘记的，也不应当被宽恕。

教皇、红衣主教与主教，都出现在人物表里，他们都是与加里利的贫苦渔民和木匠不合适的后裔，都占据了好几章的篇章。

可是，伊拉斯谟编撰的《傻瓜》同世俗的幽默文学玩具相比更加的人性化。在该小书中（正如他所写的文字一般），他都在为自己的一套哲理作宣扬，人们可以把它称为"宽容的哲学"。

他觉得宽以待人则人亦待己宽，要重视的是对神圣教规的实质而并非对神圣教规版本中的逗号与分号、仅仅将宗教当做伦理学而并非当作一种统治形式来接受，就是因为这些才让顽固不化的天主教徒与新教徒对伊拉斯谟是"不信上帝的骗子"加以痛斥，是一切真正宗教的敌人，"玷污了基督"。可对这本小册子中有趣的词句后面的本意他们却守口如瓶。

咒骂（直到伊拉斯谟去世才结束）起不到任何作用。这个尖鼻子的小老头活到七十岁，可在当时谁妄想在官方既定的文字里增减一个字都会得到绞刑的处罚。对风靡一时的英雄他不感兴趣，也曾公开这样说。他从来都没有想过要从剑与火绳枪里获得任何东西，因为他深深地了解，假使神学上的小争执就会产生世界范围的宗教战争，那样的话世界将要冒怎样大的危险。

因而，他仿佛是个庞大的海狸，将理智与常识的堤坝夜以继日地筑造，希望可以把不断上涨愚昧固执的洪水挡住。

他当然失败了。想挡住从日耳曼山峰与阿尔卑斯山上蜂拥而至的邪恶念头与仇恨的洪水是办不到的。在他死后没多少年，他的书也都被冲走了。

可是，因为他的出色努力，好多沉船的骸骨又冲到了后人的岸边，作为势不可当的乐观主义者的好材料，他们深信，建起长堤挡住洪水的那天总归会到来的。

于一五三六年六月伊拉斯谟与世长辞了。

他的幽默感一直伴随着他。他死在了他的出版商家里。

十四、拉伯雷

动荡的社会产生了奇怪的同伴。

伊拉斯谟的名字能够印在所有令人起敬的书里，供全家阅读，可假如在众目睽睽之下提到拉伯雷却会有失大雅。是的，这家伙非常危险，在我国还通过了一项法律，防止天真的儿童接触到他的邪恶书籍，在许多国家里，只有从胆量更大一点的书贩那里得到他的书。

当然，这仅仅是骗人的官僚贵族运用恐怖统治强加于我们的许多荒唐事件中的一件。

首先，对二十世纪平民来说，拉伯雷的书同《汤姆·琼斯》与《七面山墙的房舍》一样索然无味。极少有人能将冗长不堪的第一章读完。

其次，他的语言当中并无意图清晰的暗示。在当时拉伯雷用的言辞很通俗，现在却不常用。可是，在那片碧蓝的田园时代，九成人和土地有不解之缘，所以铁锹还是铁锹，母狗也绝对不会被误认为是"贵夫人的狗"。

现今对这位著名的外科大夫的著作持反对意见的人，不单单局限于反对他所用的丰富却又太过坦率的言辞，还要深刻得多。这源于这样的行情：

对凡是属于打击生活的人，相当多优秀人物都会无比厌恶。

按我的分析，可以将人类划分为两种：一种是对生活说"是"，另一种则说"不"。前者接受生活，无论命运赐予他们的是什么都会接受，并且尽力做好。

后者也接受生活（他们如何自拔呢？），却对赐予嗤之以鼻，并且为之烦恼，就仿佛原本小孩想得到的是木偶或小火车，却获得了一个小弟弟。

"是"派的人们对闷闷不乐的邻居给自己的评价非常乐于接受，也忍让他们，就算"不"派把悲伤与失望撒满人间，堆起可怕的高山，也不去阻拦。可是，"不"派的同伴却很少给第一种人献殷勤。

"是"派要想走自己的路做自己想做的事情，"不"派就会马上将他们清除掉。

这是很难做到的，因而，为了满足嫉妒心，"不"派便一刻也不停地迫害那些认定世界属于活人而不是属于死者的人。

拉伯雷大夫属于前者，他的病人，还有他的思想，对墓地从未向往过。这无疑来说是件憾事，不过人们也不可以都去做挖墓人。应该有一些乐观派，假如世界上到处都是哈姆雷特，那这个世界该是多么吓人哩。

再说拉伯雷的生活，也没有什么神秘的地方。经他的朋友编撰的有关他生平的书中被遗漏了的少量情节，在他敌人编撰的书里能够找到，所以他的一生，我们可以有个十分准确的了解。

拉伯雷是紧接伊拉斯谟的那代，不过他降生的世界依然被僧人、修女、执事以及无数托钵僧所掌控。他出生芝侬，父亲要么是药商要么是酒贩（这两种职业在十五世纪并不相同），家境富裕，可以供儿子读好学校。年轻的拉伯雷在学校同杜贝拉－兰格家族的后裔结识了。在当地那个家族非常有名气，他们和其父一样，略有天赋，善写作，时不时也去打仗。他们都很世故——"世故"这个词容易被曲解，在这儿我说的是褒意。他们是国王的忠实侍从，担当过数不清的公职，可是单单一个头衔就能够让他们担当众多责任与义务、却没有乐趣的生活。他们变成了主教、红衣主教以及大使，翻译古文书籍，编写炮兵步兵训练素材，把贵族应做的很多有用劳务都出色完成了。

后来杜贝拉家族对拉伯雷的友谊说明，拉伯雷并不单单是一个同他们饮酒作乐的食客。他的一生非常坎坷，可总能得到老同学的帮助与支持。只要他和上司产生矛盾，杜贝拉家族古堡的大门便会为他敞开；在法国偶尔会出现对这个年轻倔犟的道德主义者不利的事情，便总有一个杜贝拉家族的人恰好奉命去国外，迫切需要一个秘书，要求不但懂点医学，而且还是个造诣极高的拉丁文学者。

这里就不一一细说了。不少于一次，我们这个有学问的医生的生涯仿佛就要突然在不幸中了结了，可老朋友通过他们的势力又将他从巴黎大学神学院与加尔文主义者的愤怒与怒火中解救了出来。原本加尔文主义者将他看成是他们的同伙，可他却在众目睽睽之下把加尔文派大师的偏见的热情进行无情地讽刺了，正如他在枫蒂南与马耶萨斯讽刺老同事一样。

在两个敌人之中，巴黎大学神学院无疑危险一些。加尔文能够无所顾忌地大声疾呼，可一出小小的瑞士疆界，他的闪电便像爆竹一般失去了威力。

相反，巴黎大学神学院，还包括牛津大学，则坚决拥护正统派与"旧学"，一旦他们的权威受到挑战，他们就毫不留情，并常常会同法兰西国王与绞刑吏有心合作。

哎呀，拉伯雷一离开学校，就成了焦点人物。这并非由于他爱好喝酒、喜欢讲别的僧人的趣闻轶事。他做得还要糟。他屈从了邪恶的希腊文的诱惑。

他的修道院的院长一听传闻，便下令搜查他的处所。他们发现了大量的文字违禁品，一本是《荷马史诗》、一本《新约》还有一本希罗多得的书。

这个发现着实可怕，他那些有权有势的朋友多方活动，他才脱离困境。

在教会发展史上，这是个奇特的阶段。

早先，如同前面我所讲的，修道院是文明的最前端，在提高教会利益上僧侣与修女作出了不可估价的努力。可是，并非一个教皇预见到了，修道院体制太过强大会非常危险。然而一如既往，正由于大家都明白应该对修道院采取些措施，故而迟迟不见有所行动。

新教徒中似乎存在着一种看法，天主教会这个组织相当稳定。由一小部分目中无人、自高自大的贵族悄无声息、自然而然地控制着，内部从没发生过动乱，而别的所有经普通大众组成的组织则肯定和内讧如影相随。

人世间的万物，只有真理离我们最远。

也许同前面所讲的一样，这个观点是因错误地理解了一个字。

听说有"一贯正确的人"充满民主理想的世界就大吃一惊。

人们这样认为："一个大组织只要有一个人可以拿主意，他说了算，而别的所有人都跪着喊阿门，服从于他，这样的话管理起来就会易如反掌。"

对这个错误复杂的问题，在新教徒国家长大的人有一个正确全面的认识，那真是难于上青天。然而，假如我没有搞错，教皇"一贯正确"的言论正如美国的宪法修定案一样寥寥无几。

何况，重大决策都是经过充分讨论，可最后的决定未作出之前的争论常常会对教会的稳定造成动摇。这样的宣言是"一贯正确"的，就像我们的宪法修定案也一直正确一样，由于它们是"最后"的，只要明确地归入最高法律，一切争执都到此为止。

谁要是认为管理美国十分容易，由于人们在紧急情况下都会站在宪法这边，那便大错特错，仿佛是在说在重大的信仰问题上既然天主教徒承认教皇的绝对权威，那样的话，他们一定是一群温顺的羔羊，放弃了自己拥有的独特想法的权利。

倘若真是这样，那生活在拉特兰与梵蒂冈宫殿里的人就有好日子过了。然而，只需粗略地研究一下一千五百年的历史，就会明白事情恰好相反。那些坚持信仰改革的人在写书的时候，仿佛认为罗马执政者对路德、加尔文以及茨温利充满仇恨谴责的那些罪恶浑然不知，事实上他们才是真正对事情的真相有所不知，或是说无法处理好他们对美好事业的热情，有失公正。

艾德里安六世与克莱芒七世这样的人对教会有重大弊病了如指掌。可是，抖出丹麦王国里的一些腐败现象是一码事，想改正弊病却是另一码事，就算可怜的哈姆雷特最后也承认这点。

那个不幸的王子以为靠一个诚实的人以无私的努力就能在一夜间颠覆几个世纪的错误统治，他不过是最后一个美好幻觉的受害人。

好多机智的俄国人明白操纵他们的旧式官僚结构已腐败，没有效率，给民族安全构成威胁。

他们做了狂风巨浪般的努力，结果失败了。

有多少同仁经过很短的时间思考之后就会看清民主式的而不是代表式的政府（如同共和国的创立者们向往的那般）到最后会造成一系列的混乱。

可他们能怎么办？

自从这些问题引起大家关注以来，一直极为复杂，除了经历一场社会大动乱可行之外，不然想得到解决相当难。可是这种社会大动乱又很是可怕，它让许多人望而却步。这样的人宁可不走极端，而是将古老的和衰退的机器修理一下，同时祈祷出现机器能再开动的奇迹。

凭借教会建立与维持专横的宗教社会专制体制，是中世纪末期的罪行当中最为臭名昭著的。

在历史的河流中，军队往往最后跟随司令一起逃跑。说得直白一点，形势让人无法掌握。教皇可以做的无非是稳稳脚跟，改进教会组织，同时安慰那些惹起他们共同的敌人——行乞修道士不满的人的情绪。

常常伊拉斯谟受教皇的保护。无论是卢万刮起狂风骤雨还是多明我会勃然大怒，罗马从不让步，指着这个不听指挥的人悲哀地表示："随这老头去吧！"

经上述的有关介绍，对下面所讲的情况我们就不会觉得惊讶：头脑灵敏可叛逆成性的拉伯雷在上司想对他进行惩处时常得到罗马教廷的大力支持，在他的研究工作接二连三受到干扰，对生活忍无可忍的时候，总是可以顺利地得到允许，离开修道院。

他松了一口气，拂去脚上的尘土，到蒙彼利埃和里昂学习医术。

他的才干的确超群。两年时间不到，这个独居的僧人便成了里昂市医院的主治内科大夫。可是他一旦得到新的荣誉，不安定的灵魂就开始找寻新的乐土。他没有把药粉和药片放弃掉，但除了学习解剖学外（这是与希腊文同样危险的新学科），他还弄起了文学。

里昂坐落于罗纳河谷的中心地带，对从事纯文学的人来说是个理想的地方。离意大利很近。轻轻松松地走几天就可以来到普罗旺斯。即便在宗教法庭手中特鲁巴杜尔的古代乐园化为乌有，可宏伟的古老文学传统却没有消失殆尽。何况，里昂的印刷厂非常出名，产品优质、书店还藏有最新出版物。

　　一个名为塞巴斯蒂安·格里弗斯的人是主要印刷商中其中的一个，他想找人编辑他中世纪的古收藏品，自然而然地想起到这个自称学者的新医生。他雇用了拉伯雷，让他开始了工作，卡朗与希波克拉蒂教派的论文问世之后，紧接着便是历书与注释。正是从这样一个毫不起眼的开头中那个奇特的大卷本产生出来了，它让作者一跃跨入当时名作家的行列之中。

　　对新奇事物追求的天资不仅让拉伯雷成为杰出的医生，还让他成为了著名的小说家。他做了前人不敢尝试的事情：开始用一般大众的语言写作。他把那个持续了千年的旧传统打破了，即，有学问的人写书应该要用粗俗的平民看不懂的文字。他运用的是法语，且采用一五三二年的方言，无任何修饰语。

　　至于拉伯雷何时、何地、怎样发现了他的两个心爱主人翁，卡冈都亚与庞大固埃，我很愿意将这个留给文学教授们去研究，有可能这两人是古代异教的上帝，依靠本性，煎熬般地度过了一千五百年来基督教的迫害与鄙视。

　　也许拉伯雷是在一阵狂欢后发现了他们的。不管如何，拉伯雷为民族的欢乐作出了极大贡献，人们称赞他给人类的笑声添加了颜色，没有别的作家得到这么高的殊荣了。可是，他的书同现代的可怕字眼"趣味书"有所区别，它有它严肃的一面，通过对人物的描写给宽容事业打出的漂亮的一拳。书里的人物是对教会恐怖统治者的嘲讽性的完美写照，而这种恐怖统治却也正是导致十六世纪早期无以计数的痛苦的罪魁祸首。

　　拉伯雷作为训练有素的神学家，成功地躲避了会引火上身的直接评论。他坚持的原则是：监狱外面一个开朗的幽默家，胜过铁窗里面一大片脸色暗沉的宗教改革者。所以他避免太过表露他的非常不正统的观点。

　　不过敌人还是清楚地知道他的目的。巴黎大学神学院明确地斥责了他的书，巴黎的国会也将他的书拉进了黑名单。把管辖范围内可以找到的所有文本全部没收和焚烧。然而，即便绞刑吏非常猖獗（那时的绞刑吏也被官方指派出去焚烧书），《巨人传》依旧是畅销的古典精品。差不多四百年以来，它总是启迪着可以从善意的笑声与嘲弄的智慧的结合品中获得乐趣的人们。有些人觉得一旦真理女神嘴边挂出一丝微笑，就不会是个好女人，所以《巨人传》常常让他们烦燥不安。

对作者本人而言，从过去到现在他都被看成是"一本书而闻名世界"的人。朋友杜贝拉家族一直对他忠心不二。可是拉伯雷生平都很谨慎，尽管他是因为得到了大人物的"特殊照顾"才可以发表自己恶毒的著作，可他一直与他们敬而远之。

他冒险去了一次罗马，并未遇到困难，反而却深受友好的欢迎。一五五〇年他回到法国，在默顿住下，三年后离开人世。

要对这样一个人的正面影响进行准确衡量肯定是不可能的，毕竟他是个人，并非电流与汽油。

有人说他不过是在摧毁。

可能是这样吧。

然而在他从事这项工作的时代，正是人们大声疾呼迫切需要一支可以摧毁旧社会的队伍之时，带领他们的也正是伊拉斯谟与拉伯雷这样的人。

谁也预见不到，他们想建立的诸多大厦中的很多东西，依然会如同旧房子一般龌龊，令人讨厌。

不管怎么说，那是下一代人的罪过。

下一代人我们应该责备。

他们原本有机会重新开始，能得到这样良机的人真是少之又少。

可他们将主要的机会忽视了；还是让上帝去宽恕他们吧。

十五、旧时代的新招牌

现代最著名的诗人将世界看成一片大海，有着许多船只在海里航行。每当一只船与另一只相撞时，便产生了"美妙的音乐"，人们把它称为历史。

我希望借用海涅的大海，可仅仅是为了自己的目的和比喻。在孩提时代我们就喜欢往水池扔石子，觉得非常好玩。石子扔进去后溅起了美丽的水花，随后漂亮的涟漪引起一个个圆圈荡漾开去，很好看。要是周围有砖头（有时恰好有），还可以将核桃壳与火柴做成"舰队"，将它陷进一场壮观的人为风暴中去。人可别因为这沉重的投掷物失去了平衡，否则会将离水太近的小孩摔进去，结果使得他在事后躺在床上，不允许吃晚饭。

在专为成人保留的世界中，一样的消遣并不是没有，可结局却都十分惨痛。

所有的一切都平安无恙，阳光普照，滑冰的人们欢快地摇摆着。忽地，一个胆大妄为的坏孩子抱来了块大石头过来（鬼知道他是从哪儿找来的），还没来得及拦住他，他就已用力将石块扔进了水塘中间，随即就是一场大乱。大家问是谁做的，该如何揍他一顿。有人说："放他走吧。"有的人嫉妒这孩子，原因在于他吸引了全部人的注意力，就也将附近的旧东西扔进水里，大家都溅满了一身。这一波未平一波又起，结果注定是一场群殴，几百万人打得头破血流。

亚历山大便是这样一个胆大妄为的坏孩子。

特洛伊的海伦魅力无边，是个胆大的坏女人。这些人充斥在历史之中。

然而从古至今，最坏的肇事者是那些卑鄙龌龊的小人，他们身怀个人目的，人们死水般思想的冷漠被他们作为了用武之地。正直的人对他们恨得咬牙切齿，如果抓住了他们，就非重重惩罚不可，对这一点毫不讶异。

想一想近四个世纪以来他们所带来的灾难吧。

他们是复辟旧世界的头目。中世纪的雄伟城河映着这样一个世界的影子：在颜色与结构上都非常和谐。它并非完美，可人民喜爱它，喜欢看自己小院的红砖墙同昏灰色的天主教堂融成一体，教堂高楼居高临下，守望他们的灵魂。

文艺复兴这样的石头被可怕地飞溅而起，隔夜便天翻地覆。然而这不过是开始。可怜的老百姓刚从震惊中清醒，可怕的日耳曼僧人便又出现了。他们把蓄意准备的整整一车的砖头，扔进教皇的环湖中心。这未免太过分了，难怪世界花了三百年的时间才从震惊中苏醒过来。

对这段历史进行研究的老历史学家时常犯某个小错误。看到动乱之后，他们便下结论说涟漪是因为一个相同的原因导致的，且变换着称它为文艺复兴或宗教改革。

现在我们了解得更加清楚了。

文艺复兴与宗教改革是两种运动，都宣称自己追求同一个目的。然而它们为达到终极目标所运用的手段却迥然相异，使得人文主义者与新教徒总是怀有敌意。

双方都认为人应享有最高的权利。在中世纪，个人淹没于社会之中。这不同于约翰·多伊。约翰·多伊是个聪明人，能够随意来去，自由贸易，十多个教堂中他想去哪个就去哪个（说不定哪个都不愿去，这要看他的意愿与偏见）。他这辈子出生到死都遵循某本经济与精神礼节小册子做事，这本手册教导他，身体不过是从自然之母那随便借来的衣服，除用来暂时寄托灵魂外一点价值也没有。

这样的教育使他相信，世界无非是通向美好未来的中驿站，对这个世界应持鄙视态度，正如去纽约旅游的人会鄙视昆斯敦与哈利法克斯一样。

约翰安逸的在这个世界上幸福地生活着（由于他只知道这个世界）。这时来了两个漂亮的教母：文艺复兴与宗教改革。她们对他说："高贵的公民，起来吧，从今以后你是自由的。"

约翰便问："自由能去干什么？"她们回答却很不一致。

"自由去追求美的事物"，文艺复兴如此回答。

"自由去探寻真理"，宗教改革告诫他。

"你能够自由去探索过去的一切，那个时候的世界才是真正属于人类的。能够自由去实现诗人、画家、雕塑师以及建筑家曾一心想追求的理想。将整个宇宙自由地囊括在你的永恒的实验室中，让你知道它的全部奥秘。"文艺复兴许诺说。

"你能够自由去研究上帝的言辞，如此一来你就会得到灵魂的拯救和得到罪孽的饶恕"，宗教改革警示道。

她们转身离去了，留下可怜的约翰·多伊享受新的自由。可是，同往日的束缚相比新自由的束缚更让人难受。

无论是万幸还是不幸，文艺复兴同既定的秩序很快联手和解了。菲狄亚斯与贺瑞斯的后代发现，对上帝的信仰与表面上对教会的顺从完全不一样，只要你小心成了赫尔克里斯神、施洗者约翰·赫拉以及圣母马利亚，就能够极不圣洁地画异教图案，谱写异教十四行诗。

这正如去印度的旅行者，只需遵守一些无关紧要的法规，就可以进入庙宇，还能够无拘无束地旅行，不会惹麻烦。

可在路德的忠诚追随者眼中，最小的细节也能够立刻成为重大无比的事情。《旧约全书》中错了一个逗号便意味着要流放。在《启示录》里要是用错了一个句号，就会被当即处死。

这样的人对待宗教信仰是用着非常严肃的态度，对他们来说，文艺复兴的轻松的折中方式是懦夫的行径。

结果，文艺复兴与宗教改革彻底分手了，再也没联合过。

因而宗教改革独自抵挡整个世界，穿上"正义"铠甲，准备保卫它最神圣的东西。

最初，基本上反叛的军队全是德国人。他们英勇战斗，受难。不过，彼此嫉妒是灾祸的根源，北方民族间的争吵很快将他们的努力抵消了，最后不得不停战。使得最后胜利的决策是经一个完全不同的天才提议的。路德让位给了加尔文。

早就应该这样。

在伊拉斯谟度过好多个不愉快时光的相同的法国学院里，有一个腿有残疾的（高卢人子弹导致的）黑胡子西班牙青年，他梦想一天可以率领上帝的一支新军队，扫除世上一切异教徒。

需要用一个狂热者将另一个狂热者打败。

只有那些像加尔文这般坚韧不拔的人，才可以摧毁罗耀拉的计划。

对没有生活在十六世纪的日内瓦我感到很欣慰。可是同时，我也深深庆幸十六世纪存在一个日内瓦。

要是没有它，二十世纪的世界将会更加糟糕，我这样的人说不定就入狱了。

这场光辉之战的英雄，有名的约翰·加尔文，小路德几岁。出生于一五〇九年六月十日。所在的出生地是法国北部的诺扬城。家庭背景是法国中产阶级。父亲是位低级的圣职人员。母亲是某酒馆老板之女。家中有五个儿子，两个女儿。少年受教育的特点是敏捷、率真、做事有秩序、不小气、细心，效率高。

约翰是第二个儿子，家里本不想让他做教士。父亲有些很有势力的朋友，能够将他安排到好一点的教区。他还未满十三岁便在城里的教堂做事，有一笔固定的小收入，这笔钱被用来作为送他前往巴黎好学校的读书费用。这孩子十分出众，同他有过接触的人都说："当心这个小伙！"

法国十六世纪的教育制度可以培养这样的小孩，尽可能发挥他的才干。十九岁时，约翰被准许布道，他成为一个称职的副主祭的前程仿佛生来就是注定的。

可是家里有五儿两女，教堂的晋升又非常缓慢，然而法律却能够提供给他更好的机会。何况那正是宗教动乱的时刻，前途未卜。有个名叫彼尔·奥利维坦的远房亲戚不久将《圣经》翻译成了法文。在巴黎时约翰时常同他在一起。一个家庭里有两个异教徒便没法相处，因而约翰就打包行李被送到奥尔良，拜某个老律师为师，想学会辩论、申述以及起草辩护状的相关业务。

在这里发生了曾经巴黎发生的事情。到年底，这个学生就成了老师，教别的不够刻苦的同学学习法学概要。很快他便掌握了所需的全部东西，会理案。他的父亲对儿子有朝一日能成为有名律师充满期望，那些律师发表一点意见便可以得到一百个金币，远方的贡比涅的国王召见他们的时候坐的还是四轮马车。

然而这些梦想没有实现过，约翰·加尔文没有从事法学工作。

他又回到自己的原始爱好，将法律汇集与法典全部卖掉，专心致志收集神学作品，庄严地开始了让他成为二十个世纪来重要的历史人物之一的工作。

可是他以后的生活被那几年学的罗马法典打下了深深的烙印，让他再用感情看问题是绝对不可能的。对事物他也有感受，且入木三分。请读一读他给追随者写的信吧，后来这些人落入天主教会手中，被判处极刑用火活活烧死。在绝望的痛苦中，他的信依旧被他们视为世间最优美的佳篇，信中呈现了对人的心理的细致入微的理解，使得在临死前那些可怜的受害者还在为这个人祝福，而正是由于这个人的教诲才让他们深陷险境。

不，加尔文并非他的好多敌人所说的那般铁石心肠。可是生活对他是神圣的职责。

他竭力对上帝和自己诚实，所以他不得不将所有问题简化为基础的原则与教义，再将它交与人类感情的试金石进行检验。

教皇庇护四世知道了他的死讯后说："这个异教徒的力量在于他对金钱的冷漠。"倘若教皇是在赞颂他的死敌从不考虑一己私利，那样的话他就说对了。加尔文一生都很贫穷潦倒，而且拒收最后的一笔季薪，原因是"疾病已让他没法再像从前那样挣钱了。"

不过他的力量却表现在其他方面。

他只有一个信念，生活也只有一个强大的推动力：把《圣经》中体现的真正的上帝看清楚，当他得出结论觉得自己已可以经得住一切争辩与反对的时候，他便将它归入到自己的生活准则之中了。至此他依照自己的思维方式行事，完全无视自己的决定会导致的后果，变成了一个不可战胜、无法阻挡的人。

不过直到许多年以后这个品质才体现出来。在改变信念后的前十年，他还是要竭力对付一个十分平常的问题：谋生。

"新学"在巴黎大学取得短暂胜利，有关希腊文词尾的变化、希伯莱文的不规则动词以及别的受到禁止的知识的几次讲课，都引起了巨大的反响。就算是坐在有名的博学宝座上的教区长也被有害的德国新教义产生了污染，因而人们想采取措施，将那些现代医学会称之为"思想的传播者"进行清洗。据说教区长曾收到加尔文提交给他的几篇最会引起异议的讲演稿，因而他的名字在犯罪嫌疑人名单的前列。他的房间被搜查，文章也被没收了，还命人将他逮捕了。

他闻讯在朋友家中藏了起来。

当然，小学院里的风浪持久不了，可是在罗马教会里谋职已不可能。到作出明确决断的时候了。

一五三四年，加尔文与旧信仰彻底绝裂。差不多与此同时，在俯视法国首都巴黎的蒙特马特山上，罗耀拉同他的几个学生也郑重宣誓，后来誓言被纳入了耶稣会法规。

随后，他们全部离开了巴黎。

罗耀拉朝东走了，可只要想到他首次攻打圣地的不幸结局，便又沿路返回，来到罗马。在那里工作让他的英名（或许是臭名）遍及世界各个角落。

约翰却不一样。他的帝王国不受到时间与地点的限定。他到处漫游，期望可以找到一席净土，用剩余的时间阅读、思考还有平静地宣讲他的观点。

在他去斯特拉斯堡的路途上，查理五世与弗朗西斯一世开战了，这不得不使他绕道瑞士西部。在日内瓦他得到吉勒莫·法里尔的热烈欢迎，他作为法国宗教改革中的海燕，是从教会与宗教法庭的囚笼里逃出来的著名人物。法里尔打开双臂欢迎他的到来，对他说在小小的瑞士公园里能够大展宏图，并希望他留下。加尔文要求考虑一下，然后他留了下来。

新天国为了躲避战争建立在了阿尔卑斯山的脚下。

那时是很奇特的世界。

哥伦布出发想寻找印度，却不经意间发现了新大陆。

加尔文想寻找一方静地，用来研究与思考圣教度过余下的一生。他漫步到一个三流瑞士小镇，将它看成是精神首都，很快大家就将天主教王国的领土变成了庞大无比的基督教帝国。

如果说读历史可以达到包罗万象的目的，那为何还要读小说？

要说加尔文的家庭圣经是不是仍然被保存着我不清楚。倘若有，人们便会发现，记载着丹尼尔的书的第六章磨损得非常严重。这样一个法国改革家非常有节制，不过他时常要从一个坚贞不移的上帝处让你在故事中获得安慰，那个人被拖进狮穴，可是他的清白挽救了他，以至于他没有悲惨地早早死去。

日内瓦和巴比伦不同。它是个让人起敬的小城，里面住着令人尊重的瑞士裁缝。他们对待生活很严肃，却无法和这位新宗教领袖相提并论，在讲坛上他如同圣彼得一样滔滔不绝地布道。

何况，有个名叫内布查尼萨的，身为撒沃依的公爵。凯撒的后裔就是在同撒沃依家族的永无宁日的争吵中决定同瑞士的别的地区联手，成为宗教改革运动的一分子。日内瓦与维登堡的联合仿佛彼此利用的婚姻，其结合是建立在共同利益而非彼此爱慕基础上的。

不过，当日内瓦改奉新教的消息一经传开，一切对诸多新的千奇百怪的教义热衷的传教士——它们不下五十个——都涌向了莱芒湖畔。他们干劲很大，开始宣讲到目前为止活人可以想出的最怪异的教义。

打心眼里加尔文就对这些业余预言家极其厌恶。他深深地懂得他们只会给自己所认定的事业带来灾难，他们是热情的斗士，然而走错了路。在他休息了几个月以后，头一件做的事就是尽量准确、简洁地把他希望的新教民能够掌控的对与错的界线写下来。如此一来，没有人能够挪用老掉牙的借口说："我不知道。"他与朋友德里尔亲自将日内瓦人分为十人一组用来检查，只有宣誓效忠这样一个怪异的宗教法才可能享有一切公民权利。

后来，他给青年编写了一本巨大的教义问答手册。

他还说服市议会，把一切仍坚持错误的陈腐观点的人赶出了城。

给下一步行动清扫道路后，他依据《出埃及》与《申命记》中政治经济学家制定的规则，建立起了一个公国。加尔文如同别的许多大改革者一样，不像是个现代基督徒，更多的倒像个古典犹太人。他嘴里说崇拜上帝耶稣，可内心深处却对摩西的耶和华充满向往。

当然，在感情受到波动之时这种现象时常会发生。对仇恨和斗争的看法，卑贱的拿撒勒木匠相当明确，使得在他的见解与暴力方法之间无法找到折中物。过去的两千年里，每一民族、每个人都希望用暴力达到目的。

因而战争一爆发，一切有关的人就都默许了；人们暂时关上了《福音书》，在血泊与雷鸣中热情欢心地打滚，沉迷在《旧约》的以眼还眼的哲学中不可自拔。

宗教改革确实是场战争，并且相当凶残。无人乞求生命得以保障，也基本上没有饶恕，事实上加尔文的公国是个军营，所有个性自由的表现都被一一压制了。

当然，这全部的取得不是没有阻力的。一五三八年，组织中的自由分子的出现给加尔文构成了相当大的威胁，被迫离开了城市。可是到一五四一年，他的支持者再一次执政。在一片钟声与教士们热切的赞美声中，乔安尼斯行政长官重新回到了罗纳河的城堡。从此以后他成为日内瓦没有加冕的国王，以后的二十三年中他力图建立与完善神权形式的政府，这是从伊齐基尔与埃兹拉的时期以来还不曾见过的。

依据《牛津大辞典》的解释，"纪律"一词的意思为："使受控制，驯服与执行。"它将加尔文梦想中的一切政治宗教结构的实质完美地表达了出来。

路德的本性同大多数日耳曼人的一样，是个感伤主义者。他觉得，只有上帝的话才能够指示人们通往永恒世界的道路。

可是这太不确切了，不适宜于法国改革家的口味。上帝的话能够是希望的灯塔，不过道路黑暗漫长，还有很多诱惑能让人忘记自己的最终目的。

然而这位新教牧师却是个例外，他不会走弯路。他知道一切的陷阱，也不会被人收买。假如偶尔脱离正道，每个星期的教士例会就能很快让他认清自己的职责，在会上，一切真正的正人君子都能够彼此自由地批评。所以他是所有迫切需求拯救的人心中的理想典范。

在我们中曾爬过山的人都明白，有时候职业导游犹如一个不折不扣的暴君。他们知道一堆岩石的险要之处，一块看似平坦的雪地的危险他们都了如指掌，对自己所照顾的旅行者，他们有完全的指挥权，哪个蠢蛋胆敢不听指挥，强言厉语就会迎面而来。

在加尔文的理想公国中，教士们也肩负着一样的责任。那些跌倒了、希望别人扶他一把的人，他们愉悦地伸出援助之手。然而，假如一意孤行的人希望离开轨道，离开大集体，那只手就会收回来成为拳头，给予迅猛可怕的惩罚。

在别的好多宗教组织中，教士也酷爱运用同样的权力。可是地方长官常常嫉妒他们所有的特权，允许教士同法庭与行刑官抗衡的情况少之又少。加尔文对此很清楚，在他的管辖范围内，他建立了某种教会纪律，事实上超过了法律。

诸多奇怪的错误历史概念在大战之后出现了，而且流传很广，不过其中最让人吃惊的是说法国人（较之条顿人来说）是崇尚自由的民族，憎恶一切的管制。几百年以来法国都处于官僚体制统治之下，十分复杂，可效率却比战前普鲁士政府低很多。官员上班迟到早退，领口也不周正，还抽着让人反感的劣等纸烟。要不他们就肆意乱为，引发人们的反感，如同东欧政府官员一样，可大众却驯服地接受官员们的粗鲁，对于一个沉迷于反叛的民族来说，确实让人惊讶。

加尔文热爱集权，是位典型的法国人。他在一些细节上已能够和拿破仑成功的诀窍相媲美了。可他不同于那个伟大的皇帝。他缺乏雄心大志，他的胃不是很好，也缺乏幽默感，严肃可怕得要命。

为了寻求适合于他那个耶和华的词句，他把《旧约》翻了个遍，随后让日内瓦人接受他对犹太历史的解释，将它作为上帝意愿的直接呈现。差不多是一夜之间，罗纳河的这座迷人的城市成为了可悲的罪人云集的地方。由六个教士与十二个长者构成的城市宗教法庭日日夜夜监听市民的私下议论。倘若要是有人被怀疑有"受禁的异教观点"的倾向，就会被传讯到长老会法庭，检查他的全部论点，解释从哪个地方、如何得到那些灌输有害思想令他迷失方向的书籍。要是被告有悔过之意，就可免刑，可是他必须要到主日学校旁听。假如他顽固不化，就会在二十四小时内离开城市，不允许再在日内瓦联邦管辖范围内出现。

可是同所谓的"教议会上院"产生分歧，并不单单是由于缺乏一点正统感。下午在周边的村子玩一下滚木球，假如被控告（经常会这样），就有被狠狠责骂的理由。玩笑，无论是否有用，都被认为是最坏的行径。婚礼上说些玩笑话就足够锒铛入狱了。

慢慢地，新天国里到处都是法律、法令、规则、命令以及政令，生活变得复杂无比，没有了昔日的风采。

不许跳舞、不许唱歌、不许打扑克牌，赌博当然就更不允许了。不许举行生日宴会，不许开设乡间市场，不许有丝绸以及一切外表华丽的装饰物。只允许去教堂，去学校，因为加尔文是个思想鲜明的人物。

胡乱的禁止能够消除罪孽，可没法强迫人热爱美德，美德来源于人们内心深处的启迪。因而建立了优秀学府和一流大学，倡导所有治学活动。还建立了相当有趣的集体生活，用来吸引大家的余下的精力，让一般人忘记苦难与限制性。假使加尔文的制度一点都不顾及人的情趣，就无法存在下去，在近三个世纪的历史中也就不会起到决定性的作用。可是，全部的这些都是一本论述政治思想发展的书的功劳。目前我们感兴趣的是宽容事业，日内瓦做了些什么，下的结论是，新教徒的罗马一点都不比天主教的罗马强。

在前面我已经历数了能够减轻罪行的情况。那时的世界有诸如圣巴塞洛梅大屠杀与铲除几十个荷兰城市的野蛮行为，此时期许一方（并且弱的一方）实现美德完全是无稽之谈。

可这并不可以开脱加尔文煽动法庭杀害格鲁艾与塞维图斯的罪恶行径。

在第一个人的案件中，加尔文还能够说雅克·格鲁艾有煽动市民暴动的重大嫌疑，是企图推翻加尔文主义的政党。可是，很难说塞维图斯是对社会安全，即对日内瓦造成任何威胁。

依照现代护照的规则，他不过是"过境者"，过二十四小时之后便离境了，可他误了船，因而丧命。这是个十分可怕的故事。

麦格尔·塞维图斯是西班牙人，父亲是位令人尊重的公证人（欧洲有半法律的地位的职业，不单单是拿着盖章机看人家签了字就索取两毛五的青年）。麦格尔也想从事法律工作，就被送往土鲁兹大学。那段日子很幸福快乐，全部教学用的都是拉丁文，学习范围遍及各行各业，全部世界的智慧对人们敞开大门，只要学会五个词尾变化以及几十个不规则的动词便可以了。

在法国大学里塞维图斯结识了胡安·德·金塔那。不久之后金塔那成为了查理五世皇帝的忏悔教父。

中世纪的皇帝加冕非常类似于现代的国际展览会。一五三〇年，查理在波罗那加冕的时候，麦格尔被金塔那带去做秘书。这个聪慧的西班牙青年看到了全部的一切，他同当时的许多人一样，有无尽的好奇心，在随后的十年当中和形形色色的学科打过交道，医学、天文学、占星术、希伯莱文、希腊文、还有最为要命的神学。他是个很有潜质的医生，在研究神学的时候忽而产生了血液循环的想法。这在他的反对三位一体教义的第一本书第十五章能够找到，对塞维图斯著作进行检查了的人竟没有看出他做了如此伟大的一项发现，这充分阐明了十六世纪神学思想的偏执。

要是塞维图斯坚持医学研究那该多好啊！那样的话他就可以活到老年平安死去。

可他无法躲避那时被激烈讨论的重要问题。他发现了里昂的印刷厂，于是开始对各种各样的题目发表自己的观点。

现在一个慷慨的百万富翁能够说服一所学院将"三位一体学院"改成某一流行烟草的商标，并且还安然无事。媒体报道："丁古斯先生这样慷慨解囊，难道不好吗？"大家于是说："阿门！"

在今天对亵渎神明这样的事情似乎已不再感到震惊，所以想描绘以前的情况——在那个时候，一个市民仅仅被怀疑对三位一体说了一些不敬之言，便能够让整个社会陷入惊恐之中——这确实不是件易事。可我们对这些要是没有充分的体会，就无法理解十六世纪上半期塞维图斯在善良的基督徒心目中所形成的恐慌。

他完全不是激进派。

他是现今我们所称的自由派。

他摒弃新教徒与天主教徒都认可的三位一体旧观念。因为他确信自己的看法的正确性，于是写信给加尔文，希望自己可以到日内瓦同他进行私人交谈，将整个问题彻底讨论一番。他写信犯了很大的错误。

他没有得到邀请。

事实上他也无法接受邀请，里昂的宗教法庭大法官已插手这件事，塞维图斯被捕入狱了。这个青年的亵渎行为法官早已听闻，因为他秘密收到了一封受加尔文指使的日内瓦人送来的信。

不久之后，又有几份手稿证实了对塞维图斯的指控，这也是加尔文秘密提供的。似乎加尔文并不在乎谁绞死这个家伙，只要他被绞死就可以了。然而宗教法官玩忽圣职，塞维图斯逃跑了。

起初他想穿越西班牙边境，可他的名字为人所共知，长途旅行穿过法国南部会给他造成困难，因而他决定绕道日内瓦、米兰、那不勒斯以及地中海。

一五五三年八月某个星期六的傍晚，他抵达日内瓦。原本他想乘船到湖对岸去，然而在安息日即将到来之时是不开船的，必须等到星期一。

第二天是星期日，当地人与外地人都需进行宗教礼拜式，做礼拜，否则就被视为行为不端。塞维图斯也去了教堂。有人认出了他，遭到逮捕。塞维图斯是西班牙人，没有违反日内瓦的任何法律。不过在教旨上他是自由派，不敬神明，竟然对三位一体发表异端言论。这样的人妄图得到法律的保护才荒唐可笑哩。罪犯或许能够，可是异教者却不行！他不由分说被关到一个污浊潮湿的小洞，钱财和所有个人物品都被没收了。两天之后，他被带到法庭上，要求回答列单上的三十八个不一样的问题。

审判一直延续了两个月零十二天。

最后，他被控告有"反对基督教基础的异端邪说"罪。在谈到他的个人观点时，他的回答让法官恼怒万分。通常对这类案件的判处，特别是对外国人，是永久地赶出日内瓦城，可塞维图斯的案子却是个例外。他被判处活活烧死。

与此同时，法国法庭也重新审理了这个逃亡者的案子，和新教徒达成相同结论，宣判塞维图斯死刑，并派司法长官到达日内瓦，要求将罪犯交给他带回法国。

这样的要求被回绝了。

加尔文也可以执行火刑。

走进刑场的路程举步维艰，一群牧师跟着这个异教者走完最后的行程，嘴里还絮絮叨叨地进行说服。极度的痛苦一直持续了半个多小时，直到人们因对这个可怜的牺牲者的同情朝火焰里扔出一把刚采的柴为止。在喜欢这种事情的人看来，这读起来倒是很有意思，可是还是略过不谈的好。在宗教狂热肆无惮忌的年代死刑多一个或少一个又有何区别？

然而塞维图斯事件不会事过境迁，它的后果相当可怕。已经赤裸裸地体现，即便那些新教徒口口声声地叫喧"保留己见的权利"，事实上无非是伪装的天主教徒，心胸狭隘，对不同己见者如同对敌人一般凶狠残酷；他们仅仅是在等待时机，建立自己的恐怖统治。

这样的指控是严肃的，不可以只耸耸肩膀无所谓地说"咳，你还能指望什么"便一了百了。

我们有关于这次审判的诸多材料，也深刻地明白外界是如何看待这次判决的，读起来确实让人痛心。曾出于一时的仁慈，加尔文也建议过不烧死塞维图斯，改成砍头。塞维图斯对他的慈悲表示感谢，却要希望另一种解决方法。他要求获得自由。他坚定地认为（道理全在他这边）法庭对他无裁判权，他不过是追寻真理的正人君子，所以有权利在众目睽睽之下同对手加尔文大夫辩驳。

可加尔文不想听这些。

他曾发誓，一旦这个异教徒落入手中就一定不会让他活着逃走，他要信守自己的誓言。想给塞维图斯判罪，就不得不同头号大敌——宗教法庭合作，不过这无关紧要，假如教皇有能够进一步给那个可怜的西班牙人加罪的文稿，他甚至也愿意和教皇携手。

还有更加糟糕的事情。

在临死的那天早上塞维图斯求见加尔文，加尔文于是来到又黑又脏的监狱里。

此时此刻，他应大度一些，也要有些人性。

可他都没有。

站在这个过两个小时后即将去见上帝的人的面前，他争辩着，唾沫横飞，阴沉着脸，大发雷霆，却一句怜悯仁慈的话都没有，一个字都没有。有的只是无尽的仇恨："罪该万死，顽固不化的流氓。烧死你这该死的！"

这是很久很久以前的事情。

塞维图斯死了。

一切的塑像与纪念碑都不能让他重获新生。

加尔文也死了。

成百上千卷咒骂他的书也触及不了他那不为人知的坟墓里的骨灰。

在审判时那些狂热的宗教改革者不停战栗，生怕亵渎的地痞流氓逃走；在行刑后教会的忠诚支持者赞美欢呼，彼此写信道："日内瓦万岁！行动已经采取啦。"

他们都死了，说不定最好也被人们遗忘。

我们仅需留心一件事。

宽容就仿佛自由。

然而乞求是得不到的。只有一直保持警惕才可以将它保住。

为了子孙后代中的那些新的塞维图斯，让我们记住这点吧。

十六、再洗礼教徒

每代人都有他们自己的怪物。

我们有"赤党"。

父辈他们有社会主义者。

祖辈们有莫利·马圭尔。

曾祖辈他们有雅各宾派。

三百年以前的祖先并不比现在的好。

他们有再洗礼教徒。

十六世纪有一本最流行的"世界之书"或编年表，它的名字叫《世界史纲》，作者塞巴斯蒂安是一位肥皂匠，禁酒主义者，生活在乌尔姆城；这本书的出版时间是在一五三四年。

塞巴斯蒂安对再洗礼教徒很了解。他同一个再洗礼教徒家庭的女儿结成连理。他和他们的信念不一样，原因在于他是位坚定的自由思想者。不过关于他们，他是这样写的："他们仅仅教授爱、信仰以及十字架杀身，在一切苦难中都可以持有耐心与谦逊，互相真诚帮助，称兄道弟，还觉得大家能够分享一切。"

应该不苟言辞地对他们进行夸奖，可一个世纪以来他们却如同野兽一般被猎取，最血腥时代中的最残酷的处罚强加于他们身上。这似乎是件怪事。

不过有个原因，应该理解它，要记住宗教改革的某些事。

事实上宗教改革没有解决任何事情。

宗教改革带给世界的是两个监狱而并非一个，把一本一贯正确的书制造了出来，用以代替某一一贯正确的人，建立了（倒不如说是企图建立）黑袍教士的统治用来代替白袍教士的统治。

历经半个世纪的努力与牺牲，仅得到了如此贫乏的成果，这确实令千百万人心都凉了半截。本来他们期望以后可以有一千年的社会稳定与宗教安定，对付迫害与经济奴役完全没有心理准备。

改革者本想做一次大的冒险，结果却发生了一件事。他们不小心掉到码头与船的空隙地，拼命地挣扎，以便尽可能露出水面，获得生机。

他们处于十分危险的境地，已不再是旧教会的成员，良知又不让他们加入新的信仰。官方觉得他们已不复存在，然而他们依旧活着，依然在呼吸，如果说继续活着与呼吸是他们应尽的责任，他们便希望从愚昧中将邪恶的世界解脱出来。

到最后他们活了下来，可是对于是怎样活的就请不要再问了。

他们旧的关系被剥夺了，就不得不组成一个新组织，找到新的领导人。

可是正常人怎么会去管这群神经错乱的疯子呢？

结果，有预知力的鞋匠和抱有幻想以及歇斯底里的接生婆担任了预言家的角色。他们祈福、祷告、说胡话，在虔诚信徒的赞美声中开会用的小黑屋的橡木都在不停颤抖，直到村子里的法警来视察这不合适宜的干扰时才罢休。

随后，好几个男男女女被捕了，村里的议员们开始进行他们所认为的"调查"。

这些人既不出入天主教堂，也不进新教徒的苏格兰教会。所以不得不让他们讲清楚自己是什么人、有什么样的信仰。

老实说，那些可怜的议员的处境着实尴尬，原因在于囚犯是一切异教徒中最不幸的，对宗教信仰虔诚。好多受人仰慕的改革者十分世故，只要是可以过上舒服安逸的生活，做些退让妥协也不是不可以的。

不过真正的再洗礼教徒却是另外的一类人，他对一切不彻底的措施都心生厌恶。耶稣曾对他的追随者这样说，当遭受敌人殴打的时候，要将另外半边脸也转过去让他打，拿着剑的人必定也会死在剑下。在再洗礼教徒看来，这就代表着绝对的命令，不能运用武力。他们有条不紊不停地小声嘀咕着怎样的环境会让情况有所改变，他们固然反对战争，然而这场战争不同以往，丢几颗炸弹，时不时使用一下，就一回，上帝应该不会介意。

毕竟圣令是圣令，不过如此。

他们不同意应征，拒绝扛枪。在他们由于提倡和平主义而被捕入狱时

（他们的敌人就是如此称呼这类实用基督教徒的），他们总是逆来顺受地接受命运，诵读《马太福音》的第三十一章第五十二节，直到用死亡将他们的苦难告终。

可是对好战主义的反对不过是他们怪异行为中的一小部分。耶稣教导他们说，上帝王国同凯撒王国相距甚远，彼此不可以也没法融合为一体。非常好，说得清清楚楚。由此，一切好的再洗礼教徒都小心翼翼躲避了国家的公职，不想当官，将别人花在政治上的时间都用来研究《圣经》。

耶稣劝告他的信徒不要有失体统地去争吵，再洗礼者宁愿丢掉财产所有权，也不会在法庭上提出异议。还有另外的几点让这些怪人与世隔绝，然而这几个怪异行径的例子却让过着舒适生活的肥胖邻人心生疑心与厌恶，他们常常将"待人宽则人亦待己宽"的好心的教旨与虔诚混为一谈。

就算是这样，假若再洗礼教徒可以保护自己不被朋友伤害，也能够同洗礼徒还有别的好多观点不一致的人一样，找到与官方进行调解的方法。

不过作为一个教派，人们怀疑他们有很多奇怪的罪行，并且有凭有据。首先，他们认认真真地读《圣经》。当然这不是罪责，可是让我把话说完。再洗礼的教徒在研究《圣经》时一点偏见都不带，可要是谁非常喜欢《天启录》，那就相当危险了。

就算是到了十五世纪，这本怪书依旧因有一点"虚伪"而受到抵制，不过对容易感情冲动的人来说，这本书相当的受欢迎，流放中的帕特莫斯说的话语，这些被捕的可怜人完全能够理解。当微弱的怒火让他沉浸在当今巴比伦的歇斯底里预言的时候，全部的再洗礼教徒就齐声大呼"阿门"，祈求新天国、新大地能够快些到来。

软弱的头脑屈服于高度狂热的压力之中，这并非头一回。每次对再洗礼教徒的迫害差不多都伴随着宗教改革疯狂的爆发。男男女女赤裸裸地冲向大街，宣告世界的末日，竭尽全力希望在怪异的牺牲中让上帝的怒火得到平息。老巫婆闯入另外的教派正在举行的仪式，把会议打断，大声地嚎叫着，胡说八道，说魔鬼马上就要来了。

这样的苦恼（程度不深）当然一直与我们如影相随。读读日报，你便能看到在俄亥俄州、衣阿华州或者是佛罗里达州的偏僻小村庄内，一个女人用刀将丈夫砍成好几块，因为天使的声音"要她这样"；或者是理智的父亲预见七支号角声，就把妻子和八个孩子杀死了。可是，这是极少有的例外。当地警察很容易抓住他们，对国家的生活与安定也不会带来影响。

然而一五三四年在风景宜人的小城蒙斯特发生了一件不同往常的事情，依照再洗礼教徒的严格的理论来说，新天国是在那个地方宣布建立的。

只要一想起那恐怖的冬春里的一切，北欧人便会浑身发抖。

这件事中的主人翁是个好看的裁缝，名叫简·比克斯宗。史书上称他为莱顿的约翰，由于约翰是生活在那个勤奋小城上，童年是在脏乱的莱茵河畔度过的。同当年所有的学徒一样，东漂西走，南奔北跑去学习裁缝那一行的要诀。

他的读写能力只够时不时玩玩，没接受过正规的教育。好多人对自己社会地位的下贱与知识的匮乏认识得很深刻，有种自卑感，可他没有。他年纪轻轻，漂亮，脸皮又厚，爱慕虚荣。

在他离开英国和德国很长时间以后，又回到了家乡，做起服装生意。同时他加入了宗教，开始了不一般的生涯，变成了托马斯·芒泽尔的信徒。

芒泽尔是个以做面包为业的人，颇为著名。一五二一年有三个再洗礼的预言家突然在维腾贝格出现，要给路德指出通向拯救的真正的道路，芒泽尔就是其中的一位。他本意很好，可不受赏识，从新教徒城堡中被赶了出来，再也不允许他出现在撒克森尼公爵的管辖范围内。

到一五三四年，再洗礼教徒已有了许多次失败的经历，因而他们独注一掷，将一切押在一次大规模的大胆行动上了。

威斯特法伦的蒙斯特被他们选中作为最后的尝试点，这倒不足为奇。这个城市的公爵主教弗朗兹·范·沃尔德克是个粗俗鲁莽的醉汉，长年与六个女人公然姘居，十六岁开始就由于生活的糜烂、堕落而把全部的正派人物得罪了。城市兴起新教时他作了让步。不过他是个大名鼎鼎的十足大骗子，他的和平条约并未让新教徒产生安全感，但无安全感的生活非常令人难受。所以蒙斯特的居民都鼓足了劲，等待下一次的选举。这给他们带来了一件意想不到的事情，城市政权又一次落入了再洗礼教徒的手中，主席是一个名叫伯纳德·尼普多林克的人，白天他是布商，晚上他就是预言家。

那个主教看了看新长官，便悄悄离开了。

这个时候莱顿的约翰出场了。他来到蒙斯特，以简·马希兹的圣徒的身份自居。马希兹创办了一个教派，被拥立成为圣人。当听说正义事业进行了一次有力的出击之后，约翰便留下来庆祝胜利，并把原主教在教区里的影响清扫干净。为了斩草除根，教堂被再洗礼教徒变成了采石场，为无家可归之人所建的女修道会被没收了，除《圣经》以外的全部书籍都焚烧殆尽。还有人，他们将所有不愿意依照再洗礼教徒的仪式再一次进行洗礼的人都赶到主教营地，要么砍头要么溺死，原因在于，他们全部都是异教徒，死了对社会造成不了任何损失。

这不过是个序幕而已。

而戏剧本身的可怕程度却有增无减。

信仰几十种新教旨的上层教士都朝着这个新耶路撒冷涌了进来。在那里他们遇到了一些人，他们觉得自己对虔诚、正直、积极向上的人们很具有号召力，可一旦说到政治与手段便如同孩子般愚昧无知了。

在蒙斯特被占领了五个月的这段期间，一切社会与宗教复活的计划、制度与议程都进一步作了尝试，在议会上所有羽翼初成的预言家都炫耀了一次。

可是一个到处都是逃犯、瘟疫泛滥以及饥饿的小城显然不是个合适的社会学实验地。相异宗派之间的分歧与争吵将军队首领的努力削弱了。在这紧要时刻，裁缝约翰挺身而出。

他辉煌的昙花一现的时刻来到了。

在饥肠辘辘的人们与受苦受难的孩子中，所有的事情都是有可能的。约翰将他在《旧约》里读到的旧神学政府的形式照搬不误，开始建立起自己的王国。蒙斯特的自由人民被分隔成了以色列的十二个部落，他自己成为了一国之主。他本已与预言家尼普多林克的女儿结婚了，如今他又迎娶了一位寡妇、他曾经的老师约翰·马希兹的妻子。随后他又想起了索罗门，于是又加了两三个妃子。自此以后一出让人厌恶的滑稽剧开场了。

约翰成天坐在商贸区的大卫宝座之上，人们围在他的身边，听宫廷牧师宣读最新的命令。这突如其来，十分迅猛，由于城市的命运越来越恶化了，人们急切地需要它。

不过约翰是个乐观派，对于一纸条令的无上权威性他深信不疑。

人们埋怨太过饥饿，约翰于是许诺帮他们解决问题。随后国王陛下签订了一道圣旨，城里的一切财产在富人与穷人之间平分。把街道整改为菜园，一切餐馆都共同享用。

到现在为止还算顺利。可是有人说，富人把一部分财富藏起来了。约翰要臣民别太着急。下达第二次法令，谁要是违反任何一条法律便马上被砍头。注意，这样的警告并非是随便的恐吓，因为这个皇室裁缝手里一直握着剑与剪刀，常常自己动手行刑。

随后到了幻觉时期，人们都沉湎于形形色色的宗教狂热，数以万计的人不分昼夜地挤在商业区，等待着报喜天将吹起号角。

然后就是恐怖时期，这位预言家凭借嗜血成性积累起来的勇气，割破了他的一个王后的喉咙。

下面就是得到报应的可怕时刻，两个绝望透顶的市民为主教的军队把城门打开了，预言家们被囚禁在铁笼内，在威斯特法伦的所有乡间集市上示众，直到最后被折磨而死。

这是个古怪的结尾，可对诸多害怕上帝的朴素灵魂却有着可怕的后果。

从此以后，一切再洗礼教徒都受到通缉。在蒙斯特大屠杀中逃过一劫的首领也如同野兔一般被逮捕，就地正法。在各个讲坛上，大臣与牧师都对再洗礼教徒进行谴责，恶意诅咒他们的叛逆，他们企图推翻现今的秩序，狼狗都比他们更值得同情。

对异教分子的围剿做到这样成功的是很少的。作为一个教派，再洗礼教徒不复存在了。不过有一件怪事，他们的思想留存到现在。被别的教派汲取，融进各种各样的宗教与哲学体系之中，变得让人肃然起敬，现今成为所有人精神与智力遗产的一部分。

讲述这件事倒不难，可是要想解释原因却非常困难。

再洗礼教徒差不多无一例外的甚至将墨水瓶都看成是没用的奢侈品的阶级。

在过去，编撰再洗礼教徒历史的人都将这样一个教派看成是恶毒的宗教激进派。只有在一百年后的今天，我们才开始明白，这些贫贱农民和艺术家的思想在把基督教发展成更为理智、宽容的事业中时起到了如何大的作用。

不过，思想如同闪电，没有人能知道第二个霹雳会落在哪个地方。当狂风骤雨在锡耶纳的天空迸裂而下之时，蒙斯特的避雷针还有何用处呢？

十七、索兹尼一家

一直以来意大利的宗教改革都没有成功过。事实上也无法成功。首先，宗教对于南部的人来说并不是很重要，为它而刀枪相见没有必要；其次，罗马就在身边，它作为宗教法庭的中心，五脏俱全，随便发表意见就会很危险，还要付出代价。

然而数以万计的人文主义者居住在半岛上，他们之中肯定会有一些害群之马，看重亚里士多德而轻视圣克里索斯顿。可是这些人要想发泄精力，机会也很多，比如俱乐部、咖啡厅以及重视礼节的沙龙，人们能够发挥知识热情而又不会得罪帝国。这所有的一切都是如此悠闲。生活难道不就是调和吗？过去它不是一直都是这样子的吗？在世界末日未临近之前莫非就不调和了吗？

为何要为信仰中的繁缛琐事而大动干戈呢？

通过几句介绍以后，在我们的两名主角粉墨登场之时，读者也就不会再希望有大吹大擂或者是隆隆的炮声了。他们是说话慢条斯理的君子，做事都非常讲究体面。

不过在推翻让人饱尝痛苦的暴政上，他们的贡献却比一切吵吵闹闹的改革者还要大。但这是不可预见的怪事。这样的事情发生了，我们深深地感激，可要问原因，哎，就连我们也不太明白这一切是怎么发生的。

在理智的葡萄园里平平静静干活的这两个人都姓索兹尼。

他们是叔侄两人。

不知是何缘故，年长的雷利欧·弗朗西斯科在拼写名字时用一个"Z"，可年轻的福斯图·保罗用了两个"Z"。然而，人们对他们名字的拉丁文形式索西尼厄斯更为熟悉，却不熟悉意大利文的形式索兹尼，这一细节，我们能将其留给语法学家与词源学家去解决。

在影响上来讲，叔叔不及侄子重要，所以我们首先谈叔叔，随后再讲侄子。

雷利欧·索兹尼身为锡耶纳人，出身于银行家与法官世家，在博洛尼亚大学毕业后势必是要从事法律一行的。可他却与好多相同时代的人一样自行其事地研究起了神学来，不再攻读法律了，玩弄起希腊文、希伯莱文与阿拉伯文，后来（也和大部分同类人一样的结局）成为理智神秘主义者——既了解世故，却又不大老练。听起来似乎很复杂，然而可以理解我意思的人无须多加解释，没法理解的人我再费唇舌也毫无用处。

不过他的父亲还觉得儿子可以成为世界文坛上的著名人物。他给了儿子一张支票，让他出去闯闯。开阔下眼界。所以雷利欧离开了锡耶纳，在之后的十年内经威尼斯到日内瓦，从日内瓦到苏黎世，经苏黎世到维藤贝格，后来又到伦敦、布拉格、维也纳以及克拉科夫，时不时在城镇或村庄里待上几个月或一年半载，希望可以找到有趣的伙伴以及学到有趣的新事物。在那样的年代，只要人们谈起宗教便会没完没了，如同现在我们谈生意一般。雷利欧积攒了许多千奇百怪的思想，他竖着耳朵四处打听，很快把从地中海到波罗的海的一切异端论调都熟悉了。

然而当他带着知识的行囊来到日内瓦时，迎接他的却是不甚友好的客气。加尔文那双暗淡的眼睛忧心忡忡地看着这位意大利来访者。他是位出身高贵的有名青年，不像塞维图斯那般贫困、无所依靠。不过听说他倾向于塞维图斯。依据加尔文的想法，伴随着对那位西班牙异端者的火刑，三位一体已是非论定了。事实上，恰恰相反！塞维图斯的命运从马德里到斯德哥尔摩已成为人们谈论的主题，世界上思想严肃的人都开始站在反对三位一体的立场上。这还没有完结。他们还运用古登堡的可恶发明，到处宣讲自己的观点，因为离日内瓦非常远，他们的语言也有很多不敬的地方。

在不久之前，出现了一本博学的小册子，里面收录了历代教会神甫对迫害与惩罚异端分子的事情所说所写的文字。在加尔文所说的"憎恶上帝"的人们、或者是按他们自己反驳的"憎恶加尔文"的人们当中，这本书非常畅销，深受他们的喜爱。加尔文放出风声，说想同这个珍贵小册子的作者单独聊聊。可是作者预见到了这一邀请，明智地在封面上将姓名删去了。

听说他叫塞巴斯蒂安·卡斯特利奥，以前是日内瓦某所中学的老师。他对各种各样神学罪孽有自己独到的看法，这令他憎恶加尔文却赞赏蒙田。然而这并未被证实，不过是道听途说罢了。可是，一有人带头，别的人就会紧随其后。

所以加尔文对索兹尼始终保持着距离，却建议这位锡耶纳的朋友说，巴塞尔的柔和空气相对于萨沃伊的潮湿气候更适于他；索兹尼一起身去闻名的古伊拉斯米安要塞，他便由衷祝他一路平安。

值得加尔文庆幸的是，不久之后索兹尼叔侄就引起了宗教法庭的怀疑，雷利欧的基金被没收了，还发了高烧，年仅三十六岁就死在了苏黎世。

他过早离开人世在日内瓦引起了一片欢腾，可是高兴的时间却不长。

雷利欧除了遗孀与几箱子笔记本之外，还有个侄子。他不但继承了叔叔未发表的手稿，而且很快成为更胜于叔叔的塞维图斯信徒。

从小福斯图斯·索兹尼就同老雷利欧一样广泛旅行。他的祖父留给他一小块地产。直到将近五十岁他才结婚，因而能够将全部时间花在他喜欢的神学上。

他似乎有段时间在里昂做过生意。

对于他是怎样的买卖人我不清楚，可他做买卖经营的是具体商品而非精神财富，这样的经验让他相信，倘若在买卖中对方处于更有利的地位，那么凭借屠杀或者发脾气是于事无补的。一生他都保持这个清醒的头脑，这样的头脑在公司办公室里固然能够找到，可是在神学院里却仿佛是大海捞针一样困难。

一五六三年福斯图斯返回了意大利。在回程中他来到了日内瓦。他似乎没有向当地主教表示敬意。何况那时的加尔文已经生病，索兹尼家族的人拜访只会增加他的烦恼。

在后来的十多年中，索兹尼在伊莎贝拉·德·梅迪希那儿做事。可一五七六年在这位太太结婚狂喜后的几天，丈夫保罗·奥希尼就将她杀死了。索兹尼便辞了职，永久离开了意大利，前往巴塞尔，将《赞美诗》翻译成意大利白话文，还写了一本有关耶稣的书籍。

福斯图斯的作品能够表露出，他是个小心谨慎的人。首先他的耳朵有毛病，耳聋的人都天生谨慎。

再者，他可以从阿尔卑斯山另一面的几块地皮中获得收益，托斯卡那的执政者暗示他，被认为怀疑是"路德学说"的人在评论使宗教法庭恼羞成怒的题目的时候，别太过分就可以了。所以他用了很多笔名，在一本书出版之前，一定要让朋友们过目一下，觉得比较安全方才送去印刷。

如此一来，他的书没在禁书的目录之中，那本有关耶稣生平的书被流传到了遥远的南喀尔巴阡山，落到另一位崇尚思想自由的意大利人之手。他是米兰与佛罗伦萨的某些贵妇的私人医生，同波兰与南喀尔巴阡山的贵族结为亲戚。

那个时候南喀尔巴阡山是欧洲的"远东"，到十二世纪的初期还是荒野一片，久而久之成了安顿德国的多余人口的聚集地。这片沃土被勤劳的撒克逊农民变成了一个繁荣昌盛、井井有序的小国家，有城市、学校，甚至还有几所大学。不过这个小乡村还是远离旅游通商的要道。一些人出于某种原因，希望远离宗教法庭的忠诚者，最好和他们相距几英里的沼泽地与高山，因而这个小国家成为了理想的栖身之所。

至于波兰，几百年以来，只要人们提到这个不幸的国家就会联想起保守与沙文主义的一般思想。不过我要告诉读者们，在十六世纪早期，它却是货真价实的避难所，保护了一切因为宗教信仰而在欧洲别的地方忍受折磨的人，这是个让人高兴的意外吧。

这个出人意料的情况是因为典型的波兰风格导致的。

在很长一段时间里，这个共和国是整个欧洲管理得最差的国家，这是众所周知的。波兰的高层次的教士玩忽职守，可西方各个国家主教的放荡不羁与乡村牧师的酗酒闹事已成为司空见惯的事情，所以对波兰的情况没有引起充分重视。

可在十五世纪后半叶，德国大学里的波兰学生迅猛增多，这吸引了维藤贝格与莱比锡执政者的眼球。学生们开始提出质疑。随后，事态发展到由波兰教会管理的克拉科夫波兰学院衰败到底，可怜的波兰人要想接受教育就不得不背井离乡。不久后，条顿大学受到新教教旨的影响，华沙、拉杜姆以及琴斯托霍瓦的学生也加入了进来。

他们功成名就还乡之时，已是羽毛丰满的路德派了。

在宗教改革的早期阶段，国王、贵族以及教士想清除错误思想的蔓延还是非常容易的。可是进行这样的措施，必须要共和国的统治者团结在一项明确普及的政策下，这肯定非常矛盾，由于这个古怪国家最神圣的传统是，一张反对票就可以推翻一项法律，就算是国会别的所有议员都支持也改变不了。

过了不久，那个杰出的维藤贝格教授在宣传他的宗教的时候又发明了一个经济副产品，那就是将全部教会财产都没收掉，从波罗的海至黑海间的肥沃平原上的博尔劳斯家族、乌拉蒂斯家族以及别的骑士、伯爵、男爵、王子与公爵，都显而易见地倾向另外一种信念，也就是荷包里要有钱的信念。

这个发现之后，紧接着出现了为修道院的领地而进行的不大神圣的抢取豪夺，产生了闻名的"间歇"，从古至今，波兰人就是凭借这种"间歇"拖延思考时间的。在这段时间里，一切权力都保持平衡，新教徒便有机可乘，在不到一年时间里便建起自己的教堂，并且遍及各地。

最后，新教长期的争论又将农民赶回到教会的怀抱之中，波兰又一次成为天主教的一个毫不妥协的坚固堡垒。不过到了十六世纪后半叶，波兰得到了允许各种宗教派别共存的通行证。西欧的天主教与新教开始了扫除再洗礼教徒的战役，幸存者于是往东逃窜，最终在维斯杜拉河畔定居。恰好这个时候，布兰德拉塔大夫手拿索兹尼有关耶稣的书，表示想认识一下作者。

乔古奥·布兰德拉塔是意大利公民，医生，才华横溢。他曾就读于蒙彼利埃大学，是杰出的妇科专家。他从头到尾都桀骜不驯，却很聪慧。他如同当时许多医生一般（想想拉伯雷与塞维图斯），不但是神学家而且还是神经病专家，角色时常变更。他把波兰皇太后的病成功地治愈了，原本她总是有幻觉，觉得只要是怀疑三位一体的人就都是错的，病好之后就悔恨自己的错误，之后就仅仅判决赞成三位一体教义的人。

这位好皇太后已经去世了（是被情人杀死的），她的两个女儿都嫁给当地的贵族了，作为医疗顾问，布兰德拉塔在政治上产生了极大的影响力。他知道内战已剑拔弩张，除非采取行动结束宗教上的争吵才行，因而他竭尽全力想在对立教派之间调和，停战。然而达到目的，需要一个比他更为精通复杂错综的宗教论战的人。他灵光一闪，想起了讲述耶稣生平的那个作者。

他写信给索兹尼，请他东行。

不幸的是，索兹尼抵达南喀尔巴阡山的时候，刚刚爆料了布兰德拉塔私生活中的大丑闻，那个意大利人也不得不被迫离职，杳无音讯了。可索兹尼留在了这个遥远贫瘠的土地上，迎娶了位波兰姑娘，一六〇四年死在了那儿。

他毕生最后二十年是最有趣的时期，因为，这个时期他具体表达了有关他自己的宽容思想。

十六世纪下半叶是出版大量宗教问答手册，教理信仰、宗教和信条的时代，在日耳曼、瑞士、法国、荷兰以及丹麦，人们到处都在写这样的东西。然而各地草率出版的小册子都阐明一个糟糕的信条：他们（也仅有他们）才能够代表真正的真理，一切宣誓过的执政者的责任，便是大力支持这种特殊形式的真理，用剑、绞刑台以及火刑柱对那些肆意信仰别的劣质真理的人进行惩处。

索兹尼的信仰具有完全相反的精神。一开始它便打开天窗说亮话，它的真正意图一定不是同别人吵架。

他继而说道："许多虔诚的人饶有见地地埋怨说，现今已经出版，还包括各个教会正在出版的各种各样的教义与宗教手册是基督徒间产生分歧的罪魁祸首，由于它们都企图将一些原则强加于人们的良知上，将持异议者看成是异端分子。"

由此，他用最正式的方法说明，索兹尼派绝不赞成剥夺或压制所有人的宗教信仰。提及广义的人性，他又作了下面的呼吁：

"让所有人对他的宗教进行自由评判吧，那是因为这是《新约》制定的法则，早先的教会已开了先河。我们这些悲惨的人有何资格要压抑或熄灭上帝已在别人心中燃起的圣灵之火？我们谁能垄断《圣经》的含义呢？我们应记住，我们唯一的主是耶稣基督，人们都称兄道弟，有谁被赋予了压制他人的力量呢？也许其中某个兄弟比他人有才一些，不过在自由与基督的关系上，大家都是平等的。"

全部的这些都无与伦比，不过却早了三百年。索兹尼派与别的新教派都不指望在那个动荡的年代长时间地坚定自己的立场。一股反对宗教改革的潮流已势不可当地开始了。成群的耶稣会神甫在失去的省份里大展身手。新教徒们边工作边争吵，这让东部人很快又站了罗马一边。现在来这些远离文明欧洲的地方旅行的人们，很难想到曾经的这里是最先进、最自由的思想堡垒，也无法猜测到在可怕的路德山丛中曾有一个小村庄，在那儿世界首次得到了实现宽容的明确方向。

好奇心作怪，我近来一天早上来到图书馆，把我国青年了解过去的最为流行的教科书浏览了一遍。有关索兹尼派或索兹尼叔侄只字未提，全部的书都从社会民主派跳到汉诺威的索菲亚，从撒拉森斯跳到索比斯基。然而在这个被跳越的年代，为人熟知的伟大宗教革命领导人是大有人在的，这其中包括厄可兰帕鸠斯与一些不重要的人物。

仅有一卷提到了这两位杰出的锡耶纳人文主义者，可是却是出现在罗列路德或者是加尔文言行中的一个含糊不清的附录上面。

预见确实存在危险，然而我却怀疑，在之后三个世纪的通俗历史当中，这所有的一切都会改变，索兹尼叔侄自然会享有他们单独的一小章节，可宗教改革的英雄人物则会降到次要地位。

即使放在脚注上他们的名字也会显得醒目万分。

十八、蒙田

有人觉得中世纪的城市空气对自由有益。

确实是这样。

躲在高高大理石墙后面的人们完全能够安全地对男爵与教士不屑一顾。

不久之后，欧洲大陆的情况有很大的好转，国际商业又变成了可能，因而产生了另外一种历史现象。

用三个双字词组表示出来就是：生意成就宽容。

你在一个星期内的任何一天，尤其是在星期日，都能够改变这样的论点。

温斯堡与俄亥俄能够支持三K党，纽约却不可以。倘若纽约人掀起一场运动，把全部的犹太人、天主教徒还有外籍人都驱逐出去，华尔街便会乱成一团，劳工运动拔地而起，一切都化为虚有，没法收拾。

中世纪下半期就是这样，莫斯科是一个看似大公国的首都所在地，会激怒新教徒，可是位于国际商业中心的诺夫格罗德却必须小心行事，否则就会惹恼前来做买卖的瑞典、挪威、德国以及佛兰芒的商人，将他们赶到维斯比去。

一个纯农业国能够用一整套丰盛的火刑来泰然处置农民。然而，假如威尼斯人、热那亚人以及布吕赫人在他的城内开始屠杀异教徒，那样的话，代表国外公司的人就会马上逃离，继而资金也将被抽回，城市经济面临瘫痪。

许多国家无法从根本上得到教训（比方西班牙、教皇统治区与哈普斯堡的领地），却依旧被所谓的"对信仰的忠诚"牵制，将信仰的对立者无情地驱逐出去。结果，它们要么就化为乌有，要么便缩小为第七等国家。

不过往往商业国家与城市的掌控者都非常尊重既定的事实，了解自己的利益所在。因而在精神世界里保持中立，天主教、新教、犹太人还有中国客人都可以照常经商，而且继续忠诚他们自己的宗教。

为了保持外表的体面，一项反对加尔文教派的法案在威尼斯通过了，但是十人内阁议会却小心谨慎地告知宪兵，这条法令无须太过认真执行，让那些教徒自行其事吧，无论信仰什么都行，除非他们真的决定夺得圣马尔可教堂作为他们的会场。

他们在阿姆斯特丹的好朋友也是这样做的。每个星期日，新教牧师们都高声责骂"放荡妇人"的罪行。可是在周边的街道上，在一个不起眼的房间里可怕的天主教徒也默默地做弥撒，门外还有新教警长盯梢，防止日内瓦宗教手册的发狂的崇拜者闯进这个犯禁的会议之中，将他有用的法国与意大利客人吓走。

这并非说，威尼斯与阿姆斯特丹的人民已不再是自己教会的虔诚弟子。他们同以往一般，依旧是好天主教徒或者是新教徒。可是他们明白，汉堡、吕贝克或里斯本的十个商贩的异端教徒的美好愿望，要比日内瓦或者是罗马的十个寒酸教士的认可更有价值，因而他们便宜行事了。

蒙田有开明与自由的想法（并非一直是一种），可他的父亲与祖父却从事鲱鱼生意，母亲身为西班牙犹太人的后裔，将这两者联系在一起难免牵强附会。可是依我来看，商界长辈对蒙田的理念产生过很大的影响。他作为战士与政治家，毕生的特点就是厌恶盲信与偏执，这起源于离波尔多主要港口很近的一家小鱼铺。

假如我当蒙田的面这样说的话，他是不会对我表示感谢的，因为他出生之时，一切"从商"的痕迹都从闪耀的家族纹徽中被小心地抹掉了。

他的父亲得到了蒙田地方的家产，便大手大脚地花钱，希望儿子成为一个绅士。蒙田刚会走路，他的可怜小脑瓜里就被专职教师塞满了拉丁文与希腊文。六岁他被送到高级中学，二十岁未就已成为波尔多市议会的羽毛丰满的成员了。

随后他参了军，还在法院干过一段时间。三十八岁时父亲去世了，他退出了所有与外界有关的活动，将剩余二十一年（除了几次违心地短时间介入政治）都花费在他的马、狗以及书上，并且都颇有研究。

蒙田可被称为是划时代的人物，有着许多弱点。他从未彻底摆脱一些感情与礼仪，这位鱼贩的子孙后代深信这才是具有真正的绅士风度。直到他去世时，还在说自己不是一位真正的作家，不过是个乡村绅士，到了冬天为了打发无聊的时间，才简略记下稍许有点哲学含义的杂乱思想。这都是废话。倘若说有人将他全部的身心、灵魂、美德与罪恶以及所有都奉献给了自己的书，那就是这位可以同不朽的达丁塔昂相比肩的快乐绅士。

因为身心、灵魂、美德还有罪孽全都属于这位豁达开朗、很有教养和让人开心的人，他的所有作品要比文学作品更高一筹，它们已慢慢变成明确的人生哲理，它们是以常识与实际的日常准则为基础的。

蒙田生为天主教徒，死时依然是天主教徒，年轻时曾身为法国贵族，为了将加尔文主义驱逐出法国而设的天主教贵族同盟。

一五七二年八月的某一天，三千名法国新教徒被教皇格列高里八世欢庆杀死，这是一个具有决定意义的一天，此后蒙田永远离开了教会。他再也没有加入别的教派，以及继续参加一些重大礼仪，以免别人饶舌，可是自圣巴塞洛梅惨案发生的那天夜晚以后，他的那些著作便全与马尔库斯、奥里利厄斯、爱比克泰德等别的十来个希腊罗马哲学家的作品风格如同一辙了。一篇题目为《论良知自由》，十分令人怀念，他在文中，使用的语气就如同是古时帕里克利的同时代人物，而不像是皇后凯瑟琳·德·美第奇的臣子，他还用背教者朱利安的例子来说明真正宽容的政治家应获得的功绩。

文章很精悍，最多才五页，你能够在他文章的第二册的第十九章中找到。

蒙田已看厌了诸多顽固不化的新教徒与天主教徒提倡的绝对自由，这样的自由（在那时的情况下）只会产生新内战。不过一经条件允许，倘若那些新教徒与天主教徒睡觉的时候不再将两把匕首与手枪放在枕头下，则明智的政府就应尽可能避免左右其他人的思想，应允许一切臣民按照最能让自己身心愉悦的方式热爱上帝。

蒙田并非唯一一个产生这样的想法且公诸于世的法国人。早在一五六〇年，凯瑟琳·德·美第奇的前任臣子麦克尔·德·豪皮塔尔与若干个曾就读于意大利大学的毕业生（因此被怀疑是受到了再洗礼教的熏陶）就曾说过，对异端分子只适合用文字论战。他的让人讶异的观念是，良知有它自己的原本面目，不是依赖武力能够改变的。两年之后，在他的努力之下《皇家宽容法》颁布了，该法让胡格诺教派有资格召开自己的会议，举行宗教会议探讨本教的事务，成为一个自由独立的教派，而不是一个寄人篱下的小教派。

巴黎有位律师让·保丹，是个受人尊重的公民（他捍卫了私人财产，对托马斯·莫尔在《乌托邦》里表达的共产倾向表示反对），他的观点也是如此，不同意国王有权凭借武力强迫臣民进哪个教堂。

大臣的演讲与政治哲学家的论文受人欢迎的并不多，然而蒙田的书却在以思想交流的名义下聚集在一起的文明人当中阅读、翻译以及探讨，且持续达三个多世纪之久。

他的业余身份与他仅为了乐趣而写作的说法，让他深得人心；否则人们定然不会买（或者是借阅）一本被官方归纳为"哲学"的书籍的。

十九、阿米尼斯

"整体"的安全被"有机社会"放在一切考虑的最前端，可智力或精力超群的人却觉得世界到目前为止的发展全在于个人的努力，不是依赖集体（说到底就是不相信全部变革），所以个人的权力远重要于集体的权力，他们之间一代又一代的冲突恰恰是取得宽容的斗争的一方面。

倘若我们认为这样的前提是对的，则一个国家的宽容程度就和大部分人民的个性自由程度成正比。

以前，偶尔会出现相当开明的统治者，他这样对孩子说："我深信'待人宽则人亦待己宽'的信条。我期许一切可爱的臣民都能对别人宽容，否则就会自食恶果。"

这样，热情蓬勃的臣民们就连忙将官方徽章贮存起来，上面赫然印有几个字："宽容第一"。

不过这个突如其来的转变不过是出于对国王刑吏的惧怕，并不能持久。国王在恫吓的同时再建立起一整套逐级教育的明智体系，将它作为每天的政治活动，方才获得成效。

十六世纪下半叶，荷兰共和国出现了这种幸运的局面。

首先，这个国家拥有数以千计的半独立的城镇与乡村。居民大部分是渔民、水手与商人。这三种人都习惯于某种程度的独立行动，职业性质锻炼了他们遇事下决定果断，根据自己的价值观判别工作中的机遇。

我不是说他们比世上别的地方的人更加聪明，心胸更加开阔。然而艰苦的工作与干劲十足的韧劲让他们成为全北欧与西欧的谷物与渔类搬运工。他们明白，天主教徒与新教徒的钱同样好用，他们喜欢给现金的土耳其人，厌恶要赊六个月账的长老会教徒。因而他们成了进行宽容小测试的理想之国，并且重要的是，所有人都能各得所需，具备天时地利人和。

少言的威廉是"试图统治世界的人必须了解世界"这个古老格言的光荣典范，刚开始时他是个穿着时髦、富甲一方的青年，有让人艳羡的社会地位，是当时最大的君王的机要秘书。他举办晚宴舞会挥金如土，娶了好几个有名的女继承人，生活放荡不羁，今日有酒今朝醉。他很不勤奋，对他而言，宗教小册子远不及赛马图表有趣。

对他来说，宗教改革导致的生活动乱起先不过是雇佣者间的又一次争吵，只需稍用手段，再运用几个五大三粗的警察，就能够解决问题。

然而，等他明白了国王与臣子之间的争端的实质的时候，这位和蔼可亲的贵人已忽然变成了能力卓越的领导人了。事实上，他所要领导的是当时已完全失势的事业。他在短时间内变卖了宫殿、马匹、金银饰物与乡间的房地产（或者是立刻放弃）。这个布鲁塞尔的有名花花公子成为哈普斯堡的最顽固不化、最成功的有力敌人。

不过财产的变动没有将他的个性改变。威廉在富有时是哲学家，住在两三间出租房里、星期六都不知道怎样付洗衣费时依然还是哲学家。曾经有一个主教想建造充足的绞刑架来处死全部的新教徒，他尽力粉碎了主教的计划，现在他一样竭力止住热情的加尔文教徒要绞死全部天主教徒的干劲。

他的目的基本上是毫无指望。

二万到三万人已惨遭杀害，宗教法庭的监狱里满满都是新的牺牲品，遥远的西班牙已正在召集军队，打算在叛乱还未传播到欧洲别的地方的时候就将它击垮。

有人说要热爱刚绞死自己父亲、兄弟、叔父与爷爷的人们，也有人在尽力反对这样的观点，在这儿没有必要告诉读者是谁在反对。不过他利用自己的事例与他对反对者的温柔态度，已向追随者阐明有个性的人要超脱摩西以牙还牙、以眼还眼的律法。

在力争实现公共道德的战斗当中，他获得了一个著名人物的大力支持。在奢华的教室中，一个颇为奇特的简短碑文会映入你的眼帘，上面记载德克·孔赫特的美德，他的遗体就埋在那儿。这个孔赫特相当有意思。他是富家子弟，年轻时长年在国外旅行，得到了有关日耳曼、西班牙以及法国的第一手资料。一回国，他便爱上了一位身无一文的姑娘。他的荷兰父亲处事小心，不让他们结婚。儿子不顾反对依然结了婚，于是父亲做了长辈在此般情况下一定会做的事情：指责他不孝，且剥夺了儿子的继承权。

年轻的孔赫特必须要干活维持生计了，这对他来说确实有点困难。可是他多才多艺，学会了一门手艺，成了一名铜雕匠。

哎，一做荷兰人，便一直要说教。每当到晚上，他就急匆匆放下雕刻刀，拿起鹅毛笔，记录下一整天的大事。他的笔锋并不大像现今人们所说的"吸引眼球"。不过他的书中有很多同伊拉斯谟所说明的容易让人接受的道理，这让他交了很多朋友，也同少言的威廉接触了，威廉极高地赞赏了他的能力，聘他做机密顾问。

那时威廉正致力于一个奇怪的争论。国王菲利浦经教皇指使，想灭掉人类的人敌（也同样是他的死敌威廉），他悬赏两万五千金币、还有贵族头衔以及赦免全部罪行的代价，让人去荷兰把这个头号异端分子杀死。威廉已经遇险五次，但他认为用一套小册子反驳菲利浦国王是他的职责，孔赫特帮了他一把。

论点是针对哈普斯堡内阁的，可是想指望内阁会因此而变得宽容一些，那根本就是痴心妄想，不过全世界都在凝视威廉与菲利浦的对决，小册子也被翻译成了不一样的文字，流传广泛，里面相当多题目是人们曾经只敢窃窃私语的，现今却展开了激烈的讨论。

可悲的是，争论过了不多久便结束了。一五八四年七月九日，某位法国天主教徒得到了两万五千金币的酬金，六年之后，孔赫特还未将伊拉斯谟著作完全译成荷兰文，便与世长辞了。

在之后的二十年里，硝烟弥漫，炮声鸣鸣，湮没了持不一样观点的神学家间的咒骂。后来敌人从新共和国的边界被逐了出去。可这个时候却没有威廉这样的人来管理内阁事务。原本在大量西班牙雇佣军的压力之下，不同教派暂且很不情愿地和解之后，现在又要打成一片了。

他们的战争肯定是要找个借口的，然而，任何神学家都应该有要抱怨的事情吧？

在莱顿大学，有两个教授的见解产生了分歧。这算不上什么新鲜出众的事。可是，他们反对人有意志自由，这的确是一个极为严重的事情。兴奋的人们马上就参加到讨论之中了，还没两个月，整个国家就分成的两个敌对的阵营。

一面是阿米尼斯的好友。

另一面是戈马鲁斯的狂热追随者。

尽管戈马鲁斯出生于荷兰家庭，可他的一生却是在德国度过的，是条顿教育体系的杰出产物。他学识渊博，但对起码的常识却很缺乏。他精通希伯莱律学中的奥秘，可是心脏却依照阿拉米语的语法规则在跳动。

他的对手阿米尼斯却截然相反。他出生在奥德沃特，是距离伊拉斯谟度过不愉快的少年时光的斯特恩修道院很近的一个小城市。他年幼时得到了邻居、马古堡大学杰出数学家与天文学教授的深厚友谊。这个人名为鲁道夫·斯内里斯，阿米尼斯被他带回德国，让他接受良好的教育。然而这个孩子在第一次放假回家时，了解到西班牙人已将家乡洗劫一空，亲戚全都遇难了。

他的学业似乎因此而无法继续，幸好一些富有爱心的有钱人士听说这个幼小孤儿的遭遇，慷慨资助，送他到莱顿大学，学习神学。他努力刻苦，六年之后就学完了全部的课程，又开始去找寻新知识的源泉了。

那时，出色的学生总能够找到赞助人为他们的前程掏钱。很快阿米尼斯就拿到了阿姆斯特丹几个行会给他的介绍信，兴高采烈去南方找寻受教育的机会了。

作为一个受人尊敬的神学继承者，他首先前往日内瓦。加尔文已经死了，不过他的仆从西奥多·贝扎如同天使般的牧羊人接替了他。这个捕捉异端者的老手有敏锐的鼻子，马上闻出这个年轻荷兰人教义中的拉姆主义味道，对他的拜访也缩短了很多。

对现在读者来说拉姆主义这个词一点意义都没有。可是熟知米尔顿文集的人都明白，三百年以前它被当成是相当危险的宗教新说。它由一个叫彼尔·德·拉·拉姆发明或者创立的（你怎样用词都行）。在他还是学生的时候，非常厌恶老师过时的教学方案，因而他选了个令人讶异的题目作为他的博士论文：《亚里士多德教诲的所有都是错的》。

肯定的，这个题目没有得到老师的好感，几年之后，他又将自己的观念写进几本才华横溢的书中去了，这让他必死无疑，他是首批圣巴塞洛梅大屠杀牺牲者。

不过书并没有随着作者的死一起消亡，拉姆的书残留了下来，在西欧和北欧他的惊异逻辑体系也受到热烈的欢迎。然而真正的虔诚者却觉得拉姆主义是前往地狱之门的通行令，所以有人劝阿米尼斯前往巴塞尔，自从落入对全部的一切持探索态度的伊拉斯谟的魔爪中后，这个多灾多难的城市一直将"自由派"当成榜样。

阿米尼斯于是起程北行。可他又作出一项令人费解的决定。他胆大妄为地踏进了敌人的境内，在帕多瓦大学学习了几学期，他前往罗马一次。一五八七年他返回故里的时候，他成了国人眼中的危险人物。然而他非常的谦卑，因而慢慢地赢得了人们的好感，成为了阿姆斯特丹新教的牧师。

他不但发挥了自己的作用，还在瘟疫泛滥的时候获得了英雄的美名。很快地，人们真心拥戴他了，派他重建城市的公共教育体系，他接受了，一六〇三年，当他作为羽翼丰满的神学教授要调往莱顿的时候，首都的全体居民都还恋恋不舍。

要是他知道在莱顿等着他的是什么，我敢肯定他是觉得不会去的。他前往那的时候，恰逢下拉普萨里安派教徒与上拉普萨里安派教徒之间的战役发展得如火如荼。

阿米尼斯的家庭背景与接受的教育都是下拉普萨里安派。他本想一视同仁，对同事上拉普萨里安派的戈马鲁斯不带任何偏见。然而两派的差异不可调和。阿米尼斯不得不宣布自己是的的确确的下拉普萨里安派教徒。

读者肯定会问我，这两派都是什么呀，我不清楚，好像也了解不了这些玩意儿。然而据我所知，两派的争论由来已有很长时间，一派（比方阿米尼斯）觉得，在某种程度上人们有意志的自由，能够掌握自己的命运；还有一派是索弗克利斯、加尔文以及戈马鲁斯之辈，他们认为我们一生中的全部早在出生之前就已注定，命运全权取决于造物时上帝圣骰的一掷。

一六〇〇年，大多数北欧人都是上拉普萨里安派。他们喜欢听布道说除自己以外的大部分人是命中注定要进地狱的，假如竟有那么几个牧师胆大妄为，敢于宣讲善良与仁慈的福音，他们就立马被怀疑得了罪恶的软弱症，如同仁慈的医生一样，不给人们开苦口良药，却用他们的慈悲心肠将病人置之死地。

莱顿的很多爱说闲话的老妇人一发现阿米尼斯身为下拉普萨里安派教徒，他的作用随即终止了。他以前的朋友与支持者肆意咒骂他，他被折磨而死。后来，两派都介入政治领域，似乎这在十六世纪是无法避免的。在选举中上普萨里安派大获全胜，下拉普萨里安派被宣判为破坏公共秩序的敌人与国家的叛徒。

这场荒诞滑稽的战争还未结束，奥尔登·巴内维尔特就身首异处了，曾经他是少言的威廉的助理。对共和国的建立有功，格罗蒂斯逃到瑞典女王的王宫中过着寄人篱下的生活，虽然曾经他的温顺节制让他成为国际法律公正体系的第一个伟大倡导人；少言的威廉为其献身的事业好像中途而废了。

然而加尔文主义者并未得到预期般的胜利。

荷兰共和国不过是名义上的，其实是商人与银行家的俱乐部而已，经几百个很有势力的家族统治着。对于平等与博爱，这些绅士一点也不感兴趣，却相信法律与秩序。他们承认并支持已经存在的教会。每到星期日，他们就热情洋溢地来到四壁洁白的教会，过去这儿是天主教堂，如今是新教徒的布道所。但是到星期一，教士想拜见市长与议员们，想愤愤不平地说说这人德行不好的时候，官员们却又"在开会"，无法接见这些虔诚的人。倘若虔诚的人持之以恒，号召成百上千名虔诚的教民在市政大厅门口"示威"（这样的事情经常发生），官员们也会文质彬彬地垂青，接过虔诚的教士抄写工整的诉苦书与建议书。然而，大门在最后一个穿着黑袍的请愿者关上之后，官员们便会用那些文稿来点烟斗。

他们已采纳了确实有效的格言："仅此一回，下不为例。"那些年上拉普萨里安教派掀起的大规模的骇人内战将他们吓坏了，所以他们坚定地抑制了形形色色宗教狂的发展。

后人们并不经常夸赞这些贵族。毋庸置疑，国家被他们视为私有财产，也无法长久地将祖国的利益与自己的利益区分得清清楚楚。同整个帝国角度相称的宏观是他们所欠缺的，所以基本上是小事精明大事糊涂。不过他们做的一些事值得我们由衷的推崇。国家被他们变成了国际交换站，在这儿，持有各种思想的人们都有最为广泛的自由，可以畅所欲言、不用顾忌地去思索、去写作、去出版。

我并不希望描绘得过于动人。在内阁的威胁之下市议员也会常常会被迫镇压一次天主教的秘密集会，或者是没收一本气焰过于嚣张的异端分子发行的小册子。可是通常来讲，只要人们不公然爬到市场区中央的肥皂箱上大声诋毁宿命论，不将天主教的大串念珠带进公共餐厅，承认南方卫理公会的上帝的存在性，便能够确保某种程度上的平安无事。在几乎两百年内，相当多的人在世界别的地方因思想而受到迫害，然而荷兰共和国却变成了他们的真真切切的天堂。

这个地方又一次成为天堂的消息传播开去。在以后的两个世纪里，荷兰的印刷厂与咖啡厅里挤满了各种各样的热情者，他们是精神解放军队里的领头羊。

二十、布鲁诺

据说（并且很有依据）第一次世界大战是没有军衔的军官之间的战役。将军、上校以及三星战略家坐在某个无人问津的别墅大堂中，目不转睛地看着数英尺长的地图，低头沉思，直到可以想出一点新战术，让他们得到半英里的领地（以三千人的牺牲为代价），而同样地，在聪明下士的帮助和鼓舞之下，下级官员、中尉、下士却做着所谓"黑活"，最后使得德国边防的崩溃。

为精神方面的独立而进行的伟大战争同它相差甚微。

没有投进几十万士兵的正面交锋。

没有给敌人的炮兵供应靶子的孤注一掷的冲锋。

我说得更确切一点，大部分人完全不知道是在打仗。好奇心会让他们寻问早上谁被烧死了，明天又会有谁要被执行绞刑。后来他们或许会发现，有若干个亡命之徒还依然在为天主教徒与基督徒内心赞成的几项自由原则而进行抗争。不过我想，这样的消息只会令人们轻声叹惜而已。然而，假如自己的叔叔落得这样可悲的下场，亲戚们绝对会痛心不已的。

可能情况只会这样。殉道者为了自己的事业而献出了生命，他们的功绩无法简化成为数字公式，也不可以用安培与马力的概念来表示。

某个攻读博士学位的勤奋刻苦的学生会认真阅读乔达诺·布鲁诺文集，经过用心地收集一切充满感情的语言，比方"国家没有权利告诉人们应想什么"与"社会不应用剑来惩处不赞成一般公认的教理的人"，写出一篇以《乔达诺·布鲁诺（一五四九——一六〇〇年）与宗教自由的原则》为题的能够让人所接受的论文。

可是，我们这些不再研究如此重要课题的人，看问题的角度也会不一样的。

在最后的分析中我们说过，有一类虔诚人士，当时的宗教狂热令他们深感震惊，也震惊于大众头上的枷锁，各个国家的百姓不得不在枷锁下生活。所以他们起来反抗。他们真是一群穷光蛋，除了背上的披风之外空无一物，连睡觉的地方都保证不了。然而圣火在他们心中熊熊燃烧，他们穿梭着，探讨，写作，将高深学府里的高深教授拉到高深莫测的争论上来。在偏僻的乡间酒馆中同卑贱的乡巴佬进行一般的辩论，而且继续宣讲要善良、理解与仁爱地待人。他们手拿书籍与小册子，穿着褴褛，到处奔波，最后患肺炎，在波美拉尼亚的穷乡僻壤的凄清小村庄中死去，要么就是被苏格兰小村醉酒闹事的村民私刑处死，要么便是在法国的街道上被车轮碾得碎尸万段。

假如我提及乔达诺·布鲁诺的名字，我并非说他是这类人里面唯一的一个。然而他的生活、思想，他自己认为是对的，且正合他心意的东西所迸发出的不息的热情，确实是一切先驱者的典范，是非常好的例子。

布鲁诺的父母很贫穷，他们的儿子是个普普通通的意大利孩子，没有天资可言，不过是依照通常惯例进入修道院。后来也变成了多明我会教士。他同这个团体格格不入，原因在于多明我会教徒狂热地支持一切迫害，在那个时候被称为"真正信仰的鹰爪"。他们都非常灵敏。异端分子不用将观点写出来让追踪者嗅出味道。一个眼神，一个手势，耸耸肩膀，就会常常露馅，使他必须与宗教法庭打打交道。

布鲁诺是在所有的一切都要俯首听命的环境中成长起来的，他是如何成为叛逆、丢掉《圣经》而手捧塞诺和阿纳克萨哥拉的书籍的，我也不大明白。可是这个怪异的新手还未将规定的课程完成，就被取消多明我会教徒的资格，变成大地上的浪子。

他翻越阿尔卑斯山。在他前面，有多少青年冒死穿越了这个古老的山口，期盼能在罗纳河与阿尔弗河交汇点的森林中获得他们梦寐以求的美好自由啊！

又有多少人灰心丧气地离开了，他们发现那个地方同别处一样，总有一个内在的精灵蛊惑人心，改个教义并不代表着改变了人们的心灵与头脑。

布鲁诺在日内瓦住了不到三个月的时间。城里到处都是意大利难民，他们给这位同乡找了套新衣服，还给他安排工作，当校对员。到了晚上，他便开始读书写作。他得到了一本德·拉·拉姆的书籍，总算是找到了志趣相投的人。德·拉·拉姆也深信，中世纪教科书上所弘扬的暴政不粉碎，世界就不会进步。布鲁诺没有他的著名法国老师走得那么遥远，不觉得希腊人所有的教诲都是不对的。不过十六世纪的人为何还要受到早在基督出生前四百年所写下的字句的约束呢？到底是何原因？

"因为一直都是如此"，正统信仰的支持者告诉他。

"我们同祖先有怎样的联系，他们和我们又有何关系呢？让死去的人去死吧。"这位年轻的反传统观念者如此答道。

不久之后，警方就来找他，希望他最好卷起铺盖到别的地方碰碰运气。

以后布鲁诺生活是永无止尽的旅行，希望找个在某种程度上比较自由和安全的地方居住与工作，却一直都没有如愿以偿。他经日内瓦前往里昂，又到图卢滋。那个时候他已开始研究天文学了，成为哥白尼的热情追随者，这是非常危险的一步，因为在那个年代，人们都在狂吼乱叫："世界绕太阳转动？世界是围绕太阳转动的普通行星？呸！有谁听说过这样的胡言乱语？"

图卢滋也令他感到不开心。他横渡法国，徒步前往巴黎，随后作为法国大使的私人秘书抵达英国。不过等待他的还是失望，英国的神学家比大陆的强不了多少。或许他们更为实用一些，比方说在牛津大学，他们对犯有违背亚里士多德教诲错误的学生并不处罚，却罚他十个先令。

布鲁诺变得喜欢讽刺挖苦别人了。他开始写一些文采飞扬但又非常危险的短篇散文以及带宗教哲学政治色彩的对话；在对话里，所有现存的秩序被颠覆过来，得到了细致入微可绝无奉承之意的检查。

他还演讲了他喜爱的科目：天文学。

然而学院的掌权者对受学生爱戴欢迎的教授是很少给予笑脸的。布鲁诺再次被迫离开。他回到法国了，又到达马尔堡。不久之前路德与兹温格尔曾在那儿争辩在虔诚的匈牙利女王伊丽莎白地堡里产生的化体的实质。

他的"自由派"声名早已先他而行。甚至连授课他都得不到批准。维藤贝格应好客热情点，不过这座路德信仰的城堡之前被加尔文博士的教徒掌控，从此以后，布鲁诺自由倾向的人也无容身之所了。

他向南走，到约翰·赫斯的领地碰运气。更大的失望在等着他。布拉格变成了哈普斯堡的首都。哈普斯堡一从前门进入，自由就从后门离开了。再次走到大路上去吧，走到遥远苏黎世。

在苏黎世他收到一封意大利青年乔瓦尼·莫塞尼哥的来信，请他去威尼斯。我不知道是什么让布鲁诺接受了邀请。可能一个贵族名字的光彩迷惑了这个意大利农民，他因这个邀请而受宠若惊。

乔瓦尼·莫塞尼哥的前辈勇于蔑视苏丹与教皇，可他自己却是个怯懦的人。他意志薄弱，胆小如鼠，当宗教法庭的官员从他家中要把客人带到罗马的时候，他连手指都动弹不了。

威尼斯政府一直小心谨慎地保护他们自己的权力。假如布鲁诺是个德国商人或者是荷兰船长，他们可能会强烈抗议，倘若外国军队胆敢在他们的管辖范围内抓人，他们甚至会发动战役。可是为一个除思想之外给城市带来不了任何好处的流浪汉，为何要触怒教皇呢？

是的，他自称学者，共和国也深感荣幸，可是国内自己的学者已经足够了。

同布鲁诺作别吧，愿圣马可可怜他的灵魂。

在宗教法庭的监狱里布鲁诺待了长达六年的时间。

一六〇〇年二月十六日，他在火刑柱上被活活烧死了，骨灰随风散去。

他行刑的地方是在坎普迪菲奥利，会意大利文的人也许可以从这个精悍美妙的比喻中得到灵感。

二十一、斯宾诺莎

历史中的有些事情我一直都没搞清楚，其中的一件就是一些艺术家与文人在过去的年代中的工作量。

现代写作协会的成员有打字机、录音机、文秘以及钢笔，每天可以写三四千字。莎士比亚有十余种分散精力的工作，还有个成天无事生非、吵吵嚷嚷的老婆，鹅毛笔也不大好使，他怎么能够写出三十七个剧本来呢？

无敌舰队里的老兵洛浦·德·维加毕生都是忙忙碌碌的，他从哪儿搞来必要的笔墨纸张将一千八百个喜剧与五百篇文章写出来呢？

那个古怪的约翰·塞巴斯蒂安·巴赫又是怎样的人呢？他的小屋内居住着二十个吵吵闹闹的孩子，可他却能挤出时间创作出五个清唱剧，一百九十首教堂大合唱，三首婚礼进行曲，十二首圣歌，六支庄重严肃的弥撒曲，三首小提琴协奏曲（只需一部小提琴协奏曲便能让他的名字永载史册），七首钢琴乐队协奏曲，三首两台钢琴的协奏曲，两首三架钢琴的协奏曲，三十首管弦乐谱，还曾给长笛、竖琴、风琴、低音提琴、法国号写了曲子，这些让普通学生练一辈子都足够了。

还有，在三十年里伦勃朗与鲁本斯差不多每月都创作四幅画或者是四幅蚀刻画，他们是如何的勤奋努力呢？卑微的平民安东尼奥·斯特拉地瓦利一生中是如何做出五百四十把小提琴、五十把大提琴以及十二把中提琴的呢？

现在我要讨论的不是他们的脑袋怎么可以想出如此多的情节，听如此多的旋律，看出形形色色的颜色与线条组合，选有用的所有木材。我只是吃惊他们体力的一面。如何能胜任呢？他们不睡吗？他们也有打几小时台球的工夫吗？他们从不感觉疲惫吗？莫非他们没有听说过"神经"这个东西？

十七、十八世纪到处都是这样的人。他们不注重自己的健康，大吃大喝有害食物，完全不明白身为人类中光荣的一员所肩负的崇高使命，不过他们生活得十分舒适，施展的艺术才智很是骇人。

艺术与科学的情形也在繁琐复杂的神学上出现了。

无论你去哪个有二百年历史的图书馆里，你都能够发现天花板与顶楼上满满堆放着八开、十二开与十八开的宗教小册，布道书、讨论文集、驳论、文摘还有评论，用皮革、羊皮纸或者是纸张装帧起来的，这些书上面尘土堆积，早已被人们遗忘。然而这些书里都蕴涵着博大却又无用的学识。

在现代人看来，里面探讨的题目和运用的好多词汇已失去了意义。不过这些已生霉的汇编却有着相当重要的目的。倘若它们没有其他贡献，至少来说清洁了空气，因为它们或是将探讨的问题解决了，令相关人士满意，或是让读者明白逻辑推理和辩论无法解决那样的问题，于是随便扔在一个地方不管了。

听起来这似乎是讽刺挖苦式的恭维。可是我希望以后三十世纪的批评家们在咀嚼我们现今遗留下来的文学与科学成就时也可以慈悲一点。

巴鲁克·德·斯宾诺莎是这章的主人翁，从他的作品数量上来看，他没有跟随当时的时尚。他的全集无非就是三四个小本子，几捆信札而已。

可是，他运用正确的数学方法解决他在伦理学与哲学中的抽象问题所需的大量东西，会让一般的健康人胆战心惊。这个可怜的肺痨病人的死，完全是因为这个缘故，他企图运用乘法口诀表来理解上帝。

斯宾诺莎是位犹太人。然而那时的犹太人还未受过犹太隔离区的耻辱。他们的祖辈在西班牙半岛定居之时，那儿还是摩尔的一个省份。西班牙征服之后，引入"西班牙隶属西班牙人"的政策，终于让国家陷入崩溃的境地，斯宾诺莎全家不得不离开老家，坐船来到荷兰，在阿姆斯特丹买了一幢房子，努力工作，积累财富，很快就成了"葡萄牙移民"中受人尊敬的家族了。

假如说他们的儿子巴鲁克意识到了他的犹太血统，则除了邻居小孩的讽刺外，更重要的是在塔尔穆德学校接受的训练。因为荷兰共和国充斥着阶层的偏见，没有时间来顾及种族偏见，因而在北海和须德海的海岸，外来民族能够找到避难之处，过上和谐平静的生活。这是荷兰生活的重要特点之一，那时的旅行者在撰写"游记"时一定不会把这点遗忘，这是有充分理由的。

在欧洲别的大多数地区，就算是到了相当晚的年代，犹太人与非犹太人的关系还是水火不容。二者的争吵无法解决，因为双方都对也都错，都能够说是对方专横跋扈与偏见的受害人。这本书中已说过，宽容是一种自我保护的方式，依据这个理论，十分明显，只要基督教徒与犹太人忠诚于他们自己的宗教，就会觉得对方是敌人。首先两方都认为自己信奉的是真正唯一的上帝，别的民族的所有上帝全是假的。再者，双方是最危险的商业对手。犹太人如同曾经到巴勒斯坦一般到达西欧，是寻找新家园的移民。那时的工会即"行会"不让他们进入任何职业，因此他们宁愿开个当铺与银行，用来作为经济上的权宜之计。在中世纪这两种行业十分类似，人们觉得，正派人是不会去做这一行的。直到加尔文时期教会都还对金钱（税收除外）深恶痛绝，拿利息被他们看成是罪孽，这真是无法理解。是的，没有任何一个政府能够容忍高利贷，早在四千年前，巴比伦人便通过一项严厉的法律，用来惩罚那些企图从别人钱里谋利的交易者。我们从两千年以前写下的《旧约》的一些章节中能够读到，摩西曾大力禁止追随者通过高利息的形式借给别人钱，但是借给外国人不包括在其中。之后，连同亚里士多德与柏拉图在内的希腊大哲学家都不赞同"从别人的钱中生出钱来"，对待这种事情教会神甫的态度更加明确。在整个中世纪里，放债人从来都被人瞧不起。在地狱里但丁专门为他的金融界朋友准备了一个小壁龛。

理论上能够证明，当铺行老板和银行家是不受欢迎的公民，要是世界上没有他们该多好呀。可是，要是世界已不再是清一色的农业，那不借助于信用贷款的话就连最一般的生意都没法做。所以放债人成为了人们需要的魔鬼（依据基督教徒的说法），被迫从事人们需要的行当，犹太人注定是要下地狱的，不过体面人绝不会去做。

如此一来，不幸的出走者不得不从事不光彩的行当，这令他们自然而然地变成了富人与穷人的死敌。一旦他们发迹，对方就会翻脸无情，肆意谩骂，将他们锁在城市里最脏的地方，一冲动还会把他们当成不信教的恶徒绞死或者是当成基督叛徒烧死。

多么愚蠢，无知啊。无止境的攻击和压迫并未让犹太人喜欢上基督徒。导致的直接的结果是，大批一流智慧在公共交往中隐退了，数以万计天性聪明的青年本来能够在商业与科学中得到进取，却将头脑和精力花在了无用地研究那些深奥难题与繁琐诡辩的古老旧书上，上百万个无依无靠的男女青年们注定要在臭气熏天的小屋中过畸形的生活，一方面听长辈讲他们是绝对会继承世界和一切财富的，他们是上帝的选民，一方面却又听见别人永无止境地骂他们是猪猡，只配得上绞架或刑车，并因此而吓得魂不守舍。

想让在这样的逆境中生存的人（无论是谁）以正常的眼光看待生活是做不到的。

基督徒的逼迫，让犹太人不得不一次又一次铤而走险，当敌对情绪白热化时他们起来反抗压迫者，又被称为"叛徒"、"忘恩负义的恶霸"，受到更加严重的侮辱和限制。可这样的限制只带来了一个结果，这让心存怨恨的犹太人与日俱增，令其他人意志颓废，将犹太区变成了受挫的雄心与积累的仇恨的可怕场所。

斯宾诺莎出生于阿姆斯特丹，因而没有遭受大多数亲戚生来就承受的苦难。他最先被送往犹太教堂（适合的称呼是"生命之树"）开办的学校，将希伯莱文的动词变化学会之后，就被送往学识渊博的弗朗西斯科·阿皮尼厄斯·范·登·恩德博士那里，主攻拉丁文与科学。

弗朗西斯科博士就像他的名字所表示的那样，出身在一个天主教徒家庭，有传闻说他是卢万大学毕业生，依据城里最为广博的教堂副主祭的说法，他是伪装的耶稣会教士，是个危险分子。然而这是胡说。年轻时范·登·恩德的确在天主教学校学习过几年，不过他对功课不用心。离开家乡安特卫普之后，他前往阿姆斯特丹，开办了一所私立学校。

他有杰出的鉴别能力，通过可行的方法让学生们喜欢上古文课，因而阿姆斯特丹的加尔文派人民不顾忌他曾经同天主教的关系，愿意将孩子托付给他，并且很是自豪，原因在于在六步韵诗和变格上，这个学校的学生远远强于别的学校的孩子。

范·登·恩德教授小巴鲁克拉丁文，可他作为科学领域的最新发现的热情追求者，对乔达诺·布鲁诺崇拜得肝脑涂地，因此绝对会教给这孩子一些正统犹太家庭通常不会提及的事。

小斯宾诺莎一反当时的习俗，没有与别的学生一起住，而是住在家中。他的学识渊博，颇让家人震惊，亲戚都自豪地称他小先生，毫不吝啬地给他零用钱花。他并未将这钱浪费在烟草上，而是用来买哲学书。

有个作者最令他感兴趣。

他便是笛卡尔。

雷内·笛卡尔是位法国贵族，在图尔与布瓦蒂耶交界处出生，在这里查理曼的祖父曾挡住了穆罕默德征服欧洲的企图。他不到十岁就被送往耶稣会接受教育，在那待了十二年，很不受人喜欢，因为他肯思考，未经证明的东西一概拒收。恐怕只有耶稣会会士可以调教这种难管的孩子，既不挫伤他们却又训练得相当成功。要检验布丁的好坏就要尝一尝。办教育也是相同的。假如现代教育家把耶稣会罗耀拉兄弟的教育方法学会了，我们也会有好几个自己的笛卡尔了。

二十岁时笛卡尔开始服兵役，他来到荷兰，在那，纳索的莫里斯已彻底完善了他自己的军事体系，让他的军队成为那些气宇昂扬的想当将军的年轻人的进修的学校。笛卡尔并不时常去纳索亲王的司令部。虔诚的天主教徒怎可当新教徒首领的仆从，听来这似乎像叛国罪。然而笛卡尔感兴趣的是数学与炮兵，并非宗教与政治。荷兰一与西班牙休战，他就辞职，抵达慕尼黑，在巴伐利亚的天主教公爵麾下打仗。

不过那场战役很短，唯一一场较为重要的战役是在拉罗谢尔周边进行的，那时，胡格诺派正在抵挡黎塞留。笛卡尔回到了法国，希望学一些高级攻坚城战。然而他厌倦了军营生活。于是告别戎马生涯，致力于哲学与科学。

他有自己的一笔小收入。他不想结婚，奢望也不多，只希望过平静快乐的生活，并且如愿以偿了。

对于他为何选中荷兰作为居住地我也不十分清楚。可是这个国家随处可见印刷商、出版商以及书店，只要不开诚布公地攻击政府与宗教，出版检查的法律就不过是个摆设而已。何况，他一直都没有学会他所移居国家的文字（对真正的法国人来说这种文字其实并不难），因此躲避了没有必要的伙伴与无用的谈话，可以将所有时间（差不多每天二十个小时）用于他的工作中。

对曾当过兵的人来说，这样的生活太索然无味了。然而笛卡尔有他的生活的目的，很满足于这种自我折磨的身在他乡的生活。随着时间的推移，慢慢他相信，世界依旧被深不可测的未知围绕着，被看做是"科学"的东西实际上沾不了真正科学的边，不首先铲除陈旧的错误与荒谬，就不可能实现总体的进步。这个命题可不小。但是笛卡尔有很好的耐性，到了三十岁，他奉献给我们崭新的哲学体系。他被自己的工作激励着，在最初的体系加入了几何学、天文学以及物理学的元素。工作中他丝毫不偏袒，这让天主教徒说他是加尔文派，而加尔文派又指责他是无神论者。

即便这些喧闹传进他的耳朵，他却一点也没有受到干扰。平静地继续自己的探究，在斯德哥尔摩同瑞典女王探讨了哲学，后来安详地死在那个地方。

在十七世纪的人们心中，笛卡尔主义就仿佛是维多利亚女王时代的达尔文主义一样，引发了极大反响。一六八〇年当一名笛卡尔主义者是一件可怕的事情，非常丢脸。它说明了这个人是现今社会制度的敌人，是索西奴斯教教徒，是个自认不可同体面人同伍的下等人。这并未阻止知识界大多数人饥肠辘辘地接受笛卡尔主义，正如我们的祖辈接受达尔文主义一般。不过阿姆斯特丹的真正犹太人中，却没有人提及这样的题目。在塔尔穆德与托拉赫，笛卡尔主义也无人间津，所以它也便不存在。只要说明它存在于巴鲁克·德·斯宾诺莎的头脑里，结局便早已注定，一经犹太教堂的权威人士插手调查此事，采取官方行动，则斯宾诺莎也会一样的不复存在。

阿姆斯特丹的犹太教会在那时刚经受一场严重的危机。在小巴鲁克十五岁时，出现了一个名为尤里尔·艾考斯塔的葡萄牙流浪汉。他毅然摒弃了在死亡胁迫下被迫接受的天主教，回到了前辈的宗教中来。然而这个犹太人艾考斯塔并非等闲之辈，他是个绅士，在帽子上插根羽毛，腰上挎把剑已是习以为常。那些在德国与波兰学校接受教育的荷兰犹太教士所有的自高自大让他讶异和不悦，他也非常自傲，他从不掩饰自己的观念。

在那种小社团中，如此开诚布公的蔑视是不能被容忍的。一场你夺我抢的战役开始了，一面是自视清高的梦幻者，半先知半西班牙贵族，另一面是铁面无情的法律捍卫者。

结局是可悲的。

首先，艾考斯塔在当地警察局被指控是几本否认灵魂不朽的亵渎圣灵小册子的作者。这让他和加尔文派教士产生了矛盾。然而事实很快就被澄清，控告也被撤消。所以这个犟劲十足的反叛被犹太教会逐出了教会，他的谋生之路也被剥夺了。

在此后几个月中，这个可怜的人流浪在阿姆斯特丹的街头，后来因贫困和孤独的驱使，他重新回到了教会。不过首先他要当众认罪才行，任全部的犹太人鞭打脚踹，然后才可以被批准再次入会。这样的侮辱让他精神失常。他花钱买了把手枪，将自己的脑袋打开了花。

在阿姆斯特丹市民中自杀事件引发很多争议。犹太团体认为不能再次冒险掀起另一场风波。当"生命之树"中这位最有前途的学生已确定无疑地被笛卡尔的新异端思想所玷污之时，犹太教便马上有所行动，企图遮掩。人们找巴鲁克商谈，只要他同意听话，仍然去犹太教堂，再也不发表或散布一切反对法律的主张，便能给他一笔年金。

斯宾诺莎最反感妥协退让，毅然回绝了这样的事。结果，依照闻名的古老《惩处准则》，他被教会开除了。那个准则一点都不给人们思考的余地，都是照搬耶利哥那个年代的诅咒谩骂的字眼。

面对千奇百怪的咒骂，他泰然自若地坐在家中，从报纸上知悉昨天发生的事。甚至当某个《准则》的热衷者想了结他的生命时，他也不愿远离这座城市。

这对犹太教士的威望来说是一个沉重的打击，就算他们祈灵于约书亚与伊莱沙，在短短的六年的时间里却照样有人再次公开向他们宣战。他们急切地向市政厅提起诉讼，希望同市长面谈，告诉市长这个才被赶出教会不多久的巴鲁克·德·斯宾诺莎确实很危险，是个不可知论者，他不信仰上帝，在阿姆斯特丹如此令人尊重的基督社团里是不应该容忍这样的人的。

那些大官员有个很好的习惯，凡事都不介入，却推给基督教教士的小组委员会去办。经小组委员会研究以后，发现斯宾诺莎并未做给城市法律造成危害的事，就实事求是向市政府的官员作了报告。然而他们又认为同一教派的人能这样团结一致是件好事，于是给市长提议，希望这位看似独立的年轻人离开阿姆斯特丹一阵子，等避过风头再回来。

从那过后，斯宾诺莎的生活一直波澜不惊，正如他从窗口看到的大地一般。他于是离开了阿姆斯特丹，在莱顿周边的莱茵斯堡小村里租了一间屋子，白天打磨光学仪器的镜头，晚上抽着烟，按照自己的兴趣读点什么或是写点什么。他一直都是单身。有传言说他同拉丁文老师范·登·恩德的女儿有私情，可斯宾诺莎离开阿姆斯特丹的时候那孩子不过十岁，因而不大可能。

他有几位挚友，每年至少两次会提出要接济一点给他，让他可以用全部的时间从事研究。他回答说他很感谢他们的好意，可他更愿意独立，除某个有钱的笛卡尔主义者每年给他提供八十块钱的补贴外，他没有再多要一分钱，一生都处于真正哲学家应有的令人尊敬的贫穷当中。

他曾有机会去德国当教授，可他婉言谢绝了。有名的普鲁士国王写信给他，希望做他的资助人与保护人，他也没有答应，依然过着宁静快乐的流亡生活。

在莱茵斯堡待了几年之后，他搬到了海牙。一直以来他的身体都不好，半成品镜头上的玻璃末把他的肺感染了。

一六七七年，他在孤独中平静地死去。

让当地教士不悦的是，这个"无神论者"下葬的当天，不少于六辆宫廷豪门的私家马车陪同到墓地。两个世纪以后，当纪念他的雕像落成时，警察们不得不大批出动保护参与这个隆重仪式的人的安全，以免他们被一大群狂热加尔文教徒的怒火所伤。

这便是他，他有何影响呢？难不成他只是将没完没了的理论装进成堆的书里、所用的语言可以将奥马尔·卡雅姆气得脸红脖子绿的勤奋哲学家吗？

不是。

他获得的成就绝非凭借发挥才智或者是运用巧言善辩正确阐释自己的理论。之所以说他伟大，主要是他的勇气。他属于这样的人：只知道一种法则，这种法则是在被人早已遗忘的遥远的黑暗时代里设定的无法变更的一套规矩，这套规矩是为那些自认为能够解释圣理的职业教士所创的精神专制体系。

在他生活的环境里，知识自由的思想同政治上的无政府基本上是同义词。

他明白他的逻辑体系不但会得罪犹太人，也同样会得罪非犹太人。

可他从未动摇过。

一切的问题都被他视为普遍问题，全部看成是一种如影相随的意志的体现，是终极现实的表现，它适合用在最后的审判日，正如适合于创世纪一样。

因此，他给人类的宽容事业作出了巨大的贡献。

斯宾诺莎如同前面的笛卡尔一样，抛弃了旧的宗教设下的狭小界线，用上百万星辰作为基石，建立起自己崭新的思想体系。

如此一来，人类从希腊与罗马时代就被歪曲的真正形象被他恢复了——作为真正的宇宙的公民的形象。

二十二、新的天国

我们没有理由害怕斯宾诺莎的书籍会流传开。他的书就像三角学教科书那样饶有趣味，不过极少有人能读三句以上，无论是哪个章节。

需要另一种人在人民中间传播新思想。

在法国，只要国家转化为君主集权制，大家独立思考与调查的热情就会终止。

在日耳曼，三十年的战争带给人们的是贫穷与恐惧，个人创造力至少被它扼杀了两个多世纪。

十六世纪后半叶，在欧洲大国中英国是唯一一个在独立思考方面有进步可能的国家，国王和国会的长期不和让不安定的因素增加了，有利于争取个性自由的事业。

首先我们要说说英国君主。多年来，可悲的国王一直夹在恶魔般的天主教和如同汪洋大海般的清教徒之间。

天主教的臣民（其中包括好多背地里投靠罗马的圣公会的教徒）一直叫嚣要回到英国国王当教皇的仆人的幸福年代。

可清教徒臣民却用一只眼紧紧盯着日内瓦，梦想有一天英国没有国王，英格兰变得如同蜷缩在瑞士山脉角落里的美好联邦那样。

可这并非全部。

统治英格兰也是苏格兰的国王，在宗教方面苏格兰臣民明确地知道他们自己的要求。毫不怀疑地确信自己反对宗教信仰自由的正确性。对他们来说，新教徒的土地上存在着别的教派，还可以自由信仰，这完全是邪恶。他们坚持觉得，除了天主教徒与再洗礼教徒要被赶出不列颠群岛。并且索西奴斯者、阿明尼教徒、笛卡尔教徒，总之一切对活生生的上帝的存在持不一样观点的人，都应被绞死。

然而，这样的三角冲突产生了始料不及的后果。有些人希望在对立的教派间维持中立，就必须缄默寡言，这让他们变得比之前宽容些了。

倘若在一生的不同时间里斯图亚特与克伦威尔都坚持各教派的平等权利——并且历史告诉我们他们也是如此做了——那绝不是因为他们对长老会教徒或者是高教会教徒有何感情，或是他们得到了那些教徒们的爱戴。他们不过是在某个相当困难的交易中力争最好的结果。马萨诸塞湾殖民地上的某个教派后来变得权势浩大，这一恐怖的事情告诉我们，倘若英国的诸多彼此倾轧的小教派里的一个教派创建了全国管辖范围的绝对专制，那样的话英国的命运将会如何。

克伦威尔确实达到了为所欲为的境界，不过这个护国公十分明智。他明白他的统治是凭借铁的军队维持的，于是小心谨慎地避免所有会让反对派联合对付他的一切行为或者法令。然而他的宽容之心也仅此为止。

至于让人厌恶的"无神论者"——前面提及的索西奴斯主义者、阿明尼教徒、笛卡尔主义者还包括别的人类神圣权力的推广者——他们的生存依然同以前那样，很成问题。

当然，英国的"持自由思想的人"有很大的一个优势。他们濒临大海，只需约三十六个小时的船便能够抵达安全的避风港——荷兰城市。荷兰的这些城市的印刷厂出版南欧与西欧的禁忌文学，横穿北海就表示去出版商那获得一笔稿费，还可以了解一下思想反抗文学中有何最新的东西。

好多人用这个大好时机进行安静地研究与宁静地思考，这里面最有威望的是约翰·洛克。

他和斯宾诺莎是同一年出生的。他同斯宾诺莎（事实上也像大部分独立的思想家）一般，是某个虔诚教徒的家庭的儿子。斯宾诺莎的父母是正统犹太人，约翰的双亲是正统基督徒。他们用自己不同教旨的严格教义来训练孩子，当然他们是出于好意。然而这样的教育不是把孩子的心灵摧毁，就是让他们叛逆。约翰与巴鲁克一样，都很难屈从他人，他紧咬牙关离家出走，自谋生路去了。

二十岁的时候，洛克前往牛津，首次听到笛卡尔讲话。然而在圣凯瑟琳大街尘土漫天的书店，他发现了别的一些更合口味的书，比如托马斯·霍布斯的作品。

霍布斯非常有意思，曾在马格达朗学院就读过，一点也不安分，去意大利同伽利略对过话，和鼎鼎大名的笛卡尔通过信，毕生的大多数时间都居住在欧洲大陆，为了躲避清教徒的怒火中烧。时不时也写一本著作出来，将他对一切能够想到的题目的观点都装到里面，用一个赫然醒目的书名：《极权主义国家，或曰教会联盟和公民联盟的物质、形式与权力》。

这本博学的书出版之时，洛克正上在大学二年级。它一针见血指出了诸侯的本来面目、权力，特别是他们的责任，甚至连最彻底的克伦威尔派也都赞同，好多克伦威尔追随者都倾向于赦免这个一直持怀疑态度的人，原因在于尽管他是个保皇派，却在这本重于五磅之上的书中披露了保皇派的虚伪性。当然，霍布斯并非那种容易划分类别的人。那时的人把他称为"不拘于宗教教条的人"，称呼的意思是，相比于基督教的教义他更感兴趣于基督教的伦理学，主张在不大重要的问题上人们可以有某种程度上的"自由"。

洛克同霍布斯有一样的气质。他毕生都在教会里，却打心眼里赞同对生活与信仰应作宽容的解释。他与朋友们都觉得，国家摆脱了一个戴金冠的暴君，倘若仅仅是为另一个戴黑色耷拉帽的暴君来滥用职权的话，那又有什么用呢？为何要今天对这一群教士的忠诚进行否认，却在第二天又接受另一群一样自大专横的教士的统治呢？逻辑上说这肯定是对的，可是有那么一些人，对他们来讲，一旦"自由人"成功了，僵化的社会体系被伦理辩论的社会体系所代替，他们便会面临失业的境地，所以在他们当中这样的观点是行不通的。

似乎洛克本人很有点魄力，他有几个朋友颇有势力，可以避免他受地方长官的怀疑，然而过了不多久，他依旧无法再逃避"无神论者"的嫌疑了。

这件事发生在一六八三年的秋天，此后洛克来到阿姆斯特丹。斯宾诺莎已离开人世六年了，可是荷兰首都的学术气氛依然很自由，洛克有学习与写作的机会，并且不受官方当局的干涉。他很用功，在逃亡的四年里写下了有名的《关于宽容的信》，这让他成为我们这部小历史书的主人翁。信中（依照他的反对派的意见应是三封信），他完全否定国家有干涉宗教的权利。洛克觉得（这源于另外一个流亡的法国人，皮埃尔·贝尔，当时他居住在鹿特丹，正在独自一人编撰百科全书，非常有才学），国家不过是个保护性的团体，由一批人创建与维持，为的是彼此间的利益与安全。为什么这样的一个组织要发号施令、让别人信仰这个而不许信仰那个，洛克与他的追随者一直都没有搞清楚。国家并未规定他们应吃什么喝什么，为何一定要强制他们去这个教堂而不去那个教堂呢！

清教徒主义的不完全的胜利让十六世纪变成了怪异的宗教妥协退让的年代。

威斯特法利亚的和平把一切宗教战争终止了。它说明了一条道理："一切臣民都不得不服从统治者的宗教信仰。"如此一来，整个公国的公民在今天都是路德教教徒（因大公爵是路德教教徒），可第二天又都突然成了天主教教徒（由于男爵刚好信仰天主教）。

洛克辩论说："假如国家有权让公民的灵魂归宿，那样的话半数人都注定是要沉沦的，原因在于不可能两种宗教都对（依照宗教手册第一条的说法），生在边界这一边的绝对会上天堂，生在边界那一边的注定是要下地狱的。这样的话，人出生时的地理位置就可以决定他的灵魂可不可以被拯救了。"

天主教徒没有被洛克列进他的宽容计划当中去，这的确很遗憾，然而能够理解。在十六世纪的不列颠公民眼中，天主教是个政党，不是宗教形式，一直没有停止颠覆英国的安全计划，它创建了个"无敌舰队"，还弄来大桶的炸药要将这个友好国家的议会炸个稀烂。

因而洛克宁可建议将权力交给殖民地的异教分子，也不想给天主教徒，并且不让他们再次踏入英国的国土。可这仅仅是由于他们危险的政治活动，并非是因为他们的信仰不一样。

要听这种说法就必须回溯到一六〇〇年。曾有个罗马皇帝定下有名的原则：宗教是人同上帝间的事，上帝认为自己尊严受损时，他自己会照顾自己的。

在不到六十年里英国人历经了四次政府的变更，因此基于常识的宽容理想所涵盖的根本道理他们较容易接受。

一六八八年，奥兰治的亲王威廉渡过北海，洛克也坐船紧跟其后，同船的还有英格兰新王后。从此以后，他的生活安宁无事，活到了七十二岁的高寿，成为受人敬重的作者，不再是吓人的异端人士了。

内战很可怕，但是却有一大好处。它能够净化气氛。

十六世纪英国的政治分歧把这个国家的多余精力耗费殆尽。别的国家还在为三位一体彼此拼杀之时，大不列颠的宗教迫害已停止了。时不时会有一个过于胆大的批评家对教会进行抨击，比如丹尼尔·笛福，这或许会倒霉地触动法律。可是《鲁滨逊漂流记》的作者戴上颈手枷示众，原因不在于他是业余神学家，而是由于他是个幽默家。盎格鲁－萨克逊民族一直以来都对讽刺疑心重重。倘若笛福写的是一本严肃为宽容辩论的书，也不会身受责难。对教会暴政的攻击被他化成一本半幽默的小册子，书名叫《持不同意见者的捷径》，这说明他是个不体面的大老粗，和监狱中的小偷有得一拼。

笛福是幸运的，因他的旅行从未超出不列颠群岛的范围。专横跋扈从发源地被赶走之后，在大西洋彼岸的一些殖民地找寻到了受人欢迎的栖身之所。要说这应归因于才搬进那片土地不久的人们的性格，倒不如说是新世界较之旧世界具有更为宽广的经济优势。

英格兰这个小岛上人口稠密，只可以让大部分人有立足的地方，假如人们不想继续履行旧的可敬的"平等交换"的规则，全部的生意都会终止。然而在美国，它的范围广大、财富多得令人难以置信，是一个仅仅住有极少的农夫与工人的大陆国家，这样的妥协就显得不必要了。

因而，在马萨诸塞海岸的小小共产组织中，一种防范巩固的自诩正确的正统教产生了，这是自加尔文在瑞士西部成为了警察长与最高行政审判长的快乐年月以来，没有出现过的情况。

首次在查理河的雪地里住上了人，这是一个别人称之为"朝圣神甫"的一部分人。通常朝圣者是指"因宗教虔诚而到圣地进行朝拜的人"。按这样的意思来说，"五月花"号的乘客并非朝圣者，他们都是英国的瓦匠、服装设计师、搓绳匠、铁匠与修车工，他们非常憎恶别人所崇拜的天主教义，为了摆脱它才离开了英国。

他们最先渡过北海抵达荷兰，来这儿时恰逢经济大萧条。我们的教科书依然描写说，他们决定继续踏上旅行之途是由于不想让自己的孩子学荷兰语，否则便会被那个国家同化。这些老实淳朴的人竟然不图报恩，跑去做美国公民。听起来这似乎没有可能。实际上他们大多数时间都必须住在贫民窟中，在人口已很密集的国家寻求生路确实很艰难。听说在美国种植烟草的收入远大于在莱顿梳羊毛，因而他们便上路去弗吉尼亚。哪想遇到了逆风，马萨诸塞岸边的水手手脚笨拙，他们便决定在这个地方住下，不继续乘着漏船在海上的恐怖中航行冒险了。

不过尽管他们逃离了淹死与晕船的危险，却还是处在危险的环境之中。他们中的大部分都是英国内地的城镇公民，无创造生活的能力。寒冷将共产思想打得粉碎，不息的狂风把城市的热情吹得冰凉，妻儿因没有像样的食物而死了。只有极少数的人熬过了三个寒冷的冬天，他们很善良，对家乡粗鲁且又淳朴的宽容习以为常。然而因为之后又来了几千个新殖民者，他们完全被淹没其中。后来的人全部都是更严厉、不易妥协的清教徒，马萨诸塞被他们变成了查理河畔的日内瓦，长达几个世纪之久。

清教徒在硝烟弥漫的地方痛苦挣扎，灾难重重，他们有比之前任何时候想从《旧约》里找寻他们所想、所做的事情的依据的冲动了。他们同体面的社会与书籍划清界限，领悟出自己的一套怪异的宗教体系。他们将自己看成是摩西与纪登的后代，不久就会变成西部印地安人真正的马卡比。他们无法聊慰自己的艰难乏味的生活，只能告诫自己他们受难为的是唯一真正的信仰，还因此得出结论，别人都是错的。要是谁含蓄地说清教徒的行为并不完全正确，就会因观点不同而受到虐待，要么就是被无情地鞭打一顿扔到荒郊野外，要么就是被割掉耳朵与舌头，驱逐出境，除非他们幸运地逃往邻国瑞典与荷兰的殖民地躲了起来。

对宗教自由与宽容事业来说这块殖民地一点作用也没起，要说有贡献的话那就并非出于本心，不过是歪打正着，在人类进步历史中这是屡见不鲜的。宗教专制的暴力导致了更加自由政策的反作用。在几乎两百年的教士专制后，涌出了新一代，他们是形形色色的教士统治的公开的可怕敌人，认为政教分家非常有必要，对先人将宗教与政治混为一体极其厌恶。

这样的发展过程十分缓慢，却非常有运气，到大不列颠与美国殖民地的敌对战争爆发危机才开始出现。结果，编撰美国宪法的人除了自由思想者便是旧式加尔文追随者的秘密敌人，在这个文件中他们注入了颇为现代化的血液，经验证，在维持共和国的和平稳定中这些原则产生了巨大作用。

不过在这之前，在宽容领域里新世界已历经了一次非常意外的发展，是在天主教区内，在现今马里兰州的一个地方。

这次有意思的实验的人物是来自佛兰芒的卡尔佛特父子，可是后来父亲迁居到英国，效忠于斯图亚特王朝，混得很好。原先他们是新教徒，然而乔治·卡尔佛特——他成为了国王詹姆士一世的私人秘书与总管——对当时人们的神学纠缠十分反感，于是又回到旧信仰身边，以前的信仰无论是好是坏，可是它称黑是黑，称白是白，不会将各项教义的最后裁定权交给那些半文盲的教士。

乔治·卡尔佛特似乎很有才艺，他倒退到天主教（当时相当严重的罪名！）并未让他失去皇上的恩宠。恰恰相反，他被册封为巴尔的摩男爵，在打算给受迫害的天主教徒建一小块处所居住的时候，还得到了四面八方帮忙的承诺。他首先在纽芬兰试运气，不过他派往去居住的人都被赶出了家门，所以他申请在弗吉尼亚获得几千平方英里的地皮。哪想弗吉尼亚人是顽固不化的圣公会教徒，他们也不想和这些危险人物成为邻居。巴尔的摩接着申请获得弗吉尼亚与荷兰、瑞典领地间的一片荒地，可还没等到批准便死了。他的儿子塞西尔接着做他的这件好事，一六三三到一六三四年的冬天，在乔治的兄弟伦纳德的命令下，"方舟"号与"鸽子"号两艘小船穿越大西洋，在一六三四年三月满载乘客平安到达切萨皮克海湾。这个新国家名为马里兰，是依据法兰西国王亨利四世的女儿玛丽来命名的。亨利四世原本打算建立一个欧洲各国联盟，可一个发疯的教士用匕首打破了这个计划，后来玛丽成了英国国王的妻子，但不久之后这个国王又在清教徒手里丢掉了性命。

这个移民区完全不一样，它不排斥印第安人，平等地对待天主教徒和新教徒，过了困难的好几年。起初移民区里圣公会教徒有很多，为了逃脱马萨诸塞清教徒的专横跋扈他们才来的。以后清教徒也进入了这个移民区，想摆脱弗吉尼亚圣公会教徒的专横跋扈。这两群人都是亡命之徒，气焰嚣张，都希望将他们自己的"正确信仰"带到这个刚给他们安身之所的州。因为在马里兰的土地上"一切会导致宗教狂热的争执"都被严令禁止，那些老移民者于是有让圣公会教徒与清教徒都安安分分不要惹是生非的权利。可是，家乡的保皇党与圆颅党的战争一触即发，马里兰人害怕无论哪一方取得胜利，他们曾经的自由都会失去。所以，一六四九年的四月，刚获知查理一世被处以极刑后，在塞维尔·卡尔佛特的直接建议下，著名的《宽容法》被通过了。其中有这样一段，极为精彩：

"由于在宗教方面对思想的强行统治常常给那些所及范围内的地区产生有害的结果，为了本省政权的稳定，为了促进大众彼此间的友爱团结，特决定，所有人不可以宗教或是宗教信仰作为理由，对本省一切耶稣基督信仰者进行干预、扰乱以及迫害。"

在基督会会士掌控重权的国家，这样的法案得以通过，这表明了巴尔的摩家族的出色政治头脑和超群的勇气。这样宽厚仁慈的精神深得来访者的赞许。后来，马里兰的政权被一群外逃的清教徒推翻了，将《宽容法》

废除，取而代之的是他们自己的《关于宗教的法案》，它给自称为基督教徒的人宗教自由，可天主教徒和圣公会教徒却不包括在内。

幸运的是，反动的时期并不长久。一六六〇年，斯图亚特成员重新执政，巴尔的摩派家族也重掌马里兰的大权。

对他们政策的再一次攻击来自别的一面。圣公会教徒在自己的国家取得了完全胜利，所以要将他们自己的教会变成一切移民地区的官方宗教。卡尔佛特家族继续顽强奋战，可他们明白要将新移民者吸引到自己这边已没有可能了。于是经过一代人的斗争，这次试验宣告结束。

新教徒获胜了。

专横也取得了胜利。

二十三、太阳王

十八世纪总是被指为专制的年代。在如今信仰民主的时代，不管专制如何开明，也不会是理想的政府。

一直都说人类好话的历史学家对路易十四君主也会伸出责难之指，随后让我们自己去下结论。这个聪明的皇帝在卫冕之时，天主教与基督徒两派在他的国家里势力相当。他们历经一个世纪的残杀（天主教占了大便宜），最终达成了和解，双方承诺，虽然对方不受欢迎，可却是躲不开的邻居与公民，就必须承认它的存在。一五九八年颁布的"永久的，不能改变的"《南特法令》涵盖了双方达成的多项协议，也就是：天主教是国教，基督徒能够充分享有宗教信仰自由的权利，不会因信仰而遭到迫害。他们还被允许建立自己的教堂以及担当公职。基督徒还被批准掌控法国二百个要塞城市，用这来表示对他们的信任。

这种安排当然是实现不了的。胡格诺派教徒又不是天使，将二百多个繁荣昌盛的城市与乡村交给敌政的政党手里，简直就如同我们将芝加哥、旧金山以及费城给民主党人掌管用来换得他们接受共和党人的统治一般荒诞可笑。

这个国家最为聪明的统治者看出了这一点。通过长时间的奋斗，基督教徒的政治权利被他剥夺了，可完全不干涉基督徒的宗教自由，即便他自己的职业是大主教。胡格诺派教徒不能再同法国的敌人作单独的外交谈判了，可是享有的权利还与以前一样，唱赞美诗，听布道，悉听尊便。

马萨林是下一个执行与其类似政策的法国统治者，不过他在一六六一年便去世了。尔后，年轻的路易十四开始执政，人心向善的时代终止了。

他是一个聪明的国王，却又引发人们的争论，相当不幸的是，他一生仅一次同正派人士结交，却落进一个对宗教狂热的女人之手，那个女人名叫弗朗斯·多碧娜，是专用文人斯科隆的遗孀。在宫中她担当路易十四与蒙特斯丹七个私生子的家庭老师，等到蒙特斯丹侯爵夫人的春药已失去魔力，国王已时不时表露出厌恶之时，这位女老师就取而代之了。她同之前国王的情妇唯一的差别是，在搬进国王居室时，巴黎大主教给他们的婚礼举行了庄重的宗教仪式。

在此后的二十年中，王位后面的权力完全落入这个女人的手中，而她又听任她的忏悔神甫的控制。法国的天主教士一直都没有原谅过黎塞留与马萨林对基督徒的妥协退让的态度。而今他们终于等到了毁掉明智政治家的成绩的机会了，于是大展身手，他们不但是王后的官方顾问，同样还是国王的银行家。

这是另一个奇怪的故事。

在以前的八个世纪里，修道院积累了法国的大多数财富，即便国库入不敷出，他们也拒向国家交税，所以他们掌握了大量过剩财产。国王陛下——他的荣耀比他的信誉大得多——运用这个机会，将自己的金库重新填满。为此，他给支持他的教士好处作为报答，他能够随意向教会借钱，借多少都可以。

如此一来，"不可改变"的《南特法令》里的条款被一项一项地改了。刚开始的时候基督徒还未被禁除，可是忠诚于胡格诺派事业的人总不安宁。据说有些省份的错误教义顽固不化，一列列龙骑兵肆意横行，居住在百姓家中，任意乱为，令人讨厌。他们大吃大喝，偷走别人的勺子与叉子，摔碎家具，侮辱老实人家的妻女，如同在被征服的国家一样。主人们失望透顶，于是冲到法庭希望得到保护，哪想却被嘲笑一番，说他们是自作自受，自己应明白如何逃脱这些不受欢迎的来客，再次得到政府的好感。

只有很少的人听了建议，到周围的乡间牧士那儿接受洗礼。然而绝大多数朴实的百姓依然坚持从小便信仰的理想。直到教堂一所所被关闭，教士送到了十字架上，他们才得知他们命里注定要倒大霉。他们不愿意投降，于是一走了之，可是才到边境，就知晓谁也不能离境，抓住就要执行绞刑，帮他们离开的人可能也要被绞死。

显而易见，那时发生了后人永远都不知道的事情。

实际上从古埃及法老时起，每一政府也都"关闭边境"，可一次都没有成功过。

执意要走的人会不惜冒任何危险，总可以找到出路的。数以万计的法国基督徒经过"秘密路线"到了伦敦、阿姆斯特丹、柏林还有巴塞尔。当然这些外逃者不多，可是他们是以踏实肯干而出名的商界名流与艺术家，很有信誉，精力充实，过了没几年就再次繁盛起来了。原本这繁盛应属于法国，在经济上法国失去了无法计量的价值。

要说《南特法令》的撤销是法国大革命的前奏，毫不夸张。

一直以来法国都是富有的国家。可商业与宗教从未有过合作。

一旦法国的政权落进女人和教士的手中，它的命运便注定了。写下驱逐胡格诺教徒法令的笔，后来也签署了判处路易十六的死刑的指令。

二十四、弗雷德里克大帝

德国王室从未因为偏爱平民执政而出名。不过这个家族成员头脑十分清醒，酷爱藏书和接济穷人，在巴伐利亚人的疯狂气质未侵蚀他们时，还曾为宽容的事业作了很多特别有益的贡献。

某种程度上来说这是实际需要导致的。德国王族继承了欧洲最贫穷的地区，那里是一望无际的沙漠与森林，仅一半的地方有人住。三十年的战争让那个地方的居民妻离子散，家破人亡。为了重整家业，他们迫切需要人力和资金，所以他们开始网罗人才，不管来自什么种族，信奉怎样的教义以及从前的卑贱身份。

弗雷德里克大帝的父亲是个大老粗，言谈举止像个煤矿工人，对酒吧女服务员很感兴趣。可是在会见外国逃亡代表团时却能文质彬彬。在处理王国重要统计数字事情的时候，他的座右铭是"越多越好"，他网罗一切国家抛弃的东西如同在收集六点三英尺高的掷弹卫兵一样细心。

他的儿子能力超群，很有教养。父亲不让他学习拉丁文与法文，可他偏想研究这两门语言。他喜爱蒙田的散文，讨厌路德的诗，喜欢爱比克泰德的智慧，反感那些天主教的无知。依照《旧约》中的教义父亲对孩子相当严厉（为让孩子明白服从是什么，父亲命令将孩子最好的朋友在他们窗前斩首），可这没有改变儿子倾向于正直的犹太教的理想，那个时候路德派与加尔文派牧师都对犹太理想赞赏有加。全部的宗教都被弗雷德里克看成是史前的恐惧与无知的苏醒，信教陷入某种被一小伙聪明又胆大的家伙们小心翼翼操纵的奴性状态，这伙人知道怎样运用其优越地位依靠损人利己来获得乐趣。弗雷德里克不但对基督教义很感兴趣，甚至对基督本人的兴趣还要大些，不过他是依据洛克和索兹尼的看法来对待这个问题的，因此在宗教问题上至少是宽容大量的，并且能够毫不吹嘘地说，在他的国家里，"所有人都可以依照自己的方法寻求拯救"。

这个英明论断为弗雷德里克以后沿着宽容的道路做更进一步的试验奠定了基础。比方他颁布说，传授宗教的人只要为人正直，生活作风正派，遵纪守法，那样的话一切的宗教就都是好的，因而一切的信仰都应该享有平等权利，政府不许介入宗教，只要扮演警察的角色，维持各个宗派间的和平便可。他确实相信这点，只要求臣民顺从与忠诚，将对思想与行为的最后判定权留给了上帝，"人的良知只有上帝能了解"，对上帝的旨意他从不作即便是很小的评论，以免让大家以为他需要帮助，即用武力和残忍来下达神的旨意。

在思想上弗雷德里克比他所处的时代早了两百年。在首都的中心国王给天主教徒们一块土地用以修建他们自己的教堂，当时的人们都不停地摇头。耶稣会的成员被从大部分天主教国家赶了出来，他挺身而出，保护他们，因此人们开始嘀咕一些不好的警告。他宣布道德与宗教是毫不相干的两种概念，所有人只要缴纳税款与服兵役，就能随心所欲信奉哪种宗教，这时候人们再也不觉得他是名基督教徒了。

因为当时他们刚好居住在普鲁士境内，那些批评家便不敢轻举妄为，原因在于陛下通晓警句，在皇家法律上稍许评论一番，便能够给那些在某些方面没能博得他开心的人的事业产生一些不一般的后果。

可是实际上他是位掌权三十年的开明专制国王，他首次带来给欧洲几乎完全的宗教自由。

在欧洲如此偏僻的地方，新教徒、天主教、犹太人、土耳其人以及不可知论者首次享受到了平等的权利与待遇。喜欢穿红衣服的人不可以对穿绿衣服的人称王称霸，反之亦然。那些回到尼西亚找寻精神慰藉的人，不得不同那些既与坏人往来、又同罗马主教打交道的人和平共处。

弗雷德里克确实对他的努力成果很满意吗？我非常怀疑。他在即将与世长辞的时候，叫人将他忠实的狗唤来。在这最重要的关头，狗看起来似乎是比"所谓的人类"更好的伴侣（这个国王陛下是一个能力卓越的报刊专栏作家）。

他逝世了，这是又一个生错了年代的马可·奥勒留，他同他的先辈一样，给继承者们留下了一份厚实的遗产。

二十五、伏尔泰

现在，我们常听别人谈起新闻广告人员的可怕工作，好多好心人都责斥"宣传"是当今魔鬼的成功的一项发明，是种既新奇但仍显拙劣的方法，目的在于引起人们对某个人或某项事业的注意。可这样的责备已是老生常谈。通常认为"宣传"是近期才发明的。可是倘若不带任何偏见地去看过去的事情，便会发现这和事实刚好相反。《旧约》中的预言家，无论大小，曾经都是善于吸引人们注意力的大师。用新闻行业的话来说就是，希腊与罗马的历史是一个绵延不绝、持续不断的"宣传噱头"。有些宣传十分得体。可大多数都是目前就连百老汇都不会刊登的五花八门、粗俗卑劣的宣传。

像路德与加尔文这样的改革者们都完全明白精心安置的广告宣传的巨大作用。我们不能够责备他们。他们有别于红菊花，只需谦卑快乐地在路边生长就行。他们很认真。他们希望将自己的看法发扬光大。要获得成功，吸引不了一大群追随者怎可以呢？

在一个寺院里的安静角落，肯皮斯的某一个托马斯在那儿生活了长达八十年之久，这样的长期自我流放，假如及时打广告（依据事实的原本面目），便能产生深远的道德方面的影响，人们会随着好奇心去阅读那本有关他一生祷告与思考结晶的著作，书会很畅销。然而倘若阿西斯的某一弗朗西斯或者是罗耀拉想在未离开人世之前目睹自己的劳动绩效，那他们得不惜一切代价地运用现在往往与马戏团或者是电影新星联系在一起的那样的方法。

基督教尤其强调谦虚，对那些精神谦卑的人进行赞美。然而赞扬这些美德的布道现在之所以可以变成人们津津乐道的话题，却是由于当时在宣传时用了特殊的方式。

难怪那些被指责是教堂不共戴天的仇人的男女们，在同西方世界的精神专制桎梏作斗争时，便从《圣经》上撕下一页，并运用一种尤为奇特的宣传方法。

我提供这一小小的解释，是因为伟大的学者伏尔泰，他善于做大量宣传工作，时常不择手段地利用老百姓精神上的空虚，因此常常受抨击。可能他的手法并不一直那样高明，不过那些因他而获救的人可能不这样认为。

更进一步来讲，就和检验布丁需品尝之后才知道一样，对像伏尔泰这种人的成功和失败也该依据他到底给他的同胞们作了怎样的贡献来判定，而并非他所喜欢的服饰、玩笑或者是糊墙纸。

有一天这个奇怪的人忽然觉得自己很不错了，于是说："我没有王权又怎样？可我有一支笔。"他说的是对的。他有一支笔。也有好多支笔。他是鹅的天敌，那是因为他使用的鹅毛笔比二十多个普通作家使用的笔还要多。他是文学巨人，文学巨人大都孤独一人，就算是在最可怕的环境中所写的文章也与作家协会全部的作家总数不分上下。他在肮脏的乡间客栈里执笔疾书。他在冰冷孤寂的乡下客房中发表了数不清的六韵步诗。在他格林威治寄宿的房间的地板上到处散布着他的稿纸。墨水被他飞溅到了普鲁士王家处所的地毯上，还用了很多印有巴士底狱监狱长名字字母的私人信笺。当他还在玩铁环和弹球时，尼农·德·兰克罗曾赠给他一笔不少的零花钱，让他"可以买一些书"，八十年之后在同一个巴黎，我们听到他说要买一大本大开纸与散装咖啡，以便在逃脱不了的死亡来临之前再写一部书。

有关他撰写的悲剧、故事、诗歌、哲学与物理论文，都不用在该书中用一章的篇幅来评论。与同时期的几十个诗人相比他的十四行诗写得并不好。作为一位历史学家，他的资料既不可靠，又相当乏味，在科学方面的探索他也不过是达到我们在星期天的报纸上看到的那样的水平。

可他是愚蠢、狭隘、执拗与凶残的敌人，因为勇敢、坚强，他的影响持续到了一九一四年大战以前。

伏尔泰生活的时代是走极端的时期，一方面是个自私无比和腐败守旧的宗教、社会与经济制度，另一方面则是大量积极却又太过热忱的青年男女，他们希望有个太平盛世，可完全没有建立在实际的基础之上，无非是一片好心而已。他是个毫不起眼的公证员的儿子，面无血色，体弱多病，幽默诙谐的命运将他带到了鲨鱼与蝌蚪的大旋涡中，除了溺死，就是游出来这两种选择。他选择了后者，想游出来冲到岸上。他长时期与逆境作战的斗争方式时常让人怀疑。他乞求、奉承、扮演小丑的角色。可这是在他无任何版税与成为文学神匠之前的行为。让这个从来也不为糊口而写粗糙作品的作者将第一块石头扔出去吧！

这不是说伏尔泰为多扔几块砖块而发愁。在他漫长繁忙的一生之中，他致力和愚蠢斗争，历经了不计其数的挫败，所以对被当众挨打或是挨人家扔过来的香蕉皮这样的小事毫不在乎。然而他是一个顽强不屈、充满希望的乐天派。假如今天他在国王的监狱里打发时间，说不定第二天便会在驱逐他那个宫廷里得到一个名声显赫的职称。倘若说他的一生都不得不去听那些恼怒的乡村教士谩骂他是基督教的敌人，谁又能知道在塞满了情书的旧橱窗的角落里，兴许还扔着教皇赠予他的一枚漂亮的勋章，来证明他既遭受到了教会的责难，也得到了教会的赞许。

对他来说这是不足为奇的。

他尽情地享受人世间的快乐，年复一年过着奇特、多姿多彩的生活。

在血统上伏尔泰属于中间阶层。他的父亲，因为少一个体面的名称，能够称为是开私立信托公司的人。他给很多富豪贵族的心腹做事，兼管他们的法律以及财务事宜，所以年轻的亚鲁艾（因这是他家的姓）习惯于和比自己的家境稍为好点的人家打交道，这为他后来压倒大部分文学对手提供了有利条件，他的母亲名叫德·奥玛尔德。是个穷姑娘，没给丈夫带来任何嫁妆。不过她的姓前有一个小小的"德"字，一切法国中产阶级（同普通欧洲人，尤其是为数不少的美国人）对此都肃然起敬，她的丈夫认为得到这样的奖赏是非常幸运的了。她的儿子也沉醉在被封为贵族的祖辈给他带来的光环中，一开始写作他就将具有平民色彩的弗朗西斯·玛丽·德亚鲁艾改为具有贵族血统的弗朗西斯·玛丽·伏尔泰，可是他怎样更改、在哪个地方更改了自己的姓氏，还是个未解之谜。他有个哥哥，一个姐姐。伏尔泰很喜欢他的姐姐，母亲去世后姐姐一直照顾他。哥哥是詹森教派的虔诚的牧师，十分热情与正直，可伏尔泰不喜欢他，这是他尽可能不在父亲名下生活的原因之一。

父亲亚鲁艾不傻，很快就发现小儿子是一个很难管束的人。所以将他送到耶稣会，希望他成为一个精通拉丁文六步韵诗与斯巴达式教育方式的人。虔诚的教士极尽努力去开导他，给这位腿脚细长的学生进行已消亡和还在使用的语言的扎扎实实的基础知识训练。然而他们觉得无法根除这孩子的某种"古怪"本领，从一开始这就让他不同于其他的学生。

伏尔泰十六岁时，教士们都非常乐意让他离开耶稣教会。为了博得父亲的欢心，年轻的弗朗西斯开始学法律。可悲的是，一个人不可能成天闭门读书。晚上有许多闲暇时光。为了打发时间，伏尔泰要么为地方报纸写一些幽默风趣的小故事，要么就是在周围的咖啡馆给他的挚友朗读他的文学新作品。通常两百年以前过这样的生活是会被认为要下地狱的。父亲亚鲁艾完全认识到儿子所冒的风险。他求助一个影响颇深的朋友，让弗朗西斯在海牙的法国大使馆里获得了一个秘书的职位。荷兰的首都，那时与现在一样，单调的很。因为无所事事，伏尔泰于是就和一个不是很漂亮的女孩谈恋爱了。女孩的母亲是位社交界的记者，一个让人生畏的女性。这个夫人希望自己的女儿能够嫁一个更有前途的人，就马上找到了法国大使，希望他在全市还不知晓这件丑闻时将这个危险的罗密欧赶走。大使自己已是身不由己了，不想再惹事端。秘书被他匆匆忙忙地撵上去往巴黎的下一辆公共马车之后，弗朗西斯丢了工作，又一次处于父亲的支配之下。

在这种紧急的关头，亚鲁艾想到了一个权宜之计，这种计谋经常被有朋友在宫廷工作的法国人运用。他请求并得到一封"盖有封印的信件"，将信放在儿子面前，让他或者到强制空闲的监狱中去，或者是写一份前往法律学校用功学习的申请书。儿子说他选择第二种出路，并保证成为勤奋与用功的典范。他信守承诺，快乐地投进了自由创作小册子的幸福生活当中去，他的勤奋让整个城市都议论纷纷。这肯定不对父亲的口味，因而他决定行使做父亲的权利将儿子从塞纳河的寻欢作乐的地方赶走，要他到乡下的一个朋友家待一年。

在乡下，每天都有二十四小时的空余时间（星期日也包括其中），伏尔泰开始认真仔细地学习文学，而且他的第一个剧本也出炉问世了。十二个月的清新空气与受益匪浅的枯燥生活过后，他被允许回到了灯红酒绿的首都，他立刻写了一系列挖苦摄政王的文章来弥补他失去的时间。实际上对于那个卑鄙的老恶棍，怎样骂他都不过分，不过伏尔泰如此替他做宣传他一点也不喜欢。后来的文章导致了他的第二次流放，最后还必须去巴士底狱待一小段时间。然而当时的监狱，也就是说给伏尔泰这样的在社会上很有威望的青年绅士准备的牢房，一点也不坏。囚犯不能擅自离开房间，可是能够随心所欲地做自己想做的事。这正合伏尔泰的心意。巴黎中心的某间孤独监狱给了他做一些踏实工作的机会。在被释放之时他已经完成了几个剧本了，而且都很成功，其中之一将十八世纪的一切纪录都打破了，接连上演了四十五个晚上。

他不但因此赚了一笔钱（他很需要钱），并且让他得到了才子的名声，对于一个还得为事业奋斗的青年来说是一件不幸的事情，因为从此之后，人们将在林荫道上或是咖啡厅里开的可以在几小时内获得大家欢迎的玩笑都归罪于他。顺便说一下，这也是他到英国，进修自由党政治家的研究生课程的原因。

一七二五年的一天，伏尔泰对古老且又无用的罗汉家族开了（说不定没开）几句玩笑，罗汉骑士感觉自尊心深受打击，发誓要对此进行报复。肯定不会让古老统治者的后代同一个公证员的儿子决斗了，这位骑士将复仇的事情交给了自己的仆从。

有天晚上伏尔泰正和父亲的一位主顾苏里公爵一同就餐，有人对他说外面有人找他。他来到门口，罗汉爵士的仆从就将他狠揍了一番。第二天这件事在全城市不胫而走。伏尔泰在装扮最得体的时候也活生生像漫画中丑陋的小猴。他被打得鼻青眼肿，头上裹满绷带，成为人们津津乐道的讨论对象。要想挽救他只有采用一种十分断然的措施才行，让他不在滑稽搞笑的报纸手上名誉扫地。吃过的生牛排给他一鼓劲，伏尔泰先生就将见证人送到罗汉骑士那儿，于是开始紧张地进行击剑训练，准备来一场殊死的对决。

哎，等到决斗那天早晨，伏尔泰发现自己又一次被送进了监狱。罗汉这个真正的无赖，将这场决斗交给警察来处理，因而决斗勇士被拘留了，直到有人给了他一张前往英国的车票才得以释放。伏尔泰被打发往西北方向走，而且被告知，若陛下的宪兵没有发出邀请，他就不可以回到法国。

伏尔泰在伦敦与伦敦附近住了四年时间。不列颠王国并非是个真正的天堂，可与法国相比，还是有一点天国的样子。

皇家断头台给这块土地笼罩了一层阴影。一六四九年一月三十日，一切身居要职的人应该铭记在心的日子。在死去的查理王身上发生的事情也会发生在所有竟敢将自己架于法律之上的人的身上。至于英国国教，当然官方教堂享有某种程度上权力和优厚待遇，不过喜欢在其他地区祭拜的人也能够平安度日，同法国相比，宗教教徒对国家事务的直接影响基本上是微乎其微的。承认自己是无神论的人和那些不讨人喜欢的对国教不信奉的人，时不时可以得到邀请到监狱里逛逛，可是对于路易十五的人民来说，通常英国的生活状况还是接近于完美的。

一七二九年，伏尔泰回到故土法国，尽管获得准许生活在巴黎，可是他极少使用这样的权利。他像一只受惊吓的动物，愿意从好友手里接过一块糖，却又还是保持警觉，只要有一点点危险的迹象便会逃之天天。他刻苦努力地工作。发表大量作品，完全不在乎时间与事实，自己定选题，从利马与秘鲁写到俄国与莫斯科，创作了一系列博大精深、通俗易懂的历史剧、悲喜剧。四十岁的时候，他已经是当时最为成功的文学家了。

还有另一件事，让伏尔泰与一种不同的文明有了接触。

在遥远的普鲁士，弗雷德里克这位善良的国王在土里土气的庭院里被一群土包子围绕着，大声地打着呵欠，希望可以找到几个让他快活的人为伴。他特别羡慕伏尔泰，多年来一直有把伏尔泰请到柏林来的心愿。不过在一七五〇年的法国人看来，这样的移居就如同迁到人烟罕至的维吉尼亚，弗雷德里克再三提高给他的报酬，伏尔泰这才接受邀请。

来到柏林之后，矛盾也便出现了。普鲁士国王与这位法国剧作家都是个人主义者，不可能没有矛盾地同在一个屋顶下和平共处。两年的龙争虎斗过后，一场不值一提的争吵就将伏尔泰赶回了他愿意称之为"文明"的地方。

可是伏尔泰汲取了一次有益的教训。或许他是对的，普鲁士国王写的法国诗歌确实很糟糕。然而国王陛下对待宗教自由的态度无可指责，这也是欧洲任何君主无法比拟的地方。

临近六十岁时，伏尔泰回到了故乡，对于严酷的判决他没有心情去接受，而法国法庭正是凭借这样的判决来维护秩序的，严厉的反抗词句是坚决不允许的。在创世的第六天上帝给了他最伟大的产物以圣洁的智慧之光，可人们却不想利用它，这让伏尔泰毕生都恼火得很。他（伏尔泰）痛恨形式各异、方式不同的愚蠢。大多数气愤都被他发泄在"邪恶的敌人"身上，如同古罗马的政治家一般，一直威胁要摧毁它。这样一个"邪恶的敌人"不是别的，正是"大家"。只要他们有吃有喝，有地方睡觉就拒绝思考。

从孩提时代开始，伏尔泰就觉得自己是被一架巨大无比的机器驱赶着，这架机器仿佛是依赖一种全无生气的力量，将残酷与顽固融合在了一起。毁坏或最少将这个东西打翻成了他老年的遐想。法国政府并未亏待这个特殊的家伙，制造了大堆法律上的丑闻，确实帮了伏尔泰一大把。

第一件事情发生于一七六一年。

在法国南部的土鲁斯城里住着一个店主，名叫吉恩·卡拉斯，是位新教徒。一直以来土鲁斯都是个虔诚的城市。那个地方的新教徒不允许担当公职，也不准当医生、律师、书商或者是接生婆。新教徒不能成为天主教的家庭里的佣人。每年的八月二十三与二十四日，所有的居民要用隆重的宴会赞美和感恩用来纪念屠杀新教徒的圣巴塞洛梅大悲剧。

虽然环境不太好，可卡拉斯一生都和左邻右舍和平共处。他的一个儿子后来改信天主教，可父子相处得依然很好，他还告诉别人，就他自己而言，他的孩子完全有选择自己所喜爱的宗教的决定权。

不过吉恩家发生了一件家庭丑事，那就是有关他的大儿子麦克·安东尼。麦克非常不幸。他想从事律师这项职业，可该职业不允许新教徒加入。他是虔诚的加尔文主义的追随者，拒绝改变他的信条。思想上的斗争让他得了忧郁症，后来病痛深深摧残了这个青年的思想。他开始给父母背诵《哈姆雷特》的著名独白，他一个人长时间散步，并经常向朋友们讲自杀怎样的好。

这样过了一段时间，有天夜里，家里人正在款待一位朋友，这个可怜的孩子悄悄离开，跑进父亲的储藏室，拿了一根用来打包的绳子，在门柱上吊死了。

几小时过后父亲发现了他，他的罩衣与内衣都叠得整整齐齐放在柜子上面。

家人都绝望了。当时自杀的人必须脸朝下赤裸身体地拖着穿过城里的街道，随后绑在城外的绞刑架上，让鸟将尸体吃光。

卡拉斯是有身份的一家人，对如此的奇耻大辱不甘心。他们围成一圈，讨论应该如何做和打算做什么，这时一个邻居闻悉了这场混乱，报了警。丑闻迅速蔓延开来，街上即刻挤满了愤怒的人，他们大声喧嚷处死老卡拉斯，"因为他为了不让儿子信奉天主教就将他杀死了"。

在小城市，发生什么事都是有可能的，并且在十八世纪法国外省的乡下，无聊如同一个黑色的棺材，压得人们喘不过气来，所以就算是最无知最离奇的故事也会有人相信，它们可以让人们如释重负地松口气。

职位很高的官员完全明白在这样可疑的情况之下自己应如何去做，因而他们马上把卡拉斯一家人、客人、仆人及最近曾去或同卡拉斯一家有过接触的人逮捕了。犯人被送往镇公所，戴上镣铐，扔进专门关押罪不可恕的犯人的地牢中去，第二天审查他们。全部的人说的都一样，麦克·安东尼是如何进的家门，他是怎样离开的房间，大家都以为他是去独自散步去了，等等诸如此类。

可是这时土鲁斯城的僧侣们也干预了这件事情，在他们的帮助之下，可怕的消息肆意蔓延：这个胡格诺派教徒把自己的儿子杀死了，因为他要确立真正的信仰，于是嗜血成性，儿子要回到真正的信仰上，所以就将他杀死。

对现代侦破方式了解的人们会觉得官方肯定要当天对谋杀现场作调查。大家都知道麦克·安东尼身体强壮，他年仅二十八岁，可父亲六十三岁。父亲可以不经任何搏斗便能轻而易举地将他吊死在门柱上的可能性着实太微乎其微了。可是没有一个镇议会议员为这样的细枝末节动脑筋思考，他们忙着处理受害者的尸体的事宜，由于麦克·安东尼的自杀现已被认定应受到殉教者同等的待遇，在礼堂里尸体被停放了三个星期的时间，穿白衣服的教士们以最隆重的仪式将他埋葬。他们出于一些秘密的原因将这位已死的加尔文主义者看成是为他们组织的一分子，将他的涂了防腐剂的尸体庄严地送往大教堂，这往往是给主教或者当地最有钱的资助人采用的仪式。

这三个星期中，城里所有布道坛都再三督促土鲁斯的广大群众拿出反对吉恩·卡拉斯与他们家人的证据出来，后来公共报刊完全抛出了这个案件，在麦克自杀五个月后审判开始了。

那时一个审判长灵光一闪，建议要到这位老人的铺子里去看他描述的那样的自杀有没有可能，不过他被十二票对一票所压倒了，卡拉斯被宣判用车轮将他撕裂这样的酷刑处死。

卡拉斯被他们带到刑讯室吊了起来，脚离地面大概有一米高，随后用力拽他的身体，直到肢体拉得"脱臼为止"（这是我抄自官方的报道）。因为他坚决不承认自己不曾犯下的罪行，便又被放下来，灌了大量的水，一会儿的工夫他的身体就是原来的两倍了。他依旧不承认自己的罪行，就又被抬到囚车上送往刽子手那儿，要将他的胳膊与腿都撕裂开来。在后来的两小时内，他心灰意冷地躺在行刑台上，地方官员和教徒们还依然絮絮叨叨地用问题来打扰他，老人凭借令人难以置信的勇气，继续辩解自己是无罪的。这种顽固的谎言让首席执行法官火冒三丈，于是自动放弃了对这件案子的审理，下令将他绞死。

这时人们的愤怒已平息了，便不再处死他的家人。卡拉斯遗孀的全部财产都被剥夺，准许她隐居，在忠心不渝的仆人陪同下，饥寒交迫地过日子。孩子们全部都送往修道院，只有最小的那个孩子在哥哥自杀之时恰好在尼姆读书，他非常明智地跑到了日内瓦。

好多人都对这个案子非常的关注。伏尔泰住在费内的城堡里（城堡离瑞士边界很近，只需几分钟便能够逃到国外）听说了这件案件，不过刚开始他没有穷源究委。一直以来他都和瑞士的加尔文主义者的教徒不和，他们也将耸立在他们城里的那个私人小戏院视为公开的挑衅地，是魔鬼的建筑。所以，伏尔泰在目空一切的思绪下写道，这位所谓的新教殉教者无法激起他心中的热情，原因在于倘若天主教不好，那么胡格诺派教徒拒绝他的戏剧，就更坏！除此之外，他认为（也就是别的好多人认为），似乎那十二个法官深受人们的尊敬，要说他们无故将一个无辜之人宣判为死刑，简直没有可能。

这样一位圣人十分好客，对于来访者从来都不拒之门外，几天之后来了一个马赛商人，他在审判期间刚好在土鲁斯。能够提供给伏尔泰一些第一手资料。终于伏尔泰开始明白了已犯下的这样的罪行的可怕之处，至此以后，他便无法将这个问题放下了。

勇气的种类有很多，不过最值得赞颂的应该是那些举世无双的人们，他们独自一人，勇于同整个社会相抗衡，在最高法庭已作了宣判，并且全社会都觉得审判是合法公正之时，他敢于站出来，大声疾呼正义。

伏尔泰完全明白，要是他大胆地控告土鲁斯法庭有失公正的死刑宣判的话，大风暴便会临近，他如同一个职业律师那般，用心地准备着自己的诉讼。他同卡拉斯家跑到瑞士的孩子见了面。给所有或许知道内情的人写信。他还聘请辩护人来检查与修订他的结论，以防自己因为怒火中烧和义愤填膺而失去理智。待他自己的根据有了十足的把握之后，他便开始了战斗。

首先，伏尔泰推动所有在法国影响颇深的人（他认识大多数人）给最高法官写信，希望修正卡拉斯案。随后他开始找寻卡拉斯的遗孀，把她找到以后，又自己掏荷包将她带到巴黎，雇了最有名的一个律师照料她。这位妇人的精神已在崩溃的边缘。她木讷地祈求在自己死之前从修道院里把女儿们领出来。除此以外，她就没有什么希望了。

然后，伏尔泰又联系到了卡拉斯的信奉天主教的儿子，帮他逃出学校，前往日内瓦找他。最后，一切的事实被他以题为《有关卡拉斯家庭的最原始材料》的小册子出版发行了，这个小册子是通过悲剧的幸存者们的书信贯穿始末的，完全没有涉及伏尔泰自己。

以后，在修定这个案件过程当中，伏尔泰依然谨慎小心地躲在幕后，可是这场宣战他策划得很成功，不久，卡拉斯家的诉讼就变成欧洲全部国家一切家庭最关心的事，各地数以万计的人们（英格兰国王与俄国的沙皇都包括其中）都在为想帮助被告而纷纷捐款。

最后伏尔泰取得了胜利，赢得了一生中最艰苦的一仗。

那时，法国国王是声名狼藉的路易十五。好在他的情妇对耶稣会以及他们的一切（东西教堂也包括其中）都深恶痛绝，所以站到了伏尔泰一边。可是国王喜欢享乐胜过所有，大家对一个已经死了的默默无闻的新教徒议论纷纷，这让他非常恼火。当然只要国王不签署新的判决，官员也就不敢行动，只要官员不采取行动，土鲁斯法庭便安然无恙。他们自以为十分强大，采取强制性的手段不让伏尔泰与他的律师看到判决的原始文件。

在这恐怖的九个月当中，伏尔泰持之以恒地做鼓动工作，后来在一七六五年三月，大法官下令土鲁斯法庭把全部有关卡拉斯案件的记录交出来，并建议重新判决。在这个决定公诸于世时，吉恩·卡拉斯的遗孀与两个最后回到她身边的女儿，都到了凡尔赛。过了一年，接手调查这个上诉案的特别法庭宣判吉恩·卡拉斯是因为一项他从未犯过的罪被处死的。通过人们巨大的努力，最终说服国王给予卡拉斯的遗孀和他的孩子们一小笔钱。除此以外，受理卡拉斯案件的地方官员们都被革了职，这一事件委婉地暗示土鲁斯人民，这样的事情不许再发生了。

尽管对于这件事法国政府能够采取委婉的态度，可是却激起了法国人民内心的愤怒。突然，伏尔泰意识到这样的误判案并非就此一桩，还有许多像卡拉斯那样无罪清白的人遭受了折磨。

一七六〇年，土鲁斯周边的某个新教徒的乡绅在自家热情款待了来访的加尔文主义的牧师。这样的罪行的后果不堪设想，他被剥夺了一切财产而且被处罚成为划船苦工。他应该很强壮，因为时隔十三年他竟然还活着。从别人口中伏尔泰得知了他的困境。于是又开始了这项工作，将这个可怜的人从船上弄走，送往瑞士；妻儿也在那里靠政府接济度日。伏尔泰一直照顾他们一家，直到政府将他们一部分没收的财产退还，且准许他们回到荒废的家宅为止。

下面要讲的是绍蒙的案件，在参加新教徒的露天会上这个不幸的人被抓了，由于这项罪名，他被送往船上成为一名无期的划船苦工，可是后来经过伏尔泰的多方努力，他获释了。

不过对于下面所讲的情况来说，这些案件不过是一桩小事。

地点依然是在法国屡遭非难的朗格多克，阿尔比与沃尔多异端教徒灭绝以后，留下的便是愚昧无知和充满偏见的荒郊野岭。

在临近土鲁斯的一个村子里，有一个名为瑟文的年老的新教徒，很令人尊重，以研究中世纪的法律维持生计，当时的封建司法制度已变得十分繁琐复杂，就算是一张一般的租契都如同所得税申报单一般，很赚钱。

瑟文有三个女儿。最小的那个是个做事从不经大脑的傻子，喜欢瞎琢磨。一七六四年三月她离开了家。父母到处寻找，杳无音信，几天以后，地方主教告诉他说，他的女儿找过他，表示要做尼姑，现今她在某个女修道院中。

几个世纪的迫害已让法国的的新教徒的精神几乎完全崩溃了。瑟文谦卑地答道，在这个似乎是最糟糕的世界里，所有的事情都会有好报，且温顺地接受了这一避免不了的命运。不过在修道院的诡异环境中，很快，这个不幸的孩子最后的一点理智都丧失了，等她开始让人讨厌的时候，被送回了家。那个时候她的精神很沮丧，在她周围一直都有可怕的声音与恶魔，父母对她的生命很担心。过了没多久她又失踪了。半个月后，人们将她从一口旧井里捞了出来。

那时吉恩·卡拉斯的案件正在审理当中，对新教徒的造谣捏造与诽谤人们都相信。发生在无辜的吉恩·卡拉斯身上的事情，瑟文一家人还记忆犹新，于是决定不再重演覆辙。落荒而逃了，在可怕的翻越阿尔卑斯山的旅途中，他的一个小孙子被冻死了，后来他们到了瑞士。不过他们走得晚了些。几个月以后，父母被宣判犯有谋杀自己孩子的罪（缺席判罪），并下令吊死他们。他们的女儿们被宣判亲眼目睹父母的死刑，随后终身流放。

卢梭的一个朋友将这个案件告诉了伏尔泰，卡拉斯的事情一处理完，他就立刻转到诉讼瑟文一家的案件上来。此时瑟文的妻子已死了，余下的任务只是给她的丈夫进行辩护。做这项工作伏尔泰整整花了七年的时间。土鲁斯法庭又一次次拒绝提供一切资料证据，伏尔泰不得不再一次进行宣传，希望普鲁士的弗雷德里克、俄国的女皇凯瑟琳以及波兰的波尼亚陀斯基捐款，直到国王最后过问这件事为止。后来在伏尔泰七十八岁高寿那年，也就是在他坚持上诉的第八个年头，瑟文被法院宣判无罪，幸存的人得到重返家园的批准。

就这样，第二个案件结束了。

随后第三个案子接踵而至。

一七六五年八月，在距离亚眠很近的阿布维尔镇上，不知是谁将两个直立在路边的十字架弄断了。三个青年被怀疑犯了这项渎圣罪，因而下令抓他们。三个人中的一个逃到了普鲁士，余下的两个被抓住了。在这两个人中间，稍大的名为巴尔骑士，大家怀疑他是无神论追随者。在他的书堆中人们发现了一本名为《哲学辞典》的书籍，在这本有名的辞典里所有思想自由的大师都汇集其中，这点很让人值得怀疑。法官决定把这个青年的过去调查一番，他们寻找可以将他同阿布维尔案件联系到一起的证据。当在一次宗教队伍路过的时候，他不是没下跪、脱帽致敬吗？

巴尔回答说是，不过当时他正忙于赶乘公共马车，并非有意冒犯。

法官便拷打他，严刑逼供，他因年轻，无法像老卡拉斯那般忍受折磨，便承认其中的一个十字架是他毁坏了，这样一来由于他"不虔诚，有意不在圣体前下跪，不脱帽致敬，唱亵渎圣灵的歌，赞许渎神的书"，还有这样一些类似不尊敬的罪行，于是被判处了死刑。

判决相当残忍（他的舌头要被烧红的铁块撕下来，砍掉右手，而且要将他慢慢烧死，可是这仅仅是在一百五十年以前发生过的事！），民众被触动了。就算年轻人犯了罗列在明细起诉书上的全部罪行，也不可以用如此惨绝人寰的方式来杀害一个少年！于是人们向国王请愿，请求缓刑的呼声将官员们团团围住。可是国家十分动荡，必须杀一儆百，巴尔经受了同卡拉斯一样的折磨之后，就送上行刑台斩首了（这已是对他的特别恩惠了）。他的尸体，连带他的《哲学辞典》还包括我们的老朋友拜勒的一些书籍，都在众目睽睽之下被刽子手们焚烧了。

对于那些害怕索兹尼、斯宾诺莎以及笛卡尔的影响增长得越来越快的人们来说，这还是让人愉悦的一天。它说明，对于那些没走上正道的青年来说，倘若偏离正确和错误间这条窄狭通道，追随一小部分激进主义哲学家，这就是不可避免的下场。

伏尔泰得知这件事以后就接受了挑战。他已快年旬八十了，可是他依然怀着过去一样的热情与充满正直的头脑全身心投入到这个案件当中。

巴尔因"亵渎"而被处死。首先伏尔泰要找出到底有没有这样的一条法律，人们犯了假设的罪便可以将其处死。这样的一条法律他没有找到，后来他又咨询他的律师朋友。他们同样也找不到这样的法律。慢慢地人们明白了，是邪恶的法官们用他们的职权"发明"了这个合法捏造，用以干掉犯人。

在处决巴尔之时，不堪入耳的谣言到处都是。当今出现的这场风暴让法官们不得不审时度势，给第三个年轻犯人的审判一直都没有得到结论。至于巴尔，他一直都没有昭雪这一冤情。案件被拖拉了很多年，至伏尔泰去世都还没有结果。不过他打出的这一击已开始有效果了，就算它不是为了宽容，最少也是为了反对不宽容。

喜欢搬弄是非的老妇人的煽风点火与腐朽法庭的判决做出的种种恐怖的行径全都到此结束了。

带着宗教私心的法庭仅仅在黑暗中偷偷地行事才能够成功。伏尔泰采用这样的进攻方式法庭抵挡不了。

伏尔泰打亮了全部的灯，雇用了庞大的一支乐队，邀请大众来参与，逼得敌人无暇应付。

结果敌人一筹莫展。

二十六、百科全书

有三类学派不一的政治家。第一类人是这样教授他们的学说的："在我们这个星球上住着的都是愚昧无知的可怜人，他们无法替自己着想，在需要自己决策之时，便会头昏脑胀，在第一个说客的游说之下误入歧途。要是统治这些大众的人了解他们思想没有主见，对全世界来说不但是件好事，并且他们自己也会乐在其中，原因在于他们不必过问议会与选举的事情，能够全身心地致力于他们的车间、小孩、廉价汽车以及菜园子。"

这一学派的信徒成为了皇帝、苏丹、巨头、酋长、大主教，他们极少将工会看做是文明的最重要的组成部分。他们认真工作，修公路、营房、大教堂以及监狱。

第二种政治思想流派的追随者有下面这样的议论："一般人是上帝的最高尚的产物，上帝有做一个统治者的权利，他有着无与伦比的智慧，谨慎与高尚的动机。他有关照好自己的利益的绝对把握，他希望运用一个委员会来统治世界，可是这样一个委员会在处理国家某些棘手事宜上出奇的慢，这大家都知道。所以执政的事情应该交给几个值得信赖的朋友，他们无须时常惦记养家糊口，因而可以将所有的时间都用来造福百姓。"

不用说，这种光辉理想的鼓吹者上便是寡头政府、独裁专制者、首席执政官以及贵族拥护者。

他们拼命努力地工作，修公路建营房，却将教堂变成了监狱。

不过第三种人是人民。他们用严谨科学的眼光观察人，认清人们的本来面目。他们欣赏人们的好品质，却明白其局限性。他们通过对曾经发生的事件的长时间的观察，认为普通人只要不掺杂感情与私心，便确实可以竭尽全力做对的事情。不过他们从不对自己抱一点点虚伪的幻想。他们懂得生长的一般过程都是很缓慢的，想要增快人们智慧的速度就如同要加快潮流或者季节的进程一般，但却是枉然。他们极少被邀请参加一个州的政府，可是只要有机会将他们的思想付诸于行动的时候，他们就开始修公路、改良监狱，并将剩下的基金用在学校与大学上。这些坚定不移的乐天派相信，正确的教育将会慢慢的把世界上留存下来的部分年代久远的弊病消除，所以这样的事业应不惜代价地予以支持。

通常作为实现这个理想的最后一步，他们常常是写一本百科全书。

同别的好多需要很有智慧和强大耐力的东西一样，第一本有着百科全书性质的图书起源于中国。中国的康熙皇帝想运用一本五千零二十卷的百科全书取得臣民们的欢心。

最先向西方引进百科全书的人是薄林尼，三十七本书就让他心满意足了。

在启蒙的方面基督时代的起初一千五百年没有搞出任何有价值的东西。圣·奥古斯丁的一个非洲老乡、费利克斯·卡佩拉花费多年心血写成了一部书，自认为各种知识的宝库都汇集其中。目的在于让人们轻而易举他将他所提及的趣闻轶事记住，他采取诗歌的形式。里面是一大堆可怕的误传，可中世纪后的十八代子孙却铭记于心，这些玩意儿被他们当成了文学、音乐以及科学领域的定论。

过了两个世纪之后，塞维利亚一个名为艾西多尔的主教编撰了一本全新的百科全书，至此，每一百年百科全书都以两本的速度增长。这些书的情况怎样，我无从知晓。蛀书虫（是最有用的家禽）也许当了我们的搬运工。假如全部这些书都得以保存的话，世界上就没有别的东西的立足之地了。

最后，在十八世纪下半叶，欧洲历经了一次声势浩大的求知运动，百科全书的撰写者步入了真正的天国。那些书和我们现在的一样，往往是由贫穷潦倒的学者们编写的，他们依赖每星期八美元为生，劳动所得还不够买纸与墨水的。英国尤其是这种伟大文学的国家，因此在巴黎居住的英国人约翰·米尔斯自然而然想到要将伊弗雷姆·钱伯斯成功的《通用辞典》翻译成法文，好向路易国王的臣民们兜售，从中获得利润，为了这个目的，他与德国的某位教授进行合作，随后又同国王的印制商雷伯莱顿打交道，让他做实际的发行工作。长话短说，雷伯莱顿知道了这个小小的生财门道，就故意欺诈他的同伙，米尔斯与那个条顿医生被他赶走之后，他自己则继续盗印。即将出版发行的著作被他称为《艺术和科学的万能百科全书辞典》，并发出了诸多能招揽顾客的精美书讯，很吸引人的眼球，于是很快订单就排满了。

随后，法国中学的一名哲学教授被他聘请为总编辑，买进大量的纸张，然后就坐着等结果。可悲的是，等一本大百科全书并非像雷伯莱顿所想的那么简单。教授弄出了笔记，可这不是文章，预订者吵吵闹闹地要得到第一卷，全部都变得一团糟。

在这紧要关头，雷伯莱顿突然想起了几个月之前出版发行的很受欢迎的《医学通用辞典》。他将医学卷的编辑找来，立马就聘用了他。这样一来，一本专科全书便变成了《百科全书》。这位新编辑便是丹尼斯·狄德罗，所以这项原本艰苦乏味的工作成为了十八世纪对人类最重要的贡献中的一个。

当时狄德罗三十七岁，他的生活一点也不安逸幸福。他拒绝身为一个年轻体面的法国人全部应该做的事，不想上大学。一离开耶稣会的老师，他就前往巴黎当一名文人。历经了短时期饥寒交迫的生活（依据两个人挨饿与一个人挨饿是相同的逻辑），他与一个虔诚得可怕的妇女、同样也是个不可理喻的泼妇结了婚，这样的结合并不是像别人认为的那般罕见。不过他要养活她，就必须做形形色色千奇百怪的工作，编辑各式各样的图书，从《关于美德与价值的探究》到名声狼藉的改写薄伽丘的《十日谈》。可是在他心中，这位拜勒的学生依然忠实于他的自由思想。不久政府（如同处于艰难时期的政府一般）发现这位并不让人心生厌恶的年轻作者对《创世记》第一章所描述的创世故事一直都持着严重的怀疑态度，是一位重要的异教分子。结果，狄德罗被关进了万塞纳监狱，秘密监禁了三个月。

直到从监狱获释之后，狄德罗才成为雷伯莱顿的雇用工人。在当时狄德罗是最善于雄辩的人。他在他的终生事业中看到了出人头地的机会。倘若仅仅修改钱伯斯的旧资料那简直是在降低身份。当时正是思想活跃的年代。非常好！雷伯莱顿的百科全书要让所有能够想到的题目具有最新的词汇，文中要让最有权威的人编纂。

狄德罗满腔热血都沸腾了，他事实上说服了雷伯莱顿让他完全指挥，并且对时间没有限制。然后，他把同他合作的人员名单列了出来，拿出一张大纸，开始写道："A：字母表的第一个字母"，等等。

二十年之后，他写到了 Z，工作结束了。不过在这样一种极为不利的条件下工作的人是很少的。雷伯莱顿聘用狄德罗时，他原有的投资已经有所增加了，可是他每年发给编辑的钱不会超过五百美元。至于别的那些应该协助的人，唉，我们都明白会是怎样的情况。他们要么就是当时十分忙，要么就是下月再说，要么就是得去乡下看望父母。因此，即便教会与政府官员的咒骂令他觉得痛苦，他还必须亲自做大多数的工作。

现今他的百科全书的版本十分罕见了。这倒不是说好多人想得到它的原因，而是由于好多人都要干掉它。一百五十年之前这本书就被看成是毒害匪浅的激进主义表现形式被销声匿迹了，可在今天读起来就像喂婴儿的器官短文一样单调没有害处。可是，在十八世纪教士中相对保守的分子来看，这部书仿佛吹响了走向毁灭、无政府、无神论以及无秩序的响亮号角。

当然，人们做出了那种惯用的谴责，斥责总编辑是社会与宗教的首敌，是不信上帝与国家、又不信神圣家庭关系的放荡不羁的恶棍。然而一七七〇年的巴黎不过是个规模稍大的乡村，人们互相都很了解。不但狄德罗主张生活的目的在于"做好事，寻找真理"，并且也确实实践了自己的座右铭，他打开大门款待饥饿的人，为人类他每天工作二十个小时，除了一张床、一个写字台以及一沓纸之外，别无所求。这个淳朴、踏实工作的人是这些美德的光荣典范，而这恰恰是高级教士与君王们欠缺的，所以想从这个方面攻击他很不容易。因而官方想尽办法找他的麻烦，建立起了一个谍报网，经常在他的办公室附近打探消息，抄他的家，没收狄德罗的笔记甚至有时干脆不让他工作。

不过这些障碍都阻挡不了他心中的热情。工作总算完成了，《百科全书》确实像狄德罗所期望的那般竣工了。在某种程度上人们已经闻到了新时代的气息，明白世界亟需完全彻底的大修检，《百科全书》就是他们重振旗鼓的新起点。

看起来我似乎稍稍夸大了这位编辑的真实形象。可毕竟他还是狄德罗，穿着衣衫褴褛，当每个星期富有的朋友霍尔巴西男爵请他去大吃一顿的时候，他就高兴得欢呼雀跃。当四千册书抢购一空时，他会觉得很满意吗？

他同卢梭、达兰贝尔、杜尔哥、爱尔维修、沃尔涅、孔多塞，还有别的好多人是同一时代的，全部的这些人享有比他高得多的声誉。可是假如没有《百科全书》，这些好人就无法发挥他们的影响。这不单单是一本书，它是社会与经济的提纲。它向我们讲述了当时领导人的确实思想。它具体讲述了在不久的将来就统治了这个世界的那些思想。它是人类历史上的具有决定意义的时刻。

所有有耳朵有眼睛的人都明白，法国已经到了紧要的关卡，不得不采取一种严厉措施才能够避免临头的灭顶之灾，不过这些有耳朵有眼睛的人却不同意这样做。他们都十分固执己见地坚持和平只能依赖严格执行梅罗文加王朝的一套废弃了的法律来维护这样的论调。那时这两个党派势力相当，都保持原有的样子，这却产生了怪异的复杂情况。法国在为保卫自由而战的过程中起了引人注目的作用，它写了最亲切的信给乔治·华盛顿先生（一个共济会成员），而且给本杰明·富兰克林部长安排了愉快的周末宴会，有人称富兰克林是"不可知论者"，我们把他称为朴素无华的无神论者。这位屹立在大西洋岸边的相同一个国家又是各种各样进步的仇敌，仅仅在判处哲学家与农民都要过相同乏味贫困的生活的时候，才体现出了点不带任何偏见的民主精神。

最后，全部这一切都发生了改变。

不过变化的方式却出乎人们预料，这次的斗争是要清除在精神上与社会上的非皇廷的人的障碍，可是参与斗争的却并非奴隶本人，这是极少数几个公正无私的人的杰作，新教徒对他们痛恨不已，正如天主教压迫者在心里痛恨他们一样。那些公正无私的人的唯一的希望便是期待一切诚实的人都可以进天堂。

十八世纪为宽容事业而战的人很少是某一特殊的派别。为了个人方便，有时他们也参加一些能够将士兵从写字台前赶走的表面化的宗教举动。可是就内心活动而言，可以说他们是生活在公元前四世纪的雅典或者是中国的孔子时代。

他们总是遗憾没有同时代的大多数人对诸多事物的敬畏感，觉得这仅仅是过去遗留下来的、尽管无害却十分幼稚的东西。

对古代民族的历史他们极少关注，西方人由于好奇心作怪，从巴比伦亚人、埃及人、赫梯人以及迦勒底人的历史中摘选出一些记载，成为道德与风俗的行动指南。可是苏格拉底大师的真正的信徒只倾听自己良心的召唤，完全不顾后果，在早已变得屈服温顺的世界他们无所畏惧地生活着。

二十七、革命的不宽容

有座标志着达官贵族的荣誉与平民老百姓的痛苦的大厦，它叫法兰西王国，于一七八九年八月的一个让人难以忘记的晚上终于倒塌了。

那天晚上天气十分闷热，一个星期以来人们的怒火上涨不止，国民议会完全沉醉在兄弟博爱的狂欢当中。直至这个群情激昂的时刻，特权阶层才将他们花了三百多年得到的古老权力与特权交了出来；普通大众宣称他们赞成人权理论，这给以后的民主自治奠立了基石。

对法国来说，这代表着封建制度的灭亡。一流的人事实上就是最具有进取心的社会人士，他们勇敢地担当起领导人，决定着整个普通国家的命运，而且也获得了生存的机会。贵族都情愿退出公职，在政府部门里担任一个冠冕堂皇的教士的职务便心满意足了。目前他们仅仅适合在纽约的第五号街上喝茶或者是在第二号街上开饭店。

所以旧的法兰西死亡了。

我不知道这究竟是福是祸。

不过它死了，同它一起灭亡的还有一个无形的最残忍的统治，自黎塞留时起，这样的统治一直被教会强加于涂了圣油的圣·路易斯的子孙后代的身上。

毋庸置疑，人类又得到了一次机会，这在历史上是史无前例的。

满腔的热情激励着一切诚实的男女们，这不言而喻。

太平盛世已离得很近了，又或是可以说已经到来。

独裁政府的专横跋扈还有很多邪恶都要完全彻底地从这个美好的世界上永远清除干净。

向前冲吧，祖国的后代们，暴政的时代已一去不复返了！

对于它的后果能多说一些。

随后，帷幕落下来了，社会上好多不公平的事被清除得一干二净，所有的一切都重新开始。可是这一切都过去后，我们又看到了熟悉的"不宽容"，它身穿无产阶级的马裤，梳着罗伯斯比尔式的发式，和检查官并肩坐到了一起，度过它自己罪恶的晚年。

一年前，假如有人说当权者不过是依赖上帝的垂青来度日的，偶尔也会出差错，"不宽容"就会将他们送往断头台。

现今，无论是固执认为人民的意愿并不一直是上帝的意愿，"不宽容"也会将他们推向死亡的深渊。

这样的玩笑多可怕啊！

可是这个玩笑（人们还都喜欢它）却换来了上百万无辜旁观者的牺牲。

可悲的是，我要讲的并非什么新鲜的事情。从古典作家的著作里大家能够找到表达相同意思的较为文雅的词语。

在人类的精神领域，这样的问题一直明显地存在、并且极有可能会一直存在着两种迥然相异的类型。

少部分人不停地学习和思索，努力探求自己的不朽灵魂，于是他们能领悟出一些平和的哲学结论，最后摆脱常人的苦恼。

然而大部分人对精神上的"淡酒"并不满足，他们希望可以找些刺激精神、把舌头烫坏、割断食管、令他们突然振奋起来的东西。那"东西"是什么倒不重要，只要可以起到上面所提的作用，能运用直截了当的方法并且数量上没有限制就行。

这样的事实历史学家似乎不大懂，这让很多人感到失望。恼怒的大众才把过去的城堡摧毁（当地的黑罗多弟与塔西提热情而又及时地报道了这件事），便立刻让泥瓦匠将旧城堡的废墟运到城市的另一个地方，再新建一个地牢，它与旧的堡垒同样可恶、暴虐，也是用以进行镇压和恐吓。

刚好这时，一些具有很强的自尊心民族终于把"一贯正确的人"加在他们头上的枷锁打开了，可是他们立刻有接受了一本"一贯正确的书"的指挥。

就在旧的掌权者一身仆人装扮，骑马向边境出逃的相同的一天，自由党占领了这座遗弃了的宫殿，他们穿上被丢弃的皇袍，又陷进了让他们的前任流离失所的错误和残暴当中。

这所有的一切都让人感到沮丧，可这是我们故事里真实的一部分，应该告诉大家。

不用说，那些直接导致法国大动乱的人本意是好的。《人权宣告》制定的原则是，不可干预所有公民根据自己的观点，"宗教观点包括在内"，静静地追寻自己道路的自由，只要他的观点不打乱经各种法令与法规制定的社会秩序便可。

不过这并非说一切的宗教派别都享有相同的权利。从此之后新教被允许，新教徒不会因不同的天主教徒在相同教堂里做礼拜而受到任何牵连，可天主教依然是"占据统治地位"的国教。

在认识政治生活的本质方面米拉博有准确无误的本能，他明白这个远近闻名的让步并不彻底。他企图将一次社会大变革变成一个人的变革，不过壮志未酬就死了。好多达官贵族与主教对他们在八月四日晚上给出的宽宏大量表示非常后悔，于是开始运用设障碍的方法，他们的国王主子也因此付出了致命的代价。直至两年之后的一七九一年（整整两年时间，这对于一切实际目的而言都太晚了），全部宗教派别，新教徒和犹太人也包括其中，才获得了完全对等的基础，被宣布在法律面前人人都享有相同的自由。

从那个时候开始，诸多角色都颠倒过来。法国人民的代表总算给这个前途无量的国家制定了宪法，要求教士们不管有着怎样信仰，都一定要宣誓忠于这样一个新政体，如同同胞学校的老师、邮局雇员、灯塔看守者和海关官员一样，要将自己视为国家的公仆。

教皇庇护六世对这样的做法表示反对。新宪法关于神职人员的规定直接同一五一六年法国与罗马教廷签署的各项正式协定相违背。可是国民议会没有过多考虑先例或是条约这些不值一提的小事。要么教士宣誓效忠于宪法，要么就撤职饿死。好多主教与教士接受了这样一个看似无法避免的命运。他们双手交叉，执行了宣誓手续。不过绝大部分教士是老实本分的人，他们不愿发假誓。他们已迫害了胡格诺教派好多年，而今他们又学着胡格诺派的样子，在废弃了的马厩里做弥撒，在猪圈里进行思想交流，在乡下的树篱后面布道，而且每当夜深人静之时去他们以前教民的家中秘密拜访。

通常来讲，比起新教徒在类似的状况下的生活他们算是好多了的，原因在于法国的秩序已杂乱无章，就算采取对付宪法敌人的敷衍行事的措施都无法顾及。因为似乎他们都不想冒失去性命的危险，因而那些出色的教士——往往人们称他们是拒绝宣誓的顽固派——很快就大胆要求官方承认他们是"能够被容忍的宗派"，并希望得到特权，可在过去的三百年里，也恰好是他们坚持不将这样的特权交给他们自己的同胞加尔文教徒。

如今我们处在无任何风险的一九二五年来回顾，觉得它既冷酷又滑稽是在所难免的。然而官方那个时候并未因他们的要求采取任何明确的措施，那是因为议会很快已被极端激进分子全权掌控了。因为法庭的背信弃义，加之国王陛下愚昧地同外国联盟，结果一个星期不到就引起了从比利时海岸至地中海海滨的恐慌，它造成了从一七九二年九月二日到七日的一系列大屠杀。

从那时开始，革命注定要堕落成恐怖统治。饥饿的大众开始怀疑他们的领导人正在进行一次大阴谋，要将国家出卖给他们的敌人，此时哲学家们循序渐进所获得成果的打算化为乌有。以后发生的剧变在历史中都见怪不怪了。在如此大的危机当中，处理事务的权力极易落入冷酷无情的人的手中，对历史认真学习过的学生都非常熟悉这样的情况。可是这个戏剧的主人翁竟是一个楷模，一个美德的完美化身，这确实出乎人们的意料之外。

当法国开始看穿新主人的真正面目，已为时晚矣，这就仿佛在协和广场的绞刑台上枉费唇舌说一些过时的警告一般。

到此为止，我们把这场革命从政治、经济以及社会组织这几个方面研究了一番，然而只有等历史学家变成了心理学家，反之亦然，我们才可以真正明白或理解那些黑暗的力量，在极度的痛苦之中他们决定了全民族的命运。

有的人觉得是爱和光明支配着整个世界。有的人则认为人类只尊重一样东西：野蛮力量。从现在到几个世纪之后，在这二者之间我们能够作出一个选择。不过有一点似乎是绝对的，在社会学的这所试验室中，法国革命是一切试验中最伟大的，它是对暴力的崇拜。

有的人希望运用理智建立一个更人性化的世界，可他们要么寿终正寝，要么就是被他们原想赞美的人们给处死。伴随着伏尔泰、狄德罗、杜尔哥、孔多塞这样的人的消亡，新至善论的愚昧倡寻者们成为了掌握国家命运的名正言顺的主人，可是这项神圣的使命被他们弄得糟透了。

在这些人统治的最早阶段，胜利完全掌握在宗教敌人的手中，他们因为种种原因，对基督教的象征极其痛恨。在过去教士当权的时期他们默默忍受巨大痛苦，只要见到穿着黑色长袍的教士便愤愤不平，迷人的香气让他们的脸色发白，勾起他们早已不记得的狂怒。还有人觉得能够用数学与化学这两种学科来反对上帝的存在。他们联手开始摧毁教会和它全部的作品。这件事毫无希望，最多不过是场徒劳无功的任务，不过这是革命心理的某一特点，正常的、不正常的，不可能的事如家常便饭一样每天发生。所以一纸国民大会的公文把基督的旧历废除了，万圣节被废除了，圣诞节和复活节也一样被废除，还有星期和月份，再次将一年分为十天一段，每十天就是一个异教徒的安息日。然后，一张废除崇拜上帝的声明再次出现了，世界变得没有主心骨了。

可这一时期维持得并不长。

在空空如也的雅各宾俱乐部中，不管如何滔滔不绝地作着怎样的解释与辩解，这样一种虚无缥缈的理念依然没有多少人接受，大多数人连两个星期都无法忍受。旧上帝不能满足人们的需求，那为何不效仿摩西与穆罕默德，创造出一个与时俱进的新上帝呢？

就这样理智女神诞生了！

她的确实身份直到后来才弄清楚。当时，一个漂亮的女演员，给她穿上合适的古希腊服装，就完全合乎大家的要求。这样的女士是从前国王的芭蕾舞团的演员中找寻出来的，在适当的情况下，人们将她很隆重庄严地送往旧信仰追随者早已抛弃的高大祭坛上。

要说圣母，几百年以来她一直高高地站在祭坛上，用她慈爱容忍的目光温和地凝视着灵魂受到创伤的人们。现今她也消失了，在把她送往石灰窑变成灰浆之前，一双怜爱的手慌忙地藏起了她。取而代之她的是自由女神的塑像。这是一位业余雕塑家的得意之作，塑像是用白色的石膏随意雕塑而成的。可这并没有完，巴黎圣母院还见识到了别的发明。在唱诗班中间有四个柱子与一个屋顶，象征着"哲学殿堂"，在国家的重要日子那儿就变成了新舞神的宝座。在这个可怜的女孩子没有主持仪式、不接受虔诚的追随者的崇拜之时，哲学殿堂便燃起高高的"真理的火炬"，喻意用这火照亮世界的文明，直到世界末日的到来。

可"世界末日"不到六个月便来临了。

一七九四年五月七日的早晨，法国人民被正式告知，说上帝再一次被确立了，灵魂的不朽再次被公认是信仰中的一条。六月八日，新上帝（那是用已经死去的让·雅克·卢梭遗下来的旧材料匆忙拼凑出来的）正式在期盼已久的信徒们面前亮相了。

罗伯斯比尔穿着崭新的蓝色马甲，致了欢迎词。他达到了人生的巅峰时刻，一个三流城市里的法律执事一跃成为了法国大革命的高级教士。甚至，一个可怜的精神失常的修女凯瑟琳·泰奥特竟被数以万计的人拥为上帝真正的母亲，由于她刚宣布了救世主马上就会到来，甚至透露了救世主的名字，那就是马克西米利安·罗伯斯比尔。这位马克西米利安穿着自己设计的怪异服装，高傲地向上帝宣称说从此他所掌管的小世界绝对会更加完善。

为了保证万无一失，时隔两天后他便通过了一项法律，规定一切被怀疑犯有叛国与异教罪的人（这两者再次被视为一体，如同宗教法庭时代一样）都被剥夺所有自卫措施。这样的方法十分奏效，在随后的六个星期当中，有一千四百多人被送上了断头台掉了脑袋。

余下的事情大家都很熟悉了。

罗伯斯比尔自认为他是一切认为美好的事物的完美化身，品质上他是机智的狂热者，所以不能承认别的不够完美的人有同他一样生活在地球上的权利。随着时间的流逝，他对罪恶的仇恨扩张到一发不可收拾的地步，使得法国在人口灭绝的边缘中徘徊。

后来，因为担心自己的生家性命，美德的敌人进行回击。经过短暂的你死我活的搏斗，正直得可怕的信徒毁灭了。

此后，法国革命的力量被削弱了。当时法国人民所采用的宪法承认不同宗派的存在，他们都享有平等权利与特权，至少来说共和国官方是不会干涉宗教有关的事情的。那些想建立教堂、公理会以及同盟的人能够没有约束地去做，不过一定要在对自己教士与牧师支持的同时，承认国家有着至高无上的权力与个人享有绝对自由的权利。

从那个时候开始，法国的天主教徒与新教徒相安无事地和平共处了。

确实，天主教会一直都没有承认过自己的失败。它依然诋毁政教分家的原则（见一八六四年罗马教皇庇护九世的教令），而且支持那些企图颠覆共和国体制恢复君王体制或者是帝国的政党，想东山再起再次掌握大权。然而通常这些战斗都是在高级官员太太的私人起居室里或是在退伍将军和他一个野心勃勃的岳母在狩猎的山林小木屋中进行的。

他们给有趣的读物提供了非常好的素材，但事实说明他们不过是徒劳而已。

二十八、莱辛

一七九二年九月二十日的夜里，法国的革命军同前来剿灭这场可怕暴乱的君主同盟军之间的战役打响了。

这一次的胜利战果辉煌，可是获胜方不是联盟军，在瓦尔密村滑溜溜的山坡上，联盟军的步兵没法施展。战斗变成了持续不断的炮轰，然而叛军的射击比皇家军队还要猛烈迅速，如此一来后者便早先撤离战场，晚上朝北方开始撤退。参与这场战役的有个名为歌德的人，他的身份是世袭魏玛王子的助手。

几年之后，这位青年出版了有关那天的回忆录。那时的他双脚都在洛林又稠又黏的泥浆里，却成为了一个先知。他预言说经过这次战役，世界将会改变原来的样子。他说得很对。在值得永远纪念的那天，受上帝垂爱的君主政权成为了垃圾。人权运动的参与者并不像人们预计的那般如同小鸡一样逃之夭夭。他们扛着枪，翻山越谷，将"自由、平等、博爱"的思想传播至欧洲最边远的地方。曾经他们的马拴在所有大陆的每座城堡与教堂中。

我们写一写这样的言辞一点也不困难。革命的领导人已死去大约一百五十年，我们能够随意取笑他们。甚至我们还可以对他们为这个世界做的好事表示感谢。

可是从那段时期熬过来的男女们——曾经在某一天的早晨他们聚集在自由之村的下面兴高采烈地跳舞，可在之后的三个月中又如同城市下水管里的耗子一般被赶得四处逃窜——不能对这场骚乱采取作壁上观的态度。他们从地窖与阁楼里爬出来，整理一下似鸡窝一样的假发，就开始尽可能地避免再次上演这样可怕的灾难。

为了抵御敌人的成功，首先他们必须掩盖过去。这并非是历史学意义上的那样一个含糊不清的过去，那时他们自己偷偷摸摸地阅读伏尔泰书籍且公开表明对百科全书派的无比钦佩。现今伏尔泰先生的书被他们堆集在阁楼里。将狄罗德先生的书籍卖给了收废品的，曾经他们毕恭毕敬拜读的揭示真理的小册子也被扔进了煤箱。用尽一切办法掩盖可能暴露他们曾经在自由主义领域里停留过的线索，真可谓是用心良苦。

就像经常发生的摧毁全部文字材料的情况一样，这些忏悔的人们忽视了一件重要的事，这便是戏剧舞台，它比那些众说纷纭的谣传还要坏。曾经他们给《费加罗的婚礼》说了大量的恭维的话语，而今又宣布他们从未相信过人人平等的理想有实现的可能，未免稍稍有些幼稚。曾经他们为"聪明的南森"泪流满面，因而目前也没法再证明宗教宽容一直被自己看成是政府软弱的具体表现。

这出戏与它的成功所说明的和他们所说的刚好相反。

这出著名戏剧迎合了十八世纪后期民众的情感。作者是德国的戈思霍尔德·伊弗雷姆·莱辛。他是一位路德派牧师的儿子，在莱比锡大学学习神学。然而他不想将宗教作为自己的职业，时常逃课。父亲得知后，叫他回家，让他选择是立即退学还是写份转到医学系的申请。可是他当医生的兴趣并不比当牧师大，于是戈思霍尔德保证做到父亲的所有要求。尽管他又回到莱比锡，却还是给好多他喜欢的演员朋友做保借贷。以后这些人从城里消失得无踪影了，为了避免因负债累累而被捕入狱，莱辛不得不逃到维腾贝格。

逃跑代表着他要长时间的步行还要忍饥挨饿。他首先来到柏林，好几年里他给几个神学刊物写稿，报酬很低。后来他一个打算环球旅行的有钱朋友聘请他当私人秘书。然而他们刚起程，就开始了七年战争。朋友被迫从军，坐第一辆马车回到故乡。莱辛再一次失业，流落在莱比锡城。

不过莱辛非常善于交际，过了没多久又找到了一个名叫艾德华·克里斯蒂娜·克莱斯特的新朋友。这位朋友白天当官，夜里写诗，极为敏感，他给了这位饥饿的神学家以洞察力，让他看到了缓缓进入这个世界的新精神，不过在库内道夫战役中克莱斯特牺牲了，莱辛被逼得走投无路，当了一名报刊专栏作者。

随后，莱辛又给布雷斯勒（现弗罗茨瓦夫）城的一名指挥官做了一段时期的私人秘书，因为驻防生活很枯燥，他就仔细研究起斯宾诺莎的著作来打发时间，直到这位哲学家去世一个世纪以后，他的著作才流传到国外去。

不过全部的这一切依然解决不了日常生活问题。这时的莱辛已差不多四十岁了，他想建立自己的家庭。朋友建议任他担任皇家图书馆的馆员。可是好多年之前发生的事已让莱辛很受普鲁士宫廷欢迎。他首次访问柏林时便与伏尔泰结识了。这位法国哲学家相当慷慨，完全没有架子。他准许这位青年借阅当时已打算出版的《路易十四的世纪》的手稿。不幸的是，在莱辛匆忙离开柏林之时，将手稿带到自己的行囊当中（完全是偶然）。原本伏尔泰就对小气的普鲁士宫廷的低档咖啡与硬床大感恼火，于是立刻大喊大叫说自己被偷了，年轻的德国人把他最重要的手稿偷走了，警方要监视边界等，俨然一副客居外国的激动万分的法国人的样子。几天内，邮递员带来了他丢失的手稿，可是里面还附着一封莱辛的信，在信中这个坦率的年轻条顿人对敢于怀疑他诚实的人给出了自己的想法。

这场小风波应该极易被人们忘却，然而十八世纪是一个巧克力罐在人们的生活中发挥很大作用的时期。直到二十年之后，弗雷德里克国王依旧不喜欢那位爱找麻烦的法国朋友，因而也便不同意莱辛进入宫廷。

因而莱辛告别了柏林，前往汉堡。这里谣传说要新建一所国家大剧院。开始这项规划没有实现，在绝望之中莱辛接受了这份在世袭大公爵布伦斯威克的图书馆当馆员的工作。那时他住的沃尔芬布泰尔城并非一个真正的大城市，不过在德国大公爵的图书馆却是可圈可点的。里面的手稿有一万多部，其中好几部是基督教改革之运动的最为重要的历史文献。

无聊是故意中伤与流言飞语的主要来源。在沃尔芬布泰尔城，曾经做过艺术批评家、报刊专栏作家以及戏剧小品家的人是非常可疑的，不久莱辛就再次陷入了困境。这不是因为他做了什么事，不过有传言说他干了些事情，也就是出版诸多攻击旧派路德神学正统言论的作品。

事实上这些布道（因为它们确实是以布道的形式出现的）是汉堡一名前任教长所写的，可是布伦斯威克大公爵大为惶恐，他担心自己的领地中要开展一场宗教战，于是下命他的图书馆馆员小心行事，躲避所有争论。莱辛依照主人所希望的那样做了，可是那个时候没有人鲜明地探讨过这个问题，所以莱辛开始工作，以戏剧的形式再一次阐述他的观点。

在小镇子一部名叫《聪明的南森》的戏剧诞生了。它的主题相当古老，在前面我就提到过它。爱好古典文学的人可以从薄伽丘《十日谈》中将它找到，在那儿它被称做是《三个戒指的悲惨故事》。大致情节是这样的：

很久很久以前，有一位伊斯兰教的王子希望可以从他的一个犹太臣民那儿捞到一大笔钱。可是让他苦恼的是没有正当的理由剥夺他的钱财，于是想出一条计谋。他派人将这位受害者找来，大大赞赏他的学识与智慧，然后就问他——土耳其教、犹太教和基督教——这三种流传广泛的宗教中，他觉得哪个最真实？这个值得人们尊敬的老人并未正面回答王子，却说："噢，伟大的苏丹，让我讲个小故事你听吧！很久以前，一个有钱人，他有一枚很漂亮的戒指。在遗嘱里他写道，在他死后，哪个儿子手上戴着这枚戒指，哪个儿子便可以继承他的全部家产。后来他的儿子也立了相同的遗嘱，子孙后代也一样，如此几个世纪来，戒指代代传承，完美无缺。可是最后有一个主人，三个儿子他都很喜爱，真的没法决定谁能够得到这无价之宝。所以他跑到一个金匠那，要他做了两个与自己手上相同的戒指。弥留之际他躺在床上，把三个孩子都叫了过来，给每个人送上祝福，于是他们都觉得自己是那枚戒指的继承人。父亲下葬之后，三个儿子都宣称自己是继承人，原因在于他们都有戒指。这造成了许多的纷争，最后不得不交给法官处理这件事。可是这三个戒指长得一模一样，就算是法官也确定不了哪个是真的，因此这一案件就拖了很久很久，一拖再拖，有可能要拖到世界毁灭的那天。阿门。"

莱辛运用这样一个古老的民间故事来阐明自己的信念：没有一种宗教能够将真理垄断。人的内在灵魂远比附着在他表面上所信奉的规定的仪式与教条有价值得多，所以人们要做的就是和平共处，谁也没有权利将自己视为完美的偶像让别人膜拜，没有权利宣称"我比别的所有人都好，因为只有我懂得真理"。

可是在一七七八年曾备受欢迎的这种思想，在这个小小的国家里却不受支持。小诸侯们经大革命风暴后都想方设法保住残留的财物与牲口，为了重新建立声望，他们拱手把国家交由警察管辖，并期望那些凭借他们过活的牧师们作为精神支柱，助警方一臂之力，帮他们重建法律与秩序。

这场真正的政治反动彻底成功了，那些企图依照五十年以前的模式重塑人们思想的努力以失败而告终。结果也应该是这样的。各国大部分人们对革命与骚乱、对议会以及那些没有意义的讲说、对完全破坏了工商业的诸多关税已心生厌倦，这确实是事实。他们希望和平，不惜一切代价获得的和平。他们想经商，想坐在他们他们自己的客厅喝咖啡，不再遭受住在家中的士兵的骚扰，不用再被迫喝让人作呕的从橡树上挤下来的汁水。要是可以享受到这样幸福愉快的生活，他们就宁可忍受一些小小的不方便，比方说向所有戴有铜钮扣的人行礼，在一切皇家信箱前鞠躬致意，并用"先生"来称呼给官方的打扫烟囱的助手。

不过这种谦卑的态度完全是有必要的，经过一个漫长动荡不安的时期后，有一个短促的喘息的时间是很有必要的。那时天天早上都会出现新军装、新政治提纲、新政策以及属于上帝也属于老百姓的新统治者。可是，仅仅从这样的普通的屈服状态、从对上帝认定的主人的欢呼雀跃中，就断言在内心深处人们已将曾经激励过他们的头脑与心胸的格朗中士的鼓动全都抛在脑后，那可就大错特错了。

他们的政府有着全部反动独裁者都一贯的玩世不恭的态度，主要对表面的循规蹈矩与秩序有要求，对人们的精神世界倒一点也不介意，因而老百姓就得到了极大程度上的自由。老百姓星期天拿着一大本《圣经》去教堂，一个星期剩下的时间就能够随心所欲地思考。不过他们要保持缄默，在公开个人的见地、发表言论之前要认真考虑一下，首先保证沙发下面或者炉子后面没有密探。可是他们完全能够兴高采烈地谈论当天的时事，却又从经全部检查、反复琢磨、消过毒的报纸上了解新主人又运用了一种新的愚昧方法来确保国家的太平，将人们带到公元一六〇〇年的年代，这样他们就又会悲哀地摇摇头。

他们的主人做的事，恰好是至公元一年起一切对人类历史一点都不懂的同类主人们在同样情况下总是做的事情。这些主人下令将装有饼干的大桶搬走，原因是有人站在它上面发表了攻击政府的激烈演讲，认为如此一来便可以摧毁言论自由。只要有可能，出言不逊的讲说家就被他们送往监狱，宣判四十、五十或者是一百年的监禁，让这些可怜的人得到烈士的名声。可是相当多的情况下，这些主人仅仅是浮躁的白痴，不过是读过几本书与一些对他们来说如同天书一般的小册子罢了。

得到这种例子的警示，别的人都回避公共场所，跑到偏僻的酒吧或是拥挤喧闹的城市的公共旅店里发牢骚，因为他们觉得在这些地方有小心谨慎的听众，他们的影响要远远大于在公开讲台上。

上帝用他的智慧赋予一个人一点点权力，又总是害怕因为这样而失去自己的官方声望，世界上没有什么有比这还要可怜的事情了。国王能够失去他的王位，而且对这场扰乱他索然无味的生活的小插曲笑一笑。不管他是戴上男仆的褐色礼帽，还是将他祖父的王冠戴上，毕竟他还是一个国王。不过就一个三流城市的市长而言，只要他的小木槌与办公室的专用徽章被剥夺，他就只仅仅是一个普通家伙，一个让人可笑的自以为是的人，一个被他人嘲笑陷入困境的人。所以，要是谁胆大妄为同当时的掌权人套近乎而并没有明显对他表示该有的敬意与崇拜，便会大祸临头。

可是对于那些在市长面前低头哈腰的人们，那些用学术巨献、地质学、人类学、经济学守则来公开质疑当今秩序的人们来说，他们的处境相当糟糕。

马上他们的谋生之路就被不光彩地剥夺了，随后他们被散布有恶毒教条的村子中赶走，妻儿都要经邻居们照顾。

这样的反动精神的爆发让大量的真挚的本想铲除社会许多弊病的人很不方便。不过时间是最好的洗衣工，它早早将当地警察与善学者们的衣服上发现的污迹清除了。现在普鲁士的弗雷德里克·威廉可以让人铭记。主要的原因是他干预了危险激进派伊曼纽尔·康德的学说。依照康德的教诲，我们的行动准则要具有变成宇宙规律的价值的准则才行，按照警方记录，他的教导只可以讨"办事不牢的青年和一无所知的傻子"的欢心。昆布兰公爵总是臭名昭著的原因就是他作为汉诺威的一国之君，把一名叫雅各布·格利姆的人流放了，此人在一份《陛下非法地取消国家宪法》的抗议上署过名。梅特涅的名声也很差，原因是他将怀疑之举伸到了音乐领域，审查舒伯特的音乐。

可怜的奥地利！

奥地利已经死亡不存在了，全世界都对这个"快乐帝国"有好感了，忘了曾经这个国家有过积极的学术生活，有一些东西比有趣的乡镇集市上的价廉物美的酒、劣质的雪茄以及由约翰·施特劳斯亲自作曲与指挥的醉人的华尔兹更有价值。

更进一步看，我们能够说，在整个十八世纪，在传播宗教宽容方面，奥地利起了至关重要的作用。自基督教改革运动以后，新教徒立即在多瑙河与喀尔巴阡的山脉间找到一块肥沃富饶的土地作为他们大展宏图的地方。可是等到鲁道夫二世成为皇帝，所有的一切就都改变了。

这位鲁道夫如同西班牙菲利普的德国一样，在这个统治者看来，与异教徒签订的条约无任何意义。即便鲁道夫接受的是耶稣会的教育，可他懒得出奇，这却让他的帝国避免政策上的剧变。

等费迪南德当选皇帝，这样的事情便发生了。他当君主主要的资格是，在哈普斯堡皇室中他是唯一一个有几个儿子的人。在统治初期他还参观了赫赫有名的天使报喜馆，在宗教热情爆发时费迪南德发誓要将他的国家变成完完全全的天主教国家。

他恪守了诺言。一六二九年，天主教又一次被宣布变为奥地利、施蒂里亚、波希米亚以及西里西亚的唯一官教信仰。

与此同时，匈牙利同这个奇怪的家族联姻，所有新妻子都将大片欧洲地产作为自己的嫁妆。费迪南德便处心积虑将新教徒从马扎尔人人群集中的地区赶出去。不过，因为在特兰西瓦尼亚的唯一神教派教徒与土耳其异端分子的支持下，直至十八世纪的后五十年匈牙利还可以让新教徒保持独立。这个时候奥地利内部也产生了翻天覆地的变化。

哈普斯堡皇室是教廷的忠实追随者，可是最后就算是这些思想迟钝的人都对教皇的一而再再而三的干涉厌烦了，很希望冒次风险，订立一项有悖于罗马意愿的政策。

在本书的前半部分里我曾经讲过，有好多中世纪的天主教徒觉得教会体制是错的。这些评论家们说，在殉教者的时期，教会是真正的民主机构，原因在于它是由年长者与主教掌控的，而他们又是由教区的居民选举出来的。他们很愿意承认罗马主教，因它自称为圣徒彼得的直接继承人，享有教会委员会里优惠的位置的权利。然而他们坚信这样的权利不过是一种荣誉性的，所以教皇就不该觉得自己高于别的主教，且不该将自己的影响扩张到应有的范围以外。

教皇运用诸多命令、诅咒、赶出教会的手段来对付这样的思想，使得有好几个勇敢改革人士因为大胆妄为地倡导圣职下放而失去生命。

这个问题一直没有得到明确解决，后来在十八世纪中期，有钱有势的特利尔主教的代理主教把这种思想复苏了。他的名字叫约翰·范·抗泰姆，可他以拉丁文的笔名弗布罗纽斯而闻名。他接受了自由思想的教育。在卢万大学进修几年之后，他离开家人前往莱顿大学就读。他到那里时，恰逢加尔文主义的城堡开始被怀疑内部存在自由派。等法律部组员杰勒德教授被准许进入神学界、而且发表一篇赞扬宗教宽容的理想的讲演之时，这样的怀疑就变成了公开的罪证。

至少能够说，抗泰姆的推理方法有他的独特之处。

他说："上帝无所不能，他能够制定出对全体人民在一切时间一切情况下都能够适用的科学定律。因而，只要他愿意做，便能够十分容易地指引大家的思想，让人们在宗教上保持一样的观点。我们明白上帝并非那么干。所以，倘若我们运用武力使得别人相信自己是对的，我们就与上帝的明确旨意相违背了。"

无法说抗泰姆是不是受到伊拉斯谟的直接熏陶。不过能够从抗泰姆的著作中发现伊拉斯谟唯理主义思想的蛛丝马迹，以后他在主教权限与分散罗马教皇权限的问题当中阐述了自己的思想。

不出所料，他的书立刻受到罗马教廷（一七六四年二月）的谴责。不过此时玛丽亚·泰雷兹支持抗泰姆，这刚好符合她的利益。他发动的这次运动被称之为福布罗尼主义或主教权主义，而且最后形成了很实用的《宽容专利权》，玛丽亚·泰雷兹的儿子约瑟夫二世将它于一七八一年十月十三日赐给了自己的臣民。

约瑟夫是他母亲的敌人、软弱的普鲁士的弗雷德里克的化身，他有着在错误时刻做出正确事情的惊人才能。最近的两个世纪，奥地利的家长希望孩子入睡时便用要是不睡新教徒就把他领走来吓唬他。如此一来，要想孩子们再将新教徒（他们了解的样子是长角与有条又黑又长尾巴的人）当成手足是完全做不到的。同样，那些高薪的主教、红衣主教和女执事的伯伯、伯母与表兄妹一直将可怜、诚实、努力、容易犯错的约瑟夫包围着，所以他突发的勇气确实很值得赞扬。在天主教统治者当中，他首次大胆宣称宽容是管理国家的最理想实用的财富。

三个月后他做的事让人更是大吃一惊。公元一七八二年二月二日，他颁发了有关犹太人的著名法令，将只有新教徒与天主教徒才能够享受的自由延伸到这些直到现在才觉得自己是幸运儿的犹太人那儿，他们被准许能够同基督徒的邻居们一样呼吸相同的清新空气。

我们应到此停笔了，让读者们相信这样的好事还在无止境继续，现今奥地利成了那些想凭自己的良心做事的人的天堂。

我希望这是真的。约瑟夫与他的几位高级官员们也许在常识上来了一次飞跃，不过自从古代以来奥地利的农民就被教导说犹太人是他们的敌人，新教徒是反叛与背教的人，因而他们无法克服将犹太人与新教徒视为为天敌的根深蒂固的古老偏见。

著名的《宽容法令》已经公布一百五十年了，然而天主教会以外的人依旧与十六世纪的人同样不利。按理论上来讲，一个犹太人或者是新教徒可以指望成为首相或被任命为军队总司令。可事实上，他就算想同给皇帝擦皮鞋的人吃上一顿饭都不可以。

有关这份纸上谈兵的法令就到此为止不讲了吧。

二十九、汤姆·佩恩

有个地方流传着这样一首诗歌，大意是，上帝在秘密地活动，他创造奇迹。

对曾研究过大西洋沿海历史的人来说，这个说法有明显的真实性。

十七世纪的上半叶，美洲大陆北部居住着一群对《旧约》崇拜得很的人，对内情不知晓的参观者还会将他们看成是摩西的追随者而非基督的信徒。宽广严寒、波涛澎湃的大西洋将这样的开拓者同欧洲国家隔离开了，在美洲大陆他们建立了精神世界上的一种恐怖的统治，这在对马瑟家族展开大规模的迫害中也达到了巅峰。

随便一看，若说这些让人尊敬的绅士对宽容相当的倾向很有功绩好像是不可能的，可是这宽容倾向在英国和曾经在殖民地间的敌对情绪爆发前的《美国宪法》与别的好多文件当中又说得清清楚楚。事实上是，因为十七世纪残酷镇压，于是注定产生了对自由思想有力的强烈的反作用。

这倒不是说，一切殖民主义者都让人去找索兹尼的文集，不用罪恶城市的故事来恐吓孩子。可是他们的领头羊基本上都是新思想的代表，往往都是些能力很强计谋很深的人，他们的宽容思想都建立在羊皮纸的基础上，崭新的独立国家的大厦就要在此之上拔地而起。

倘若他们要与某个统一的国家为敌，那也不可能如此成功。不过一直以来在美洲北部建移民区都是很复杂的事。瑞士路德派开辟了一部分领地，法国派了一些胡格诺教徒来，荷兰的阿米尼教徒把一大块领地占领了，但是英国的所有宗派却都希望在哈德逊湾与墨西哥湾间的不毛之地找到他们自己的乐土。

这对形形色色的宗教的发展十分有利，相异在宗教间维持过很好的平衡性，在有些移民区，各派移民者的头上被强加某种最原始的早期的彼此忍耐形式，要是在通常情形下，他们一定会割破彼此的喉咙不可。

对于那些坐享其成赚大钱的体面绅士来说，这样的发展确实让人讨厌。在新的仁慈的精神到来好多年以后，他们依旧在为维持过去的正义理想而斗争。即便他们没捞到什么好处，但成功地让青年们远离了一种信条，这种信条好像是借用比它野蛮的印第安邻居的慈爱善良的理念。

就我们国家而言，幸运的是，在这次长时期为自由而战的斗争中，被攻击最多的是寥寥无几但勇气十足的反对者。

思想飞速地传播开来，即便是一艘只有八十吨重的双桅小帆船就能够传播让大陆颠覆的新见解。美国十八世纪殖民主义者对雕塑和大钢琴比较匮乏，可他们有足够的书籍。十三个移民区中的有头脑的人开始明白，这世界正受着强烈的震撼，这是在星期天的布道中无法听到的。当时的书商变成了他们的先知。尽管他们不公然与已存在的教士脱离关系，表面生活也没多大的改变，可是时机一到，他们立刻就认为自己是特兰西瓦尼亚老王储的最虔诚的追随者，曾经那个老王储拒绝迫害"唯一神论"的臣民，他的理由是由于上帝已明确地让他有做三件事情的权力："进行从无到有的创造，预测未来，支配人们的良知。"

当有必要制定一个以后治理国家的具体政治与社会大纲之时，这些勇敢的爱国人士就将他们自己的思想写到文件当中，理想被他们置于公共舆论这个最高法院上面。

倘若善良的弗吉尼亚公民了解到他们毕恭毕敬听的那些讲演是最大的敌人——自由思想者——直接掌控的话，他们肯定会被吓得魂飞魄散。可是最为成功的政治家托马斯·杰弗逊就是一位自由观点鲜明的人，在他说宗教只可用道理与强有力的说服力来治理，不可以使用武力和暴力时，当他又说全部的人都拥有相同权利依据他自己的良知自由使用宗教的时候，他不过是在重复曾经伏尔泰、拜勒、斯宾诺莎以及伊拉斯谟的思想观念与文学作品罢了。

以后人们又听到下面这样的异端邪说："在美国谋一切公职都不用将宣布信仰当做条件"；还可以说："国会不可以用法律来干预宗教的建立或是不允许自由使用宗教"，这样的做法被美国的反叛者默许且答应了。

如此一来，美国成了首个宗教与政治明确分开的国家，成为首个公职候选者受命时无须出示主日毕业证书的国家，成为了法律上第一个国民能够任意信仰或是不信仰宗教的国家。

不过这儿就如同在奥地利（或别的这样的地方）一样，一般老百姓远远落后于领袖，领袖稍许偏离旧路，他们就跟不上脚步了。好多州不但依然限制不属于主导宗教组织的平民百姓，还有纽约、波士顿以及费城的人依旧不容忍异端持者，似乎本国宪法他们都没有读过一句一样。就汤姆·佩恩而言，不久之后全部这些便都降临到他的头上。

为美国的事业汤姆·佩恩作出了杰出的贡献。

他是美国独立战争的宣传工作人员。

从血统来说他是英国人，是位职业水手，在天性与他所接受的训练上来看他是个反叛分子。

他对各移民区进行访问的时候已经四十有余了。在伦敦的时候，他见到了本杰明·富兰克林，接受了"西行"的意见。一七七四年，他随身携带本杰明亲笔介绍信，起航来到费城，协助富兰克林的女婿理查德·贝奇创办《费城公报》杂志。

汤姆是个地地道道的业余政治家，很快他便就了解到自己正卷入了考验灵魂的旋涡当中。不过他思路清晰。他网罗了有关美国人不满情绪的杂乱无章的材料，将它们写进一本小册子中去，篇幅很短，可写得非常亲切。小册子通过普遍"常识"，让人们确信美国从事的是正义事业，应当得到一切爱国者们同心协力的合作。

很快，这本小册子便传到英国，传到国欧洲大陆，好多人生平第一次了解到有个"美国民族"，这个民族有完全的理由，并且拥有神圣的职责，同母国开战。

独立战争才刚结束，佩恩便回到欧洲告诉英国公民政府的诸多蠢行。那个时候塞纳河两岸正进行着可怕的事情，体面的英国人开始对海峡对岸的情况持怀疑不满的态度。

一个名叫埃德蒙·伯克的人受到过惊吓，才刚发表了《对法国革命的意见》。佩恩用义愤填膺的《人权》来回击他，后来英国政府命令他要为自己的叛国罪而得到审理。

与此同时，法国崇拜他，人们选举他进入国会。佩恩对法文完全不懂，可他却是个乐天派，他接受了这样的荣誉，前往巴黎。在那里他一直住到罗伯斯比尔怀疑他为止。佩恩明白自己有随时被捕入狱或砍头的可能，便连忙完成了他有关人生哲学的书。这本书名叫《理智时代》，前半部分是在他临近入狱时发表的。后半部分则是他在监狱中的十个月里完成的。

佩恩觉得，真正的宗教，他称做是"人性的宗教"，存在两个敌人，第一个是无神论，还有一个就是宗教盲信主义。不过他在阐述这个思想之时受到了人们的强烈攻击，一八〇二年他返回美国之后，人们都很仇视他，所以在他去世后"肮脏卑鄙的无神论者"的名声还持续了一百多年。

是的，他没出什么事，既未被绞死烧死，也没有在车轮上被五马分尸。只是人们都不愿理他，当他壮胆打算出门的时候，人们就怂恿小孩子向他吐舌头，他离开人世的时候已变成受人唾弃被人遗忘的人。他发表了一些反对独立战争中别的英雄人物的可恶的小册子，来表达自己的愤怒不满。

对一个辉煌的开端而言，这似乎是最好的结局。

然而这是近二十多个世纪以来的历史中反复发生的典型事情。

大众的不宽容刚把自己的愤怒发泄完，个人的不宽容便开始了。

官方死刑已宣告结束，可私刑处死又出炉了。

三十、最后一百年

二十年前写这样一本书肯定十分容易。当时在大部分人的头脑当中，"不宽容"似乎完全等同于"宗教的不宽容"，历史学家写"某人是为宽容而奋斗的斗士"，大家都觉得他一生都在反对教会的种种弊病和攻击职业教士的粗暴。

后来战争爆发了。

世界有了非常大的变化。

我们拥有的不止一种不宽容的制度，而是有十几种之多。

并非对同伴的是一种形式上的残忍，而是上百种。

国家才刚摆脱宗教偏执的恐怖后果，又必须忍受更加恐怖的种族不宽容、社会的不宽容，还有好多不值一提的不宽容，十年前的人们对它们的存在连想都没想过。

好些好人直到最近依然生活在美好的幻想之中，觉得发展是种自动的时针，只须他们时不时表示一下赞许，就无须再上发条，这样的想法似乎未免太可怕了。

他们难过地摇头，窃窃私语着"虚荣，虚荣，全部的这一切都是虚荣！"他们抱怨人类本性所体现出来的让人反感的固执，人类代代受到挫折，却依然不愿吸取教训。

直到彻底绝望之时，他们成为快速增长的精神上的失败主义者中的一员，依赖这样那样的宗教协会（他们将自己的包袱转嫁到其他人身上），用让人深感悲哀的语调承认自己的失败，而且不再参加今后的社会事务。

这种人我不喜欢。

他们不单单是懦夫。

他们是人类未来的背叛者。

话说到这儿，要用怎样的方法解决呢？有解决的办法吗？

对自己我们要诚实。

无任何解决的方法。

最起码在现今的世界上没有，在世界上，人们希望达到立竿见影的效果，想借用数学或者医药公式，要么是国会的某个法案，迅猛而又舒适地解决整个世界上的一切困难。不过我们这些习惯以永久的眼光看历史的人们，明白文明不会因二十世纪的到来开始或者结束，这还是有些希望。

目前我们听到好多悲伤绝望的论言（比如"人类一直以来是那个样子"，"人类永远都将是那样"，"世界从未产生过变化"，"情况同四千年前的完全吻合"），都不符合事实。

这是视觉上的一个错觉。

前进的道路常常受到阻碍，可是倘若我们将感情上的偏见放到一边不管，以冷静的态度对两万年的历史作个评价（就这段历史而言，我们多少还拥有一些具体素材），便会发现，尽管发展缓慢，却毋庸置疑，事情往往是从基本上形容不了的残忍与粗野状态进入比较高尚完善的环境，即便世界大战的巨大错误也无法将这个坚定的看法动摇，这确实千真万确。

人类有着难以置信的生命力。

它的寿命长于神学。

会有那么一天，它的寿命会超过工业主义。

它历经了霍乱与瘟疫，残酷镇压以及清教徒的法规。

它将学会如何克服诸多扰乱这代人精神上的罪恶。

历史小心地揭示了它自己的秘密，现今给我们上了生动的一课。

人一手制造的东西，也能够将它毁掉。

这首先是个勇气的问题，其次是教育问题。

似乎这听起来是老生常谈。最后这一世纪来，人们的耳朵里灌满爱国教育，甚至让人们讨厌这个词。他们对过去充满向往，那时人们不会读也不会写，可是能够用多余的智力时不时独立地进行思考。

我这里要讲的"教育"不单单是指纯粹的事实积累，这对于现代孩子们来说是必要的精神库存。我要说的是，对现在真正了解的孕育在对以前的善意人度的理解当中。

该书中我已试图证明，老百姓的不宽容无非是他们自卫本能的一种表现。

一群狼对一只与众不同的狼（弱狼或者强狼）的不容忍，就必须要除掉这样一个不受大家欢迎的伙伴。

在一个食人的部落里，要是谁的癖性会激怒上帝，带给整个村庄灾难，部落便不可能容忍他，将他野蛮地赶到荒郊野外。

在希腊城邦中，倘若有人胆敢对社会赖以生存的基础产生怀疑，他便不能够在这个神圣的国度里长久地居住下去，在一次可怕的不宽容爆发时，这位滋事的哲学家便会被仁慈地赐饮一杯毒药，因而丧生。

假如古罗马允许几个没有恶意的热衷者去破坏自罗慕路斯开始就缺少不了的某些法律，那它便无法生存，所以它不得不违背意愿去做不宽容的事，可恰好这一点同它传统意义上的自由政策背道而驰。

事实上教会是古老国度实际版图上的精神继承人，它的生存全依赖最温顺的臣民的完全服从，因此它被逼到镇压和残忍的极端，导致好多人宁可愿忍受土耳其人的凶残，也不需要基督教的仁慈。

反对教士专权的伟大战士总是困难重重，可是他们要是想生存下去，就不得不对一切精神革命或是科学试验不宽容。所以在"改革"的名义之下，他们又犯了（或是企图犯）他们的敌人刚犯下的错误，敌人却是由于这样的错误才失去权势的。

好多个这样的时代过去了，生命原本是光辉的历程，却演变了一场可怕的经历，这所有的一切之所以会发生，是由于到目前为止人的生存完全笼罩在恐怖当中。

我重述一遍，恐怖是一切不宽容的起源。

不管是怎样的迫害方法与形式，它的原因都是恐惧，其集中表现可从竖起绞刑台以及将木柴扔进火葬柴堆的人的痛苦无比的表情中看得清清楚楚。

一旦我们认清这一事实，立刻就有了解决问题的办法。

在没有恐怖笼罩之时，人们是非常倾向于正直与正义的。

迄今为止，这两个美德人们很少有机会实践。

不过我认为，在有生之年看不到这两个美德得以实现，也没有什么。这是人类发展的必要的阶段。毕竟人类很年轻，太年轻了，年轻得荒诞可笑。要在几千年之前才独立生活的哺乳动物有这些只有因年龄与经验的增长才可以得到的美德，貌似不合理，不公平。

并且，它会让我们的思想有所偏差。

当我们必须有耐心之时，它让我们非常愤怒。

当我们要表示怜悯的时候，它让我们说出刻薄的话来。

在编写这本书的最后几章的时候，通常有种诱惑力，那就是去扮演可怜的预言家的角色，做一些业余的演讲。

一定不能这样！

生命很短暂，可是布道却太过冗长。

一百个字也无法表达的意思，还是不说的好。

历史学家因为一个重大错误而心生愧疚。他们大声谈论史前时代，向我们讲述希腊与罗马的黄金时代，信口雌黄一段自己设想的黑暗时期，还写成了赞扬比以前繁荣昌盛十倍的现代生活的狂想诗。

假如偶然之中这些学识渊博的博士了解到人类的有些情况可能不适合他们巧妙拼凑的那幅画面，他们便会低声下气地说几句道歉话，嘟囔着说，非常不幸，这样不理想的状况是以前野蛮时代的残余，可是时机一到，这样的情况便如同火车代替公共马车一样，全都烟消云散化为乌有。

听起来这倒挺好听，可一点也不真实。它能够满足大家的自尊心，让我们认定自己是时代的继承人。倘若我们明白自己是怎样的人——是古老时代居住在山洞里的人的现代化身，是嘴叼香烟、驾驶福特汽车的新石器时期的人，是乘坐电梯走进公寓大厦的穴居人——那还有助我们精神方面的健康。

到那个时候，也只有到那时，我们才可以朝至今还隐藏于未来深山中的目标迈出我们的第一步。

假如这个地球依旧被恐怖所笼罩，探讨黄金时代，现代以及发展，全都是在浪费时间。

假如不宽容依然是我们的自我保护法则中不可或缺的一部分，要求宽容完全是犯罪。

等滥杀无辜的俘虏、把寡妇烧死与盲目崇拜一纸公文这样的不宽容变成荒唐可笑的事，宽容统领天下的时间就到了。

这或许需要一万年，也或许需要十万年。

不过，这一天绝对会到来，它将紧跟人类取得的第一个胜利——战胜自身恐惧心理的永载史册的胜利——到来。

后记：但是这个世界并不幸福

出版商写信给我说："《宽容》一书出版在一九二五年。而今已快成古典作品了，我们希望搞一个普及永久性的版本，再一次定一个'大众的价格'。"倘若他们要对原著作必要的安排，我还想写最后一章吗？或许我能够试着力图说明，在近十年内宽容的理想为何如此惨淡地破灭，现今我们的时代为何还未超脱仇恨、凶残与偏执！这一切绝对是有原因，要是真的有，并且我也知道的话，那我能够说出来吗？

我这样回答说，剖析美丽端庄的宽容女神的尸体并非一件愉悦的事，却是必须做的，我认为我有这样的责任。

下一个问题是我该在哪一页开始写后记，同十五年之前写的这本书作告别呢？

出版商建议我将最后一章删去，原因在于结尾部分是神圣的希望与欢呼。有关这一点无疑他们是对的。确实没什么值得高兴的，把《英雄》中的葬礼进行曲作为我的结束语比用贝多芬第九交响曲那种充满希望的大合唱更为适合。

可是细想以后，我认为这并非是解决问题的好方法。

我与出版商一样，对前景都非常悲观。然而这本书还要留存于世好多年，我觉得唯一公正的方法还是让我们的下一代了解，一九二五年如何激起了我们对幸福高尚前程的美好憧憬，可一九四〇年又是怎样完全打破了这些光荣的梦想，为何会发生这样的事情，我们犯了怎样的错误才产生了这场可怕的灾难。

几次通信之后，我说服了出版商，让他觉得我还是通情达理的，如下就是我写给出版商的内容，当做《宽容》的最新、最后一版的补充说明。

最近七年可以说是个切切实实的"丑巫婆的大锅"，一切人类的丑陋弊端都全部汇集在其中，组成了大杂烩，它将会将全部的人毒死（除非我们发明某种既快又灵的解药）。我认真研究了倒进这个令人作呕的容器中的种种成分，也对这个可恶的大杂烩主要负责人进行了不厌其烦地观察。那个大杂烩臭气满天，正在我们整个世界上蔓延开来，我和别的住在余下的寥寥无几的民主国家中的人一样，看见下等的厨房仆从竟然受如此多人的拥戴，真是无法理解。这些下等的仆从不仅因为这让人作呕的大杂烩而欢心不已，且还用所有时间将它强行灌入对他们毫无伤害的旁观者的喉咙当中。显然这些旁观者喜欢祖传下来的善意与宽容的鲜汤，但是他们要是对大杂烩表示出开心的样子，不愿吃这一大堆倒胃的东西，就立马被杀死。我竭力弄清楚这样的事情如何会发生，用来满足我的好奇心。而今我要告诉你我用心观察的结果。

为了搞清这一问题的起因，我建议大家学习精明可亲的政治家艾尔弗雷德·E·史密斯先生，他原来住在纽约州的阿尔巴尼，目前住在帝国大厦。首先我们看看记录，看可以找到什么。

在这里我提一个问题，似乎它有点离题，不过（一会儿你便会看到）与我们要解决的难题却密切相关。你养过狗、猫或别的动物吗？你研究过对这些卑微的动物对养它的家庭与主人的花园以及后院的态度是如何的吗？你肯定注意到，出于天性、本能或是训练，或三种因素都有，这些不会说话的动物对它们自认为的"权利和特权"都荒唐地珍视。同一条警犬，它能够让自己主人的孩子牵着它的尾巴在房间里转圈圈，也能够让孩子从自己身上揪下一小撮毛，可另一个和蔼的小孩子刚踏上属于"它"家的草坪的时候，它就立刻嚎叫不止。最小的德国种猎狗肯定注意到了隔壁北欧种粗毛大猎狗可以将它撕成碎片，然而只要那条猎狗胆敢跨出它认为是区分自家与邻居领地的界限一步，它就会扑向那头凶悍的大兽。就算是只懂得享受的猫，在另一只猫闯入自己的炉边的时候，也会勃然大怒。

捕捉大猎物的猎人对森林居住者的习惯都非常熟悉。他们告诉我，野兽具有群居的本能，外面的野兽要想加入它们的部落想都不用想，无论加入者增加的力量对它们快速削弱的实力来说是如何的有利。那些装着懂不会说话的鱼的心理的人对我说，就算是在这些冷血动物之中，当一条陌生的鱼出现的时候，也有种固定的行为准则，在河流岩石间有固定栖息的场所的鱼，从来也不会让别的一条外来的鱼成为自己的行列中的一员。

动物学我不是很精通，可我学了些有关人类的知识，在我研究人类所谓历史的这段期间（在这短暂的时期人类记录了他们自己的思想与行为）的行为记录时，我发现了什么？我发现从以前到现在，人类一直都是"群居的动物"，只有在一个人感觉自己属于经同路人组成的某一排他性的组织，这一组织的成员都苟和于他们自己继承的信仰、偏执、偏爱、恐慌、希望与理想时，这个人才真正感受到幸福。

是的，经济上的需要时不时也许迫使有些人群，包括彼此对抗的部落，依据某种政治方式做事。不过这样的安排总不能持久下去。真正让好多人不顾艰难困苦与危险聚在一起的原因，是源于他们有很多泾渭分明的相同信仰、一样的偏见、共同的爱好、一样的恐惧、共同的希望与理想。

看一看从乔普斯与哈姆拉比到希特勒与墨索里尼的记录。每一时代所有地方的情况都一样——每一集团、每一部落、每一宗派、差不多所有家庭，都坚持和邻居保持一些距离，以为自己大大优越于他人，无共同理解或是共同行动的一切基础。我给你举个人尽皆知的例子。

世界各地几乎全部的人从一开始都用怎样的名字称呼自己呢？这样的例子多得吓人，他们把自己称做是"上帝的人"或者"上帝的子民"，更荒谬可笑的是"属于上帝的人"。在别人的眼中埃及人是卑贱的小农，可他们却将自己看成是"上帝的人"。犹太人觉得自己是"上帝的选民"。"苏密"——现今人们熟知的官方名字是芬兰，意思（别人告诉我）是"上帝的人"。太平洋上的好多部落——最熟悉的塔希提岛人——也称自己是"上帝的人"。波利尼西亚同西亚、北非以及北欧相距万里，在这样的地方住的种族互相间一点共同之处都没有。不过有一点，他们都明显地觉得自己才是真正有价值的人，他们对人类的别的成员极为蔑视，觉得他们是异己，一点都不体面，应受到鄙视，倘若可能，还要躲得远远的。

在这样触目惊心的规律当中，乍一看希腊似乎是一个例外。不过他们高傲地认定自己是海伦的直系血亲，天神的儿子，是大洪水的唯一幸存下来的人，这说明他们对本种族的人很尊重。他们轻蔑地将非希腊人称之为野蛮人（希腊文 barbarous 这个词的意思是陌生、外来的、粗野、奴性与无知），这表明了他们极其蔑视一切的非希腊人，粗率无礼地当他们是异己，甚至那些在各方面确实胜出一筹并且心胸开阔的杰出科学家、哲学家们也觉得他们是劣等人。这说明至少在这一方面，他们与愚昧的澳大利亚土著人的水平相当，那些土人一直都没学过三以上的数，却很是得意地告诉欧洲最早的访问者，倘若问他们是什么人，则是十分愚蠢的，他们显然是独一无二和世界上绝无仅有的"上帝的人"。

我们注意到的罗马人不受这样一种傲慢无礼的令人厌恶的形式的约束。这并非由于他们对自己的评价比别人低。一定不要这样觉得！他们如同现代的英国人一般，觉得自己理所应当是至高无上的，因而他们不屑于就这一点作一些明确的解释。他们是罗马公民，这便够了。对如此一个显而易见的事——这是谁都可以看到的——大惊小怪未免太有失体统。对此罗马人一点也不在乎，至少在这一方面不在乎。

有关纯种族的概念使得大部分部落与民族觉得自己是绝无仅有应当被称为真正的人民的人，这一点我就谈到这为止。不过这仅仅是其中的一个细节，由于伴随这种怪异的排外与带有优越感的种族意识，以及对宗教、道德、风俗习惯这些相异可重要无比的问题的特定信仰。结果，所有组织不论大小都一直居住在警卫森严的城堡中，用偏执这个顽固的屏障抵挡外界与外来所带来的影响。

美国已独立自主地生存一百五十年了。确实，清教徒不宽容的行为是没有可吹嘘的地方，不过毕竟我们躲避了最危险的极端行为。但是现今，边远的地方已被开发了，国家正快速地走入定型，我们却仿佛没从地球古老的一些种族的错误例子中吸收充足的东西。就在我们的领地上，一切种族集团仍死死地抱成团，各自把自己的禁忌推广开来，仿佛从未听说过《人权宣言》一般。宗教团体似乎一直都没有提到过《宪法》中有关出版自由的规定，不仅强行下令自己的成员应如何阅读与思考，还一点都不顾经全体人民选出的代表所制定的法律，自己开始制定起法律来。在咫尺间，我们便可以看到（倘若我们愿这样做的话）某种窄小的精神与种族排他性的肆意发展，直到一九一四年战争开始的时候都被认为是黑暗时代的可悲的残余。

十分明显，我们对形势的太过乐观稍微有些过早。在最近六年的发展之中，纳粹主义、法西斯主义还包括过多各种各样的偏见同片面的民族主义与种族主义意识的增长使得最抱有希望的人们开始相信，在不知不觉当中我们已经回到了几乎是完完全全的中世纪。

这样的发现并不愉快，可是就像某个法国的酷爱哲学的将军不久前说的那般（几乎可以说是预言）："对不愉快的事情生气无任何价值，因为事实完全不在乎，所以也不会改变"。因而对这些最不受欢迎的发展让我们勇敢地面对，作出符合逻辑的结论，找出应付它们的办法吧！

从最广阔的意义来看，宽容这个词一直就是奢侈品，购买它的人只会是智力超群的人——这些人往往在思想上是脱离了不大开明的同行者的狭隘偏见的人，看到全人类具有广博多姿的远景。他们就仿佛我在本书开头引用老朋友昆塔斯·奥里利厄斯·希马丘斯对我们提出的质疑：既然我们抬头共看相同的星星，既然我们都是一个世界上的旅伴，既然我们都生活在同一片蓝天下，既然生存之谜深奥得仅有一条路才可以让人得出答案，那我们为何还总是互相为敌呢？可是假如我们敢这样做的话，而且引用某个古代异端分子的高尚之言，那些坚持仅有一条通向拯救道路（也便是他们的那条路）别的帮派的不宽容头目便会立刻向我们嚎叫起来，而且向我们投来石头与木棍，那些没有顺着他们的狭窄小道上走的人注定要永久沦入地狱，所以就严厉镇压他们，以防他们的怀疑给他人带来影响，让别人也去尝试在"唯一具有权威性的地图"上没有标明的路径。

昆塔斯·奥里利厄斯·希马丘斯在公元四世纪生活。从此之后，具有高尚思想的人偶尔会提高嗓门来保持这种精神与种族问题上的中立态度。他们有时（不过是很短的一段时期）甚至成功地创立了自己的集团，在那个地方人们能够无所约束地思索，而且准许依照他们自己的方式寻找拯救。然而这种宽容的态度往往是上层领导强制施行的。下层阶级是不会有它的，他们不甘接受上层阶级的干涉，凭借传统的权力，总是强行让别人接受自己的观点，可要是没有其他方法让别人开窍，便会运用武力逼迫他们"入会"，所以以防流血事件的发生，常常需要警方出动。

全部美国人应该永远感激的是，是一批真正的哲学家缔造出他们的联邦的，这些人不愧有哲学家这一称呼，他们拥有实际的广泛经验，完全与十三个移民区早期历史上典型的宗教狂热分子脱离开来。这代人最后得到了回报，但是等他们离开人世之后，千百万饥饿的欧洲人就如潮水一般地涌到了他们曾想建立理智之国的完美土地，这样的欧洲人不单单带来了强有力的臂膀（这是他们所必需的），还带来了传统的先入为主的偏见。他们仅仅相信自己的见解，在所有问题上都只依从自己，从不兼听旁议。

当时的我们太过乐观，又忙于探测大陆的资源，认为有了这一口大熔炉便将一切问题都解决。不过要熔化一切物质，最好是经复杂缓慢的过程，还需要时常的监督与照看，由于人的灵魂不愿被液化，它比我们知道的所有东西都顽固。结果就是目前这样的局面，用机关枪与集中营武装起来形形色色现代的不宽容比中世纪的还高一筹，原因在于中世纪要想"说服"异端分子也不过是运用地牢与缓缓燃烧的火刑台。

这就给我们提出了一个问题，我们可以做些什么呢？前几页我曾讲过，对不愉快的事情所采取熟视无睹的政策我并不信任。所以我下了很不乐观的结论：最少在当前我们对眼下十分可悲的事态是不能做任何建设性的事的。我们一定要接受这样的势态，同时又要慢慢地给未来作出明细的规划，这点是毋庸置疑的，我们绝对也不可以让自己措手不及，因为文明再也忍受不了类似近六年中所受的形形色色无休止的摧残了。

一九一四年至一九一八年这段期间的战争如同一场飓风。它不但摧毁了大多数人类组织，并且让大量的人死去或陷入穷困潦倒的地步，想在短时间里消除这样的损失是不可能的。那些在这场灾难中活下来而且毫发未伤的人们，兴高采烈地只顾修整自己的房子，完全不在乎别人的大厦成为了一片废墟。最后，在身边受打击最重的被抛弃的里弄中，想进行诸多正常与健康的生活状态已彻底不可能了。随后，在某些荒凉的地窖的废墟当中，没有人知道是从哪个地方跑来了一些生疏的、不健康的人，他们把一些被抛弃的人聚集起来，开始大肆宣讲自己发明的学说，这些人生长在人迹罕至荒芜的灌木丛中，那儿根本不会培养出健康与理智的生活哲学出来。

既然重建工作已落后好多年了，我们便能够以正确的看法去观察它。世界大战之后，地球急需诸多新鲜空气、阳光以及美好的食物，这比所有东西都要迫切，然而它得到的却是饥饿与失望。因而好多有害的新学说产生了，它让我们想起了那些让人难以置信的信条，它们是于三、四世纪小亚细亚衰落的沿海城市中的恶臭满天的曲折小街里发展来的。

可是最后，新拯救先知们的信徒无法忍受，于是就逃了出来，涌进我们较为宁静的村子里，对此我们毫无准备，就好像十七个世纪之前的亚历山大人一般，那时周边沙漠里的恶霸圆睁怪眼，闯进学校，把哲学家处死，原因在于他们传授的宽容学表明了对那些自以为掌握唯一真理的人的诅咒。

诚然，目前我们像过去一般惊讶与绝望。现在我们再想一次清除席卷了全球的瘟疫——偏执与恶霸精神的瘟疫——已为时过晚了。可我们至少应该有勇气承认它们存在的事实，将它们看成是一些十分古老的人类性格在当今社会的再现，好多年来，这些性格总是在沉睡之中，等待东山再起的时机。时机一成熟，它们不但要凯旋而归，并且因为受了如此长时期的压抑，它的粗暴、愤怒以及残忍的程度比历史上一切时期都甚。

这便是而今摆在我们可怕的目光前的远景。我们自己（祝福广阔的大西洋吧！）在近期爆发的这场种族与宗教狂热的恶果中相对还是安全的。可要是我们常备不懈，瘟疫就会登陆我们的海岸，毁掉我们。

刚刚我问自己："我们可以做些什么？"在我看来，除了保持冷静的头脑和随时做好准备，无任何事情好做。说破嘴皮子产生不了什么成效。幻想自己怎样的优越，这样的思想与感情上的冲动只不过是加快了崩溃的过程。因为民主的敌人会将我们的可怜与长时间容忍的态度误认为纯粹的软弱，所以会采取相应的行动。以后我们被关押到集中营之时，我们才会想到，欧洲中部的民主国家与我们一样，也是如此被毁灭的，他们对持绝对对立理论的人高声谈论什么宽容，就仿佛对白蚂蚁甜言蜜语地吹嘘"大家有着无法分割的权力"，然而这些白蚁却正在将我们脚下的基石摧毁。

不——对我所理解的目前形势，进行直截了当的反击已为时太晚。是我们激发了敌人进来的勇气。我们给了他们诸多安全的保护，直到他们有充足的力量反对他们的保护人，而且被迫让保护过他们的人过低下的生活——毫无自由的生活。然而在我们地球上寥寥无几的几个地方还有自由残存，那些正直与正义感很强的人有义务——急切的与绝对的责任——养精蓄锐，将自己保存下来，用以迎接开始进行重建工作的那一天的到来。

　　所有人都不该觉得这是失败主义者的体现，或者是不敢应战的人所提出的看法。绝对不是！事实就是事实，因为不可饶恕的大意粗心以及不具备承担责任的勇气，暂时我们失去了大量领地，所以目前我们多少应该撤离，然后为再一次发动启蒙运动打下基础。

　　这样一来就给了我们在宽容这个问题上锻炼自己的实际任务。我们必须结束能过就过、漠不关心的局势，首先要端正看法，不要认为这种事情不会在这里发生。它们不但可能发生，并且已经发生了，还不止发生一次。当我们勇敢无畏地接受军队式的严格纪律——这支军队接受命令进行一次决战——之时，一定要为那个愉悦的时辰打下坚实的基础，那时我们可以再次为带来最后与长期的理性而前进，让它发挥威力，给我们以自由。

　　朋友们，这里有一项留给几位坚定自愿者的任务。我不否认这将会是我们接受到的最艰苦的一场搏斗，可是担任它的人会流芳百世。这场光荣斗争幸存下来的人将作为人类真真正正的慈善者受到人们的热情高呼——他们让人类脱离了好多代以来的偏执与自认为正确的优越感的约束，一旦这样的偏执与优越感加上怀疑与恐惧，会让最谦卑温顺的人成为万物当中最十恶不赦的畜生与宽容理想的天敌。

1940 年 8 月于康州老格林威治市

图书在版编目（CIP）数据

宽容／（美）房龙著；张博宣译. — 北京：北京联合出版公司，
2015.10（2018.9重印）
（新课标必读丛书）
ISBN 978-7-5502-5894-5

Ⅰ．①宽… Ⅱ．①房… ②张… Ⅲ．①思想史－世界
－青少年读物 Ⅳ．①B1-49

中国版本图书馆CIP数据核字(2015)第191628号

宽 容

出版统筹：新华先锋
责任编辑：崔保华
封面设计：杨祎妹
版式设计：徐 倩

北京联合出版公司出版
（北京市西城区德外大街83号楼9层 100088）
三河市春园印刷有限公司印刷　新华书店经销
字数144千字　620毫米×889毫米　1/16　15印张
2018年9月第2版　2018年9月第2次印刷
ISBN 978-7-5502-5894-5
定价：49.00元